黑龙江省哲学社会科学研究规划项目（批准号：24EDB005）
哈尔滨剑桥学院校本教材

现代工匠精神

主　编　于　越
副主编　温恒福　赵辰光
编　委　傅文第　邰学群　李　莉　王　宸　李易钊

哈爾濱工業大學出版社
HARBIN INSTITUTE OF TECHNOLOGY PRESS

图书在版编目（CIP）数据

现代工匠精神 / 于越主编. —哈尔滨：哈尔滨工业大学出版社，2024.12. —ISBN 978-7-5767-1802-7

I.B822.9

中国国家版本馆 CIP 数据核字第 2025MW1143 号

现代工匠精神

XIANDAI GONGJIANG JINGSHEN

策划编辑　李艳文　范业婷

责任编辑　张羲琰

出版发行　哈尔滨工业大学出版社

社　　址　哈尔滨市南岗区复华四道街 10 号　邮编 150006

传　　真　0451-86414749

网　　址　http://hitpress.hit.edu.cn

印　　刷　哈尔滨市石桥印务有限公司

开　　本　787 毫米×1092 毫米　1/16　印张 11.75　字数 249 千字

版　　次　2024 年 12 月第 1 版　2024 年 12 月第 1 次印刷

书　　号　ISBN 978-7-5767-1802-7

定　　价　78.00 元

前　言

本书为黑龙江省哲学社会科学2024年度研究规划项目“应用型本科院校工匠精神融入水平测量与提升研究”（批准号：24EDB005）的成果之一，深入探讨了民办应用型本科院校大学生工匠精神的培育。全书共14讲，逻辑严谨、内容翔实，不仅系统梳理了工匠精神的丰富内涵、历史脉络和传统基因，更深刻剖析了其在当代社会的价值意义和主体性培育途径。

本书首先从现代工匠精神的内涵入手，探寻其深层的文化底蕴和精神内核。随后，穿越历史的烟云，探寻工匠精神的历史演变及其在不同时代的重要作用，从而使大学生更加清晰地认识到其历久弥新的价值。在中华民族伟大复兴的新时代征程中，大国工匠精神的呼唤与需求越发迫切。通过深入分析工匠精神的当代价值，指出其对推动社会进步、提升国家竞争力的重要作用，并进一步论证了现代工匠精神作为应用型人才的重要品格，对于提升个人职业素养、实现人生价值具有不可替代的作用。在接下来的几讲中，分别从“修炼积极心态，养成积极人格”“科学精神与科技赋能”“专业意识与专业人士”“做中学，做中练，做中创，做中奉献”等多个维度，全面解读现代工匠精神的丰富内涵和实践路径。本书还强调了追求质量、追求卓越的基本要求，合作成事的团队价值观，以及创新精神与反思能力的重要性。

此外，本书通过大量生动、鲜活的案例展示了优秀工匠的成长之路，为广大大学生提供了可资借鉴的学习榜样。这些案例不仅展现了工匠们精湛的技能和卓越的品质，更彰显了他们在工作中的幸福感和成就感。

本书旨在为民办应用型本科院校大学生工匠精神的培养提供有力的理论指导和

实践参考，以期通过深入学习和实践工匠精神，使广大大学生能够更好地提升自身的职业素质和技能水平，成长为具有工匠精神的应用型人才。同时，本书也为教育工作者、研究人员和相关政策制定者提供了有益的借鉴和参考，共同推动工匠精神的传承和发扬。

由于编者水平有限，书中难免存在不足之处，敬请读者批评指正。

编　者

2024 年 10 月

目　录

第一讲　现代工匠精神的内涵

第一节　工匠精神的内涵解析

一、中国语境下的工匠精神及其内涵

工匠精神在中国的发展可以追溯到古代文明时期。工匠精神自古以来就有着深厚的传统，它体现在各种手工艺品和传统技艺中，如玉器、瓷器、绣品、建筑等。这些精湛的手工艺品展示了工匠们对技艺的执着追求和精益求精的精神。

工匠精神不仅被视为传统手工业的灵魂，也被视为现代工业的重要基础和人类社会高质量生活的重要保障。它有助于技能型人才实现个人目标，并在整个社会范围内形成崇尚劳动、追求卓越的良好氛围。近年来，在供给侧结构性改革过程中，培育工匠精神成为新时代高等教育的必然选择。为了更好地培养以专业精神和创新精神为核心的工匠精神，在培养具有较强科研创新能力和实践操作能力的优秀人才过程中，首先要界定工匠精神的理论内涵，理解其哲学基础。尤其在当下，面对中国社会转型、产业结构升级等现实挑战，更应崇尚并传承工匠精神，让新时代人才既具有较高的技艺水平、精湛技能，还要秉承严谨、细致、专注、认真的工匠态度，在传承工匠精神的过程中，一直保持对职业的认同、对社会的责任。在这一问题上，国内外学者、实业界人士对工匠精神展开了广泛而深入的研究。

（一）对工匠精神的概念解析

近年来，关于工匠精神的学术研究越来越深入，许多研究已经达到了一定深度。较有代表性的观点为，工匠精神是指工匠由于其职业特殊性，在中华文明演进过程中逐渐形成的独特的精神特征，体现在“技巧”的创造精神、“求善”的职业态度、“道与技术相结合”的人生境界等诸多精神特征上。经过几千年的发展，工匠精神得以深化，也得到了人们的接受和认可。时至今日，工匠精神通常特指在精益求精的思想、追求品质的态度、关心细节的习惯等诸多原则下，通过热爱、专注、坚守

等要素“集合”而成的审美和精神境界。在这个过程中，对工作程序的精益求精、对产品品质的执着追求，最终表现为对“道”的领悟、对自我的超越——这被现代人视作工匠精神的灵魂所在。

中国土地上的工匠精神，其精髓早已根植于中国传统文化之中。在《考工记》中，有“知者创物，巧者述之守之”的记载，并坚持认为，无论“烁金以为刃”，还是“凝土以为器”，抑或“作车以行陆，作舟行水”，都乃“百工之事，皆圣人之作也”。按照《说文解字》的解释，工匠指的是有“技”之“巧人”，“百工”都是有“技”之“巧者”。因此，在中国古代社会，工匠通常长期从事某一行业。“百工”之工匠在为人们提供实用工具、推动人类历史发展方面发挥着重要作用。在对“匠人”进行追溯和解构的过程中，可以发现工匠精神与中国文化基因具有非常深刻和紧密的关联。在现代社会，在中国从制造大国向制造强国转变的过程中，有必要继续在各行各业倡导“工匠之事”，创新和弘扬工匠精神，以重现工匠的极致技艺，体验工匠的极致情怀，使更多大国工匠脱颖而出。

（二）挖掘工匠精神的内涵

工匠精神作为人们借助传统文化思想传达的物质需要和精神需要的文化形式，凸显了工匠的主体性，体现了工匠在所从事的行业中的创造性和人格特质。在中国传统社会中，独特的手工技艺和劳动路径造就了工匠群体，并逐渐形成他们职业行为中“与众不同”的伦理规范和价值取向。这些社会层面上的价值取向最终升华为工匠精神。溯源中华文明可以发现，在中华文明五千年的历史中，手工艺贯穿其中，人们在满足衣食住行需要的过程中，创造出了各种各样的手工艺品，从而形成了工匠阶层。工匠阶层出现后，随着工匠群体规模和社会活动范围的扩大，工匠制度、工匠传承路径和所谓的工匠精神逐渐发展起来，不仅丰富了中华文明和传统文化的内涵，也为中国社会积累了宝贵的精神财富。《说文解字》指出，“工，巧饰也。象人有规榘也”，亦有工具之意，后来，渐渐地演变成“工业”“工人”等表述；而“匠，木工也”，意为某方面具有造诣的人。

在封建制度发展演变的过程中，工匠逐渐形成了单独的“户籍”，即所谓的“工匠登记”。“工人是工匠”这一说法的出现，使“工人”与“工匠”合二为一。在这一点上，工匠已经成为一个专业，或掌握技能的人的集体。在中国历史上，私有制出现后，人们从事的职业变成了农业、工业、商业，“工匠”一直处于社会的底层，直到出现了“官方工匠”（为政府工作，为统治者和官僚机构生产产品的人），工匠的社会地位也只得到了部分提高。然而，不可否认的是，虽然“工匠”没有参与细致的分工和专业化的社会生产，但他们在促进社会发展方面发挥着非常积极的作用。他们不仅是具有专业技能的手工业工人，而且是民间商品的重要生产者。

在中国几千年的悠久历史中，无论官方工匠还是民间工匠，都体现着同样的工匠精神，如精益求精的专业精神。“精益”是一种美好，“求精”是一种完美，精益求精是一种永无止境的追求，是用精雕细刻使之成为“更美的美”“更精致”的生产理念。在中国古代工匠传承下来的传统中，这种专业精神同样适用于现代人的生产和生活实践，特别是在追求更高标准的过程中，精益求精的专业精神得到了充分展示，如探索和创新的精神。从古至今，任何技艺和精神的传承都必须经过工匠们的反复实践和不断思考，在以往经验的基础上，创造性地解决生产和创作中遇到的瓶颈问题，极大地促进经济和社会的发展。可见，在中国古代工匠的精神体系中，重视技术观念，重视技术活动，注重自然与社会的和谐发展，在服务社会的过程中，实现技术的合理化和应用的最优化。在这个过程中，诚信不仅是中国传统伦理精神的核心，也是工匠精神的主要品格。历史经验表明，如果“百工”不守信用，必然会影响人们对产品的信任。因此，诚信是工匠职业规范的表现，也是工匠的价值取向。

（三）对工匠精神内涵的现实解读

回溯春秋时期，孔子主张每个人都应该“修身养性”，坚持“执事敬，修己以敬”。特别是手工业工人，要对自己的工作抱有敬畏和热爱，全心全意地投入工作，尽职尽责。这种职业精神可以理解为中华儿女的传统美德，也反映了新时代中国特色社会主义核心价值观的本质要求。而“精益求精”就是工人们要在制作产品的过程中注重流程、提升凝聚力，通过努力，使从事的行业能够“基业长青”。事实上，对于工匠来说，“专注”是一种内心笃定而着眼于细节的耐心、执着、坚持的精神，这是一切大国工匠必须具备的精神特质。

因此，无论新时代的工匠，还是传统社会的产品制造工匠，都始终保持着执着、专注、陶醉甚至痴迷的精神。将工匠精神融入追求突破、渴望创新的过程中，同时对行业敬畏、对质量精益求精，在坚持理想、寻求突破中，不断为工匠精神持续注入创新活力。鉴古知今，在新时代人才培养层面，需要通过其外在表象深入分析其内涵，以便为高质量技能型人才的培养提供必要的指引。

优秀的工匠都十分注重对细节的处理，特别是在产品生产过程中，更要精雕细琢。可见，培育工匠精神，需要把“精益求精”这一职业态度、职业操守贯穿到人才培养实践中，始终保持“技精于专”的精神，深刻认识、理解“专注”是工匠精神的本质，“执着”是工匠精神的内核——这是优秀工匠的必要品质。新时代的人才培养，就是要帮助大学生拟定学习奋斗目标，促使其以锲而不舍的精神追求极致，通过持之以恒的态度坚持学习、工作。对自己所从事的职业保有深切的、发自内心的热爱是优秀工匠的一大特征。这是因为优秀的企业、工匠都不会满足现状，会投入更多的人力、时间、精力来让产品持续地获得市场竞争优势。因此在人才培养过程中，需要把创新创业教育与工匠精神培育进行融合，使培养对象产生强烈的创造创新意愿，并在积极尝试中为将来的工作奠定基础。

二、国外工匠精神的内涵及分析

在中国，工匠们通过对中国优秀传统文化和中华文明的坚守和发扬，在精雕细刻中，不断提高工艺水平，在勤奋学习、不懈奋斗中，完成了工匠职业素养的积累，最终形成了具有中国特色的工匠精神。党的十九大报告指出："建设知识型、技能型、创新型劳动者大军，弘扬劳模精神和工匠精神，营造劳动光荣的社会风尚和精益求精的敬业风气。"特别是在制造大国的基础上，致力于培育更多技艺高超、追求卓越的大国工匠，他们敬业乐业、守正创新，共同助力国家发展。2018 年 3 月，中共中央办公厅、国务院办公厅印发《关于提高技术工人待遇的意见》，呼吁全社会采取多种方法和途径，增强手工艺人群体的成就感、自豪感和荣誉感，为手工艺人群体营造高质量的外部环境，提供必要的制度保障。因此，在当前及以后，我们一方面要结合中国实际培育当代大学生的工匠精神，另一方面要分析国外工匠精神的内涵，以便"为我所用"。

（一）美国——对创新精神和实用主义的深刻理解

美国先进的科技以及充满创造力、想象力的产品，在世界范围内都极具竞争力。从本质上说，这些都与工匠精神有关，是工匠精神的产物，是成熟的"美国工匠精神"的标志之一，这种美国工匠精神是美国文化的缩影。了解美国工匠精神，有助于我们全面了解美国文化。手工艺是美国发展的关键动力。美国发明家迪恩•卡门指出，工匠的本质是"收集改装可利用的技术来解决问题或创造解决问题的方法从而创造财富，并不仅仅是这个国家的一部分，更是让这个国家生生不息的源泉"。从中可以提炼出美国手工艺人精神的核心——创新和实用主义精神。

（1）创新精神是美国工匠精神的基础。美国的创始人大部分是智者、科学家等受过高等教育的人。同时，他们大多是各个领域的杰出工匠，通过自己的发明和创造，深刻地改变了世界。他们热爱知识、热爱发明，渴望通过自己的双手，改变国家和社会。早在几百年前，他们就在美洲大陆播下了创新、智慧和勇气的种子，让它蓬勃发展，成为改变世界的力量。

（2）实用主义是美国工匠精神的重要组成部分。实用主义来源于美国社会和美国文化。在历史发展和社会进步中，实用主义已经深深根植于美国人的心中，成为美国人的生活方式和思维逻辑。例如，标准化生产的概念是由美国提出的，是实用主义精神的典型体现。这种标准化生产全面提高了生产效率，促进了美国经济的快速发展。美国工匠精神的实用基础源于单轨制的职业教育体系，例如设立"综合中学"，在中学阶段的学习中接受科学知识和技术技能两方面的培养，同时辅以校企合作来进一步促进工匠精神的培育。

美国的工匠精神在爱迪生身上得到了充分彰显。爱迪生是举世闻名的发明家、企业家，在美国工业发展历史上占据着不可替代的位置，是推动美国工业向现代化发展的不可或缺的人物，被誉为“发明大王”。

1847 年 2 月 11 日，爱迪生出生在美国中西部俄亥俄州的米兰镇，是家中最小的孩子。爱迪生自幼对科学和技术充满兴趣，他把大部分空闲时间都花在阅读科学和技术书籍上。他尤其对化学研究和用伏打罐产生电流的方法感兴趣，还在火车行李车厢设立化学实验室，进行各种实验。这种对科学技术的浓厚兴趣和勤奋自学的精神，促使他不断探索和尝试新事物，为发明创造积累了知识和经验。

爱迪生担任电报员的这段经历让他对电学有了更深入的了解和实践经验，也让他意识到电报设备的不足之处，从而激发了他改进电报技术的想法。他在电报领域的工作和研究，为他后来的发明事业打下了坚实的基础。例如，他发明的通用股票打印机就是在对电报技术改进的基础上获得的成功。通过早期的工作和发明，爱迪生不仅获得了一定的经济收益，还积累了发明创造的经验，树立了在发明领域的信心。

1869 年，爱迪生来到纽约，凭借扎实的电学知识修复了一台几乎报废的股票报价机，这一壮举让他获得了高薪工作，并结识了伙伴富兰克林·波普，随后两人联合创办了“波普-爱迪生公司”，专门经营电气工程的科学仪器，爱迪生正式开启了他的发明生涯。1876 年，爱迪生在门洛帕克建立了美国第一个工业研究实验室，雇用了科学家、工程师和技师等各类人才，形成了高效的研发团队，这种“团队研发”模式为他的发明事业提供了强大的技术支持和创新动力。

爱迪生的一生发明众多：1868 年，他发明了“投票计数器”，用于国会等民选机构，可加快投票过程，这是他获得的生平第一项专利权。1870 年，他发明了普用印刷机，出让专利权后获得 4 万美元，为他的发明事业提供了资金支持。1877 年，他发明了碳电话发射器，使电话成为商业应用产品，并逐渐普及家用，这在电话的发展历程中具有重要意义。1877 年，他制成了“锡箔筒式留声机”，这是第一台可以记录和复制声音的机器，引起了轰动，为他带来了国际声誉。1879 年，他展示了碳丝灯，一盏带有碳化缝纫线灯丝的白炽灯持续燃烧了 13.5 h；经过不断改进，他又推出可以点燃 1 200 h 的竹丝灯泡，后来确定以钨丝作为灯丝，称为“钨丝灯”，并定型使用至今；他不仅发明了白炽灯，还发明了一种电力照明系统，该系统包含了使白炽灯实用、安全和经济的所有必要元素。1882 年，位于纽约珍珠街的第一座商业发电站投入运营，为 2.59 km^2范围内的用户提供照明和电力，开启了世界城市电气照明的先河。1889 年，他发明了一种活动电影摄影机。1891 年，他发明了活动电影放映机，是早期电影显示设备。1896 年，电影商业放映开始，使用的是爱迪生的“维太放映机”。1902 年，他开始使用新型蓄电池进行车辆动力的试验，行程为 8 000 多 km，每充一次电可行驶 160 km，获得成功。1909 年，经过 10 年的蓄电池研究，他终于成功研制出镍铁碱性蓄电池。1910 年，他发明了有声电影，其原理是留声机随画面同步运转，使声音和图像实现同步出现……

这里不得不说的是爱迪生发明电灯。这是一个艰辛的过程——并不仅仅是单纯发明电灯的问题，而是围绕使电灯照明稳定，解决从灯丝选材到发电稳定的照明体系的问题。

19 世纪初，人们使用煤气灯照明。此前英国科学家戴维和法拉第发明的电弧灯，虽能发光，但光线刺眼、耗电量大、寿命短且成本高。爱迪生决心发明一种光线柔和、耐用且能广泛应用的电灯。他意识到电灯的关键在于找到合适的灯丝材料，以及解决发光效率和寿命等问题。

电灯发光的原理是灯丝在通电后达到高温而发光，这就要求灯丝材料必须具有高熔点，以承受高温而不熔化。爱迪生尝试了 1 600 多种材料，后来发现用炭化后的日本竹丝炼制成碳做灯丝，灯泡可连续点亮 1 200 h 左右，这既延长了使用寿命，也大大降低了生产成本，为电灯的商业化生产奠定了基础（直到 1904 年，匈牙利的比罗兄弟发明了以钨丝为灯丝的电灯泡，克服了以前碳做灯丝的缺点，使电灯效率猛增）。为了防止灯丝在高温下被氧化，还需要向灯泡中注入特殊气体，以延长电灯的寿命。爱迪生经过无数次试验和改进，才找到合适的抽气方法和设备，能够将灯泡内的空气抽到足够低的压强，达到一定的真空程度。他还要解决灯泡的密封难题，以确保真空度能够长时间保持稳定。这还不够，爱迪生既要关注电灯本身，还得考虑改进发电设备和输电线路等，从而保证电灯能够在稳定的电压下正常工作。此外，爱迪生还为降低电力成本进行了大量研究和实验，包括改进发电机的设计、优化输电线路的布局等，以实现高效、经济的电力供应，为电灯的大规模推广创造条件。

爱迪生的众多发明创造、创新的理念和方法以及对相关产业的带动作用具有划时代的意义，在美国工业历史上留下了深深的印痕，是美国工业发展历程中的一座丰碑，对美国工业的发展产生了深远而持久的影响。他是理解美国经济发展创新性和实用主义特点的工业巨匠。

（二）德国——对建设工业强国的使命担当

“专注、精致、谨慎”是德国工匠精神最令人印象深刻的特点。德国工匠对手工艺作品要求之精密、对待工作之严谨，都是举世闻名的。根据统计，德国拥有 2 300 多个世界名牌。而且在全球制造业的行业标准中，德国制造几乎成为诸多行业的标准，也同时成为人们心中高品质产品的标志和代名词。

（1）德国的工匠精神帮助德国找到自己的未来和前进的道路。今天备受关注的德国制造，在 20 世纪之前却是十分“可怕的”。在当时，德国商品是“低质低价”商品的代名词。当货物被标记为德国制造时，便意味着该货物与高质量货物无关了。然而，德国人通过精工、专注、创新等各种不懈的努力，创造出了具有强大民族魅力的工匠精神，帮助德国制造业重新开辟了“新的道路”，促使德国贸易得以持久繁荣。

(2)德国的工匠精神表现为强烈的责任心和对产品的严苛要求。在传统观念里，德国人总给人以“刻板”“木讷”的印象，正是这样的风格和气质塑造着德国工匠精神的严谨认真、专注执着，他们重视质量高于利润，会为细节花更多的努力和时间。他们将对品质的追求融入制造原则中，并贯穿于生产过程的始终。这种对质量的精益求精塑造了德国工匠的责任感和自尊心，并成就了人们对德国工匠精神的尊重和推崇。

（3）在德国产品中，除了能够看到它们系统安全、完整的信息外，还能感受到产品的实用性、创新性。德国打造出了许多世界著名的企业品牌，并在激烈的市场竞争中逐渐转化为企业的核心竞争力，为本国经济发展积淀了丰厚的精神力量。而产品的实用价值、创新性能，体现了德国工匠勤于思考、善于解决问题的精神。这种精神以及精神背后的能力，来自他们对生活的认真观察，对消费者需求的深刻理解，以及认真思考解决方案并动手操作的能力。对德国工匠来说，创新更多的是一种结果，而不仅仅是一种精神。可以说，德国工匠精神已经超越了工业部门，上升到国民性的高度，成为国家发展的内生动力。

德国有一套完善且成熟的工匠培养体系、考核体系、质量监控与评估体系，德国的工匠体系在世界范围内具有较高的认可度。

德国对工匠的培养注重从学生时期抓起，实行理论学习与实践操作紧密结合的双元制培养体系，这种双元制培养体系是德国培养工匠的核心理念，其模式是职业学校与企业学习交替，并且以企业为主导。学生用一部分时间在职业学校学习，接受专业知识、基础科学和相关法律法规等理论教育内容；另一部分时间则在有经验的工匠师傅指导下，在企业或工厂进行实践操作，学习实际生产技能，掌握工艺流程，将理论知识应用到实际工作中。通过这种理论与实践相结合的学习方式，学生能够在学习过程中熟悉企业的工作环境和生产流程，毕业后可以迅速适应工作岗位的技能要求。学生在职业学校中不仅要学习专业课程，还要接受文化教育，以提高综合素质。

为把学生培养成合格工匠，处理好学校教育与企业培训的关系是至关重要的。因而，企业主导培训是也德国培养工匠的一个重要特色。企业根据自身的生产需求和行业标准，参与职业学校的课程设置和教学计划制订，课程设置注重实用性和针对性，以确保学校教育与企业实际需求紧密结合。企业还制订具体的培训计划和内容，为学生提供实习岗位和实践指导。这种企业主导的培训模式，使培训出来的学生既能掌握岗位要求和生产技能，又能掌握扎实的理论基础知识和职业道德，精准满足市场需求，并有高度的责任感，具备较强的就业竞争力。

德国许多大型企业都设有专业的培训中心为员工提供企业内部培训。企业内部培训一般结合企业自身的实际生产情况和技术需求，采用案例教学、模拟操作等方式，让员工在实践中掌握先进的生产技术和工艺。此外，企业还会邀请行业专家和资深工匠为员工进行讲座和培训，分享最新的行业动态和技术经验。一些中小企业也会进行联合培训，以降低培训成本，提高员工培训效率。

工匠培训永远在路上。随着科技的不断发展和行业的进步，工匠也需要不断更新知识和技能。因此，德国设立了各种继续教育课程和进修项目，人们可以根据自身的需求和职业发展规划，选择参加相关的培训课程。这些继续教育和进修项目通常由职业学校、行业协会或专业培训机构提供，形式多样，包括短期培训班、研讨会、在线课程等。

工匠培训的师资基本上由职业学校的专业教师和企业的师傅组成。教师通常具有扎实的专业知识和丰富的教学经验，了解行业的最新发展动态和实践需求。企业的师傅则是具有多年工作经验的资深工匠，他们要教会学生如何胜任岗位和完成工作任务，还要培养学生的职业素养和工作态度，帮助学生树立正确的职业道德观。

德国非常重视职业学校教师的培训。职业学校的教师需要定期参加专业培训和进修课程，同时，政府相关部门和行业协会还鼓励教师到企业进行实践锻炼，以便更好地将生产一线的实践经验融入职业学校的教学中，使二者同步进行。对于企业的师傅，也有相应的培训和考核机制，确保他们能够有效地指导学生，传授最新的技术和工艺。

德国各行业的入口关把得很严，对于工匠培训有严格的行业标准和行业规范，这些标准和规范由行业协会、工会及政府相关部门共同制定，以保证其公正性和普遍性。培训课程和内容必须符合这些标准，例如，对于电工、木工、钳工等各个工种，都有明确的技能要求和考核标准。学生在完成培训后，需要参加由行业协会组织的职业技能考试，只有通过考试并获得相应的职业资格证书，才被认可为合格的工匠。

为了保证培训质量，德国还建立了完善的质量监控和评估体系。政府相关部门和行业协会定期对职业学校和企业的培训工作进行检查和评估，包括教学设施、师资力量、培训内容、学生的学习效果等方面。如果发现不符合标准的情况，要求相关机构立即整改，以确保培训工作始终保持较高的质量水平。

通过上述培训措施，德国的工匠保证了较高的水准，也为德国成为世界制造业大国提供了支撑。

（三）日本——对匠人气质和细致能力的全面诠释

日本的工匠精神确立于江户时期，受到中国儒学文化的影响，显示出明显的实用主义倾向。日本作为一个岛国，在资源匮乏的情况下，尚能保持某些行业的领先地位，实属难得。而大多数产业背后蕴藏的是日本匠人深厚的职业气质和创造力，以及很多值得尊重和借鉴的精神内核。

（1）日本工匠值得称赞的不单纯是学习方法、学习态度，还有在学习中的改进，以及对学习的耐心和毅力。日本最早一代的工匠出现在江户时代。江户时代中期，手艺人越来越多，并逐渐形成了自己的文化。他们信奉职业道德，崇尚职业精神，具有强烈的责任感，以敬畏心对待自己的职业。事实上，日本的工匠精神早在工匠出现之前就已经产生了，可以追溯到器物崇拜时期。日本手工业得以迅速发展的一个重要原因是在中国隋唐时期，随着大量佛教文物传入日本，信奉“万物有灵论”的日本人开始转向对文物的崇拜，认识到技能的重要性，进而产生对手工技艺的崇拜心理。这种崇拜心理随着时代的发展逐渐演变成“精致”的工匠精神，并深深融入日本人的血液中。

（2）日本匠人所推崇的工匠精神，实质上也是一种对创新瓶颈的应对策略。由于地理环境和资源匮乏，很多手工业者家族从事了几辈子的工作，受到原材料或工艺的限制而无法创新，只能在细节上下功夫。例如，放弃机械采用手工，不用温控设备而只凭经验判断火候，放弃高效的砂纸而用砂草来打磨梳子齿，等等，这也造就了日本所谓的“职人气质”。这种气质的精髓来自工匠对自己职业和技术的敬畏，因为这是他们谋生的手段和有尊严地立于世的保障。这种敬畏，使他们把自己的职业当作生命，在技能训练中，表现出的是一种极其苛刻的态度。对于日本工匠来说，技艺和勤奋是其最重要的手段，做一行爱一行，把一切事情做好、做到极致，才是最终的目标。

（3）日本非常重视对工匠的保护。在日本，对工匠的尊重和对手工艺的敬畏，是全社会的共识。这种社会氛围促进了日本职业精神的形成，使人们能够认真细致地开展工作。人们可以在几十年的时间里，始终坚持在自己的工作岗位上，这种宁静务实的精神造就了日本优秀的企业文化，延续了日本企业的生命，激发了日本经济的活力。日本人善于学习，日本工匠凭借勤奋和奉献精神，助力岛国发展成为发达国家。他们秉持着只有走高质量的服务路线、精益求精，企业才能得以延续和发展壮大的理念，认定只有靠坚强的意志才能赢得生存。可以说，工匠精神就是日本人创造精神的动力之源。

日本拥有比较完备的培养工匠的职业教育体系，主要体现在由专门学校、大学（含短期大学）构成的高等教育机构。专门学校以学生掌握工作所必需的知识和技术、获得职业资格等为教学目标，学制 1～4 年不等，一般为 2 年，课程针对性强，就业率约为 95%。2 年制专门学校毕业生获“专门士”称号，可申请插班到短期大学或普通大学学习；4 年制专门学校毕业生获“高度专门士”称号，可申请进入大学的研究生院学习。短期大学学制 3 年及以下，以培养学生职业和实际生活所必需的能力为教学目标，课程设置以取得就业所需的证书和资格为导向。近年来与企业合作加强，学生约一半时间在企业实习，不少专职教员都有企业工作经验。

日本还有以初中毕业生为招生对象的高等专修学校和高等专门学校。高等专修学校学制通常是 3 年，毕业相当于高中毕业。高等专门学校学制 5 年，毕业获得“准学士”学位，相当于短期大学毕业，全国不到 60 所，在校生约 6 万人，学习领域主要是工业和商船（航海和物流），目的是培养工程师，学生学完 3 年后有报考普通大学的资格，5 年制高等专门学校的学生更受日本企业青睐。

2017 年日本新修订的《学校教育法》创设了“专门职大学”制度，旨在培养更多具有扎实专业知识和实践能力的应用型人才，学制 4 年，4 年内在企业等一线实习时间需达到 600 h，让学生在学习过程中充分接触实际工作场景，提高就业竞争力，毕业授予“专门职学士”学位。专门职大学鼓励社会人员就读，工作实践经验可折算学分。

日本社会对职业资格认证高度敏感，很多学校以通过国家级资格考试为目标开设培训课程，如护理专门学校会用整年时间帮助学生考取护理专门资格。许多职校将课堂开设在企业中，让学生参与实际项目积累经验，通过“干中学，学中干”促进学生无缝衔接进入职场。例如，HAL 专门学校与索尼、任天堂等大企业合作，推荐优秀学员到企业实习。

日本各行各业对于工匠的培养拥有完整和严谨的流程。以培养理发美容师为例，如果要获得理发师营业资格，首先要在专门的理发美容学校进行 2 年的专业学习，课程内容涵盖美发专业的实践课程、理论课程、相关的卫生及法律等方面内容的课程，并且对课程学习有着严格规定，只有 2 年课程修满后，才有资格参加全国统一理发师资格考试。考试分为实践课题和理论书面两部分。只有这两个考试都通过，才能取得理发师资格证书，即“理容师证书”或“美容师证书”，从而取得营业资质。

日本还有教学水平很高的美发和美容专业学校，一些学校也开设有美发、美容专业，如日本山野美发学校、日本美容技术学院、日本文化服装学院、日本麦西美发学校、好莱坞创美学园。其中日本麦西美发学校已有超过 70 年的历史，形成了自身的办学理念和办学特色，并拥有一支教学经验丰富、技术实力深厚的名师队伍。这从侧面反映出日本各行业的工匠具备扎实的教育基础。

（四）意大利——对产品质量和服务品质的精益求精

提起意大利，人们最先想到的就是优雅的生活品位和众多的奢侈品牌。而提到意大利的工匠精神，最突出的表现便是严谨的手工技艺和精致的细节处理。在意大利，工匠坚持手工设计和生产，呈现出的产品价值往往是高度浓缩的。

意大利有着深厚的文化底蕴和艺术修养，经历了罗马帝国的辉煌，浸润过文艺复兴的浪潮，今天的意大利具有优雅的气质和人文情怀。“意大利制造”仿佛就等同于精美。正是这种魅力，增强了意大利品牌的价值，也让它成为意大利手工艺的核心所在。对人和事物的高度尊重，在意大利产品中被生动地表达出来，即纯手工设计和严谨的生产过程。现代工业生产注重生产效率，而意大利始终坚持小批量生产和定制生产，坚持精工细作。因此，意大利产品体现出一种“高档”的韵味，备受人们追捧。当然，在赞美意大利产品的精致之时，其魅力背后是意大利工匠的坚持和奉献。很多品牌都坚持小批量生产或者定制生产，一客一件，每件都是独立版本，绝不雷同。这让消费者体会到被尊重与重视，内心得到极大的满足，而这些远高于产品本身的价值。

意大利的工匠精神得以发展的一个关键因素还在于政府的支持和鼓励。由于在第一次工业革命中处于落后地位，意大利政府出台了政策积极应对，鼓励凡属资本和劳动所得均给予减税或免税，这对于手工业的发展起到了积极的促进作用，使小规模的手工作坊得以保留，也保证了意大利工匠精神孕育发展的现实环境和丰富土壤。

意大利在工匠培养方面有着自身的模式和特点，概括起来就是政府大力支持、行业联盟提供积极服务、学校教育注重实践和传承、悠久的历史传统和文化氛围。

意大利政府对手工艺高度重视，并给予其很高的社会地位，视其为“国宝”，对工匠和相关企业更是给予多方支持。例如，将掌握传统玻璃工艺的工匠视作“重点保护对象”，对当地玻璃工坊给予其税费减免等优惠政策。各地政府还依据当地具体情况，对手工艺企业给予不同标准的减免税优惠政策，如位于意大利中西部的拉齐奥大区，手工艺企业产品仅征收10%的增值税，比一般企业要少约11%。此外，意大利政府还为手工艺企业和工匠设立专项补助基金，为了提升从业者的自豪感，由国家认定的大师级工匠退休后能够领取政府颁发的国家特殊津贴，以此鼓励和肯定他们的精湛技能和为国家做出的贡献。政府还有一套常年联合博物馆、行业协会等举办各类手工艺品展览的机制，如佛罗伦萨国际手工艺品展览会、米兰国际手工艺博览会等，帮助企业开拓国内外市场。意大利有许多中世纪小镇，这些小镇拥有独具特色的手工艺产品，如位于意大利东北部的穆拉诺岛以独特的玻璃制作工艺闻名于世，岛上有众多的玻璃制品商店出售花瓶等精美的玻璃器皿。此外，还有阿尼奥内小镇的铸钟手工艺、比耶拉小镇的羊毛纺织、阿玛菲小镇的传统手工制革等。根据这些地方特色工艺，意大利政府推出“一镇一艺”特色小镇参观旅游模式，将旅游业与当地特色手工艺相结合，强化小镇手工艺特色优势。意大利许多高端品牌企业通过开办学校来培育工匠，这是一种昂贵但有效的人才储备方式。例如，布里奥尼旗下的纳萨雷诺·冯蒂科利高级定制裁缝学校每隔4年招一次新生，每次16个名额，从15～17岁的少年中选拔，学生学习多种课程，学习3年后再加1年工坊实地操练。一些职业学校与企业或经验丰富的手工艺工匠合作，采取学徒制的二元制教育体系。部分职业学校还将高等教育学位引入学徒制，如克雷蒙纳提琴制作学校采取理论知识与制琴工艺相结合的课程设计，为毕业生颁发学士至博士的学位，还聘请当地国宝级大师传授制琴技艺，半数以上的学生毕业后留在小镇从事制琴行业。

意大利有尊重工匠的历史文化传统，裁剪师、缝纫师等相关职业都极受尊敬。这种对专业的敬畏与尊重，以及对手工艺的热爱，在意大利积淀了良好的工匠文化土壤，使年轻人愿意投身手工艺行业，并以传承和发扬工匠们的技艺与精神为傲。

（五）瑞士——瑞士制造：高品质的代名词

瑞士钟表在世界上十分著名，其实瑞士的工匠精神也十分突出，“瑞士制造”就是高品质的代名词。

（1）“一生专注”的坚守执着。“瑞士制造”、瑞士工匠精神，这些其实都离不开瑞士钟表。可以说，瑞士钟表是“瑞士制造”、瑞士工匠精神最直接的现实表征。钟表业本身就是一个精密的手工业，瑞士的钟表品牌大都具有悠久的历史，很多品牌已经有百年历史。为什么能够长时间地存续？答案其实就是对行业的“一生专注”、对产品的极致追求，让技艺和事业不断传承。

（2）“拒绝瑕疵”的精益求精。以瑞士钟表为例，钟表里面包含了很多小零件，这些小零件都是由工匠打磨而成，并且每一道工序都需要工匠的精湛技艺。在瑞士工匠眼中，只有对制造的一丝不苟和对质量的精益求精。一个表盘和无数个零件，就是瑞士工匠精耕细作的追求，就是瑞士工匠精神特质的体现。

（3）“追求更好”的开拓创新。“追求更好”就是好了还要更好，不断开拓创新。从本质上而言，开拓创新与坚守执着、精益求精并不矛盾，是其延续，是其必然结果。这种开拓创新要求工匠能够与时俱进，对自己的技艺不断进行打磨，在产生新问题后有新方法应对，不断雕琢产品，追求极致化体验。

工匠精神其实在瑞士的各行各业都存在，也是瑞士国民精神的直观表现。瑞士工匠精神的产生绝非偶然，也受到历史溯源、文化发展等因素的影响。

首先，瑞士工匠精神来源于尊重工匠的社会氛围。在瑞士，能被称为匠人的人，已经被证明是行业的佼佼者，匠人的社会地位类似于大学教授，在社会上是备受尊崇的。也正因为如此，越来越多的瑞士手工业者愿意专注于自己的技艺，苦心钻研，把自己的工作做到极致。

其次，瑞士工匠精神还来源于成熟多元的职业培养。瑞士对职业技术人才的培养是十分重视的，政府和企业都会投入相当的人力、物力和财力，去提升职工的综合素质。而且瑞士还形成了一套具有特色的“学徒制”，就是在接受义务教育后，有相当一部分学生会选择学徒培训，每周固定时间在企业当学徒，磨炼技艺，这也为培养技艺高超的熟练技术工人打下了坚实的基础。

最后，瑞士信誉品质的延续保证也是工匠精神的重要基础。尽管瑞士国土面积狭小，但瑞士人十分注重企业道德，以精益求精的精神制造产品，用品质说话，以品质取胜，用高品质的产品和服务来回馈社会，这也是瑞士工匠精神形成的重要保障。

瑞士联邦政府对于工匠的培养体现在以下方面：

（1）实行双轨制教育体系，约 2/3 的学生在义务教育阶段结束后会选择职业教育。在高级中等职业学校，学生采取“工学交替”的学习模式，既在学校接受课堂教育，又在接收学徒的企业进行有偿实习，在学习期间能够将理论知识应用于实践，积累工作经验。这种模式使学生能够更好地适应职场需求，毕业后可快速上手工作。高等职业教育为有经验的从业者提供深造机会，助力其获取更高的职业资格，进入技术管理岗位。

在课程设置方面，学校以市场需求为导向，注重理论与实践相结合。企业全方位地参与职业教育的课程开发、教学设计和实训组织过程，确保课程内容能迅速响应市场需求。例如，机械制造专业课程涵盖了机械原理、数控编程和精密加工工艺等模块。

（2）学校与企业深度合作。企业提供先进设备和技术资料，学校将其转化为教学素材并设计课程。学生能够在企业真实的生产环境中轮岗实习，积累经验，毕业后可快速适应岗位需求。政府通过税收优惠和财政补贴等激励政策，推动企业参与职业教育；学校主动对接企业需求，与企业共建实训基地和研发中心。在企业实习过程中，学生要遵守企业的规章制度，承担工作任务，按时完成工作目标，这有助于培养其严谨的工作态度和责任感，养成良好的工作习惯。

（3）拥有严格的学徒制度。瑞士的年轻人初中毕业后可选择成为学徒工，学徒工的学习与未来职业紧密相关，且一部分学校与企业合办，学生毕业后进入合作企业工作的可能性极大，这使学徒工从开始学习起就有明确的职业方向。学徒工在企业中的时间比在学校长很多，他们能够在企业的真实生产环境中，跟随经验丰富的师傅学习，接受严格的技能训练，培养扎实的实践技能和职业素养。学生在企业学徒期间可获得正式员工薪酬的1/3～1/2的津贴，学徒期满后通过各阶段的严格考试，获得行业权威认证并获得瑞士联邦职业资格证书，成为正式工匠。

第二节 现代工匠精神及其思想内涵

现代工匠精神是指在现代社会中，对工作敬业、追求品质、持续创新、注重团队协作的一种职业文化。它强调个体劳动者在职业生涯中不断追求进步，以提高技能、知识和创新能力为核心，为企业和社会发展做出贡献。

一、现代工匠精神的特点及作用

（一）现代工匠精神的特点

（1）敬业精神。对工作认真负责，始终保持高度的职业操守和敬业精神，努力提高自身素质，为企业发展贡献力量。敬业是劳动者基于对职业的敬畏和热爱而产生的一种全身心投入的认真、尽职尽责的职业精神状态。中华民族历来有“敬业乐群”“忠于职守”的传统，敬业是中国人的传统美德，也是当今社会主义核心价值观的基本要求之一。

（2）追求品质。产品质量是工匠精神的外在表现。注重产品质量，精益求精，力求为客户提供优质的产品和服务。

（3）持续创新。积极关注行业发展动态，不断学习新技术、新知识，勇于创新，为企业创造价值。为此，劳动者必须掌握产品的生产规律、细节特点，了解适用人群的需求变化，在已有基础上不断更新迭代，提高生产效率。

（4）团队协作。注重团队合作，尊重他人，善于沟通，共同为实现企业目标而努力。随着社会生产力的不断进步，分工越来越细，这意味着人们之间的合作也越来越紧密。团队协作有助于劳动者分享知识、技能和经验。在团队中，每个成员都有自己的专长和优势，通过协作，相互学习，提升自己的技能水平，从而提高整个团队的技术实力。

（5）传承与创新。在继承传统工匠精神的基础上，结合现代社会的特点和企业需求，不断丰富和发展工匠精神，为企业注入新的活力。一代代工匠的高超技艺都是前一代工匠技艺、心理品质、精神追求、文化信仰积淀、传承的结果，也是自身发奋努力、积极学习与继承的结果。创新也是在前人成就的基础上不断发展——发扬前人的敬业精神，突破前人的标准。

（6）社会责任。以诚信为本，积极履行社会责任，关注环境保护、员工福利等方面，为企业和社会的可持续发展贡献力量。劳动者肩负着不同的社会责任，工匠是行业的领军者，是推动社会生产力发展的责任人。工匠作为社会生产力发展最为活跃的分子，其觉悟不应局限于自己的工作，而要定位于社会生产力发展的推动者、凝聚团队力量的中坚力量。

在现代社会，工匠精神被认为是企业核心竞争力的重要组成部分。弘扬现代工匠精神，有助于提升劳动者的职业素质，推动企业技术创新和产品质量提升，从而实现企业可持续发展。同时，工匠精神对于践行社会主义核心价值观，提升社会道德水平具有重要意义。

随着历史的发展，工匠精神逐渐从传统手工业领域扩展到各行各业，如农业、制造业、科技研发等。在现代社会，工匠精神主要体现在以下 4 个方面：①技术进步。工匠们不断学习新技术，提高自身技能，以适应社会发展的需求。②产品品质。工匠们追求产品质量，力求为客户提供优质的产品和服务。③创新意识。工匠们敢于挑战传统，勇于创新，为行业发展注入新的活力。④团队协作。工匠们注重团队合作，善于与他人沟通，共同实现企业目标。

（二）工匠精神在现代社会的重要作用

（1）提升产品质量。产品质量是企业的生命。产品质量体现了工匠们高超的操作技能，以及对产品生产流程和各生产环节的优化完善，也体现了企业的社会价值。工匠精神有助于企业提高产品质量和竞争力，从而赢得市场优势。

（2）促进技术创新。工匠们对技术的执着追求和创新意识，有助于推动科技发展。从根本上说，创新给生产带来质性变化。创新需要传统的思维、技能、经验的传承和积累，从而激发出工匠们对于产品质量进一步提高的渴望。

（3）培养高素质人才。工匠精神有助于提高劳动者的职业素质，为企业和社会的发展储备人才。当今时代，人才是经济社会发展的第一资源。新时代大力弘扬工匠精神，有助于在全社会营造崇尚劳动、尊重劳动、热爱劳动的浓厚氛围，有利于发挥劳动模范、大国工匠的引领示范作用，激励更多的劳动者，尤其是充满活力和潜力的广大青年，毅然踏上技能成才、技能报国之路，不断积累知识、提升本领，成为推动社会发展的生力军。

（4）弘扬传统文化。工匠精神是传统文化的重要组成部分，弘扬工匠精神有助于传承和发展传统文化。文化是民族的灵魂，工匠们将厚重的中华优秀传统文化注入他们的作品中，使中华文明大放异彩，也为工匠精神的弘扬和传承提供了强大动能。

（5）提高国家竞争力。工匠精神有助于提升国家整体实力，促进经济社会的持续发展。中国有着世界上最健全的工业门类，是名副其实的制造业大国，这是我们实现中华民族伟大复兴的底气。我们既要做制造业大国，更要成为制造业强国。因此，要将工匠精神化作每一位劳动者的精神动力，提高其综合素质，提高中国的国际竞争力。

（6）塑造社会主义核心价值观。工匠精神所蕴含的敬业、诚信、创新等品质，有助于培育和践行社会主义核心价值观。工匠精神是劳动者崇高的价值品质和价值追求，它一方面能够为社会创造高品质的物质和精神产品，是推动中国走向“富强”的重要力量；另一方面也需要“诚信、友善”的社会关系，并使“爱国主义”思想信念和“敬业”的工作态度与之相适应。因此，培育工匠精神要站在践行社会主义核心价值观的高度来认识。从这个意义上说，培育工匠精神是践行社会主义核心价值观的重要切入点。

总之，工匠精神的历史发展及其在现代社会的重要作用表明，弘扬工匠精神对于个人、企业和社会的发展具有深远意义。在新时代背景下，我们应继续发扬工匠精神，为国家的繁荣富强和民族的复兴贡献力量。

二、现代工匠精神的思想内涵

党的十九大报告指出，要“建设知识型、技能型、创新型劳动者大军，弘扬劳模精神和工匠精神，营造劳动光荣的社会风尚和精益求精的敬业风气”。随着中国社会主要矛盾发生变化，当下高质量发展要求逐渐取代传统重数量、求速度的发展模式，工匠精神的思想内涵在理论与实践的发展进程中不断深化，实现了从精神认同到师道学习、从潜心制造到精心创造的丰富和完善。

（一）工匠精神是敬业乐业的认同精神

作为超越异化劳动的自由劳动精神，工匠精神切实体现了劳动者的价值，其既能提高劳动者的“道技”水平，彰显其创造精神，又能消解劳动过程中因急功近利而出现的种种异化现象，较好地满足了中华民族伟大复兴进程中“制造大国”与“质量强国”的双重要求。

其中，敬业精神是一种高度忘我、付出与追求极致的奉献精神和工作态度。敬业者出于对自身工作的尊重和责任感，把职业当作实现自身价值和追求能力极限的舞台，始终全身心地投入工作中。相比于敬业精神所体现的使命感，“乐业”则是一种在工作中获得享受的境界，是满足了社会需要的成就感、内心的充实感，给人带来愉悦的情感体验，具有积极的影响和激励作用。孔子云：“好之者不如乐之者。”乐业者将自己的职业当作满足兴趣和获得乐趣的途径，这是一种对自身职业高度认同的境界。作为日常工作中一对相辅相成的职业道德精神，敬业与乐业所包含的对自身技艺和所从事职业的认同感正是劳动者安身立命的根本。

（二）工匠精神是尊师重教的师道精神

工匠精神并非一个新兴词汇，早在先秦两汉，木匠鼻祖鲁班、机械发明家马钧等人就在科学创造、生产实践中塑造了潜心钻研、持之以恒、敢于创新的职业精神，中国流传至今的诸多艺术作品更是中华民族“工匠文化”的典型代表。《礼记•学记》有言：“凡学之道，严师为难。师严然后遵道，遵道然后民知敬学。”为师者的手艺传承不仅是技术方法的传授，更多的是一种文化或精神的感染和传承。师徒在相处的过程中，通过言传身教和教学相长达到技艺的提高和匠心的传承。“严师出高徒”，在传授过程中，为师者基于对职业的敬畏、追求卓越的精神，必然本着严肃认真的态度。而徒弟在学习过程中，因尊师而敬学，因敬学而敬道、敬技，从而打下坚实的技艺功底并秉持敬业态度，这种师徒相授的技艺传承方式孕育了“师徒如父子”的师道传统，潜移默化地成为工匠精神的起源之一。

（三）工匠精神是一丝不苟的制造精神

劳动体现在中国特色社会主义建设的各个领域。一丝不苟形容做事认真细致、毫不马虎。以这样的态度投入工作状态的人，可以观察到每一个细微之处，倾注所有精力，忠于细节。现代工业是一个精密的生产过程，从材料选择、零件的生产加工，到大机器的组装、调试，以及生产与维护，是一整套精细化的过程。精密机床的制造、航天器的焊接、飞机发动机的材料生产和加工等，从立项到实验再到生产，无不需要劳动者以敬畏的心态去计算、生产、加工、组装、操作与管理。在这样的精神驱动下，不允许在工作中有任何模棱两可、模糊不清的概念和操作，从“复兴号”高铁检修过程中“一颗螺丝栓都不能松”的执着，到航空母舰建造时“0.1 mm

接缝也不能忽略”的精确，一丝不苟的制造精神一直是新时代大国工匠精神的有机组成部分。

（四）工匠精神是精益求精的创造精神

精益求精是工匠精神的核心内涵和突出特征，是劳动者在长期技术实践的积累中所形成的对劳动产品优化的不懈追求。他们在长期的技术经验积累和对技术方法的改进思索中，不断提升对产品的精细要求，无论技术还是产品，都达到精益求精的地步。工匠精神强调对细节的极致追求，力求将每一道工序、每一个产品做到尽善尽美。它要求从业者摒弃浮躁、专注执着，在反复打磨中超越自我。例如，大国工匠郑志中用普通台钻手工钻孔，能将钻出的两个孔距控制在±0. 01 mm，他的锉削技术，精度可以达到 0. 002 mm 以内；日本国宝级清洁匠人新津春子对 80 多种清洁剂的使用方法倒背如流，能够快速分析各种污渍产生的原因和组成成分。

在“中国制造”走向“中国创造”的进程中，人们对美好生活的不断追求，使产品的品质、服务的体验感、企业的品牌等越来越成为人们关注的重点。追求技艺精湛纯熟、产品精工细作，这不仅是工匠精神最直接的表现，更是工匠精神在新时代得以传承和发扬的关键所在。

（五）要精准把握工匠精神的科学内涵

工匠精神本质上体现了人的高度自主劳动，建构起劳动者与劳动价值观、劳动情感态度、劳动对象、劳动过程、劳动目标之间的内在联系。“执着专注、精益求精、一丝不苟、追求卓越”涵盖了劳动者的精神态度、品质追求、自我要求、理想目标 4 个方面：

（1）执着专注是时间上的坚持、精神上的坚守。

（2）精益求精是品质上的完美、技术上的完善。

（3）一丝不苟是细节上的严苛、态度上的严谨。

（4）追求卓越是理念上的创新、目标上的远大。

工匠精神既体现了敬业之美的精神原色，又表现了细节之美的品质追求，更展现了创新之美的价值升华，系统解决了如何使劳动更专业、更高效、更科学、更富有创造性的问题，实现了从崇尚劳动、热爱劳动、辛勤劳动、诚实劳动到科学劳动、高效劳动和创造性劳动的飞跃。大国工匠正是依凭工匠精神，精益求精、挑战自我、创新创造、追求完美，不断超越自我，迸发创新的灵感源泉，在熟练掌握行业技术的基础上，善于学习、勤于思考、勇于革新，给行业技艺带来突破性贡献，促进生产技艺水平的提升，以创新创造精神推进实施制造强国、科技强国、质量强国等重大国家战略，为实现中华民族伟大复兴提供强大动力。

案例　张金柱——“智能制造电机心脏”的大工匠

张金柱，哈尔滨电机厂有限责任公司（以下简称哈电机）线圈分厂维修工段的一名普通工人，他从学徒工到成为电气行业专家、高级技师用了近 30 年。他是全市为数不多的拥有自己工作室的首席技师，也是亚洲唯一被瑞士厂家授权的维修工程师。

多年来，张金柱带领他的团队攻坚克难，为企业创造了巨大的经济效益及社会影响力，近几年完成技术创新 150 余项。

工作中的张金柱

1 250 MW 核电定子线圈制造是中国首台核电国产化项目。张金柱带领他的团队，通过模具结构改进、设备改造、制造工艺优化等，突破了技术封锁、生产能力限制、验收标准苛刻等难关，完成了 1 250 MW 核电定子线圈国产化生产，使世界先进核电技术能够在中国的制造线上自主生产实现。这对于中国核电事业有着非比寻常的重要意义——与购买国外产品相比，仅一台核电机组定子线圈就可节约采购成本 2 600 万元。

技术创新是张金柱的一大特质，在他的带领下，团队研制成功了线圈模压智能控制系统。这套高效节能变频式加热模压装置的节能效果十分显著，节省电量近 50%，现每年为公司节电 80 余万元，全部改造完成可年节约近 300 万元。此项成果已获得国家级专利、“中国机械工业科学技术奖”，同时获得海峡两岸职工创新金奖，并已在行业内进行推广，先后在上海电机厂有限公司、重庆水轮机厂有限责任公司、哈尔滨电气动力装备有限公司等企业应用。目前，该技术在国际上仍处于领先地位。

多年来张金柱大胆尝试采用国产元器件代替进口设备的备件，取得了可喜效果。进口焊机适配器改造、进口包带机电刷国产化改造等创新项目为公司节约100余万。2012年，张金柱做了一件为中国工人争气的事。瑞士进口六轴联动数控包带机运转了10年，到了大修的时间，因为外商对技术保密，中国技师无权对进口设备拆机检修，但厂家又不再负责维修，上千万元的设备可能永远“死机”。

瑞士MICAMATION公司的专家到达现场后，认为在规定的时间内无法完成大修任务。张金柱带领团队在取得外国专家的许可后参与了设备大修任务。维修过程中外国专家对中国技师的工作能力给予了充分肯定，连说“Very good”。在调试控制系统时外国专家为了保证核心技术不外露，他们自己动手，然而设备一直无法正常运行，这时张金柱提出修改适应“中国国情”的参数的建议，使设备正常运转起来。

这次大修顺利完成后，瑞士MICAMATION公司发来授权书，授予张金柱为该公司设备维修工程师，这是MICAMATION公司在亚太地区唯一授权的维修工程师，张金柱有权对该公司的设备进行拆装维护、维修。同时他还成功攻克了困扰瑞士公司多年的主机无法兼容问题，他也是目前唯一掌握此项技术的人。

从法国VINCENT公司进口的数控成型机在生产过程中经常出现故障报警，哈电机不断与法国公司联系，可问题始终没有得到解决。张金柱认真排查后确认是由一根信号芯线虚接造成的，这个电缆插头是西门子专用的一次性零件，发货时间漫长，价格奇高。张金柱将电缆插头用手术刀进行了全面解体，找来一根大头针，将其从中间剪断，保留针尖部分，与对应的电缆信号芯线焊接牢固，再用专用工具将半截大头针装到电缆插头上，替代损坏的芯线，设备恢复了正常运行。这次维修犹如断指再植手术般精细，张金柱因此赢得了“金手指”的美誉。

此外，他还多次帮助同行解决设备和工艺上的一些疑难问题，如中国东方电气集团东方电机厂进口机器人包带机无法通信问题；上海电气电站设备有限公司汽轮机厂进口六轴数控包带机BOXPC软件问题；重庆水轮机厂有限责任公司模压工艺研究；哈尔滨电气动力装备有限公司进口ROBOT包带机转角电机故障；哈尔滨大电机研究所进口试验设备改造；等等，共20余项。

近年来，张金柱培养了大批技师和高级技师以及省市技术能手，先后为清华大学、西安交通大学学生进行相关业务知识的培训，还为哈尔滨理工大学教授和博士生进行培训，得到师生的一致好评。

第二讲　工匠精神的历史发展与重要作用

第一节　工匠精神的历史演变

中国是工匠精神的重要发源地之一。原始社会末期，金属工具的使用引起了手工业与农业的分离，从此，中国工匠精神开始有了成长的温床。以传统手工业为摇篮，在经历了历史考验后，工匠精神的历史演变可以分为 4 个阶段。

一、工匠精神的萌芽和起源

自原始社会人类祖先制造和使用工具以来，传统工匠便开始了最初的混沌模式。距今 300 万年至 1 万年左右是我国的旧石器时期，以打制石器为标志。在这一时期，由于社会生产力发展水平非常低下，经打制而成的石器一般比较粗糙。随着时间推移，人类社会的生产力水平逐渐提高，打制石器的水平也随之提高。在天津市蓟州区太子陵旧石器时代遗址中出土的距今 10 万年至 1 万年的石器，其局部人工磨光的痕迹十分明显，表明磨制技术已经出现。距今 1 万年至公元前 1800 年前后为我国的新石器时期，以出现磨制石器、陶器、农业和畜牧业为标志。新石器时期与旧石器时期相比，分布比较广泛，大体上包括长江北岸部分地区、珠江流域的江南地区、黄河中下游地区、辽河流域及东北、内蒙古北部、新疆和青藏高原部分地区，说明我国这些地区的社会生产力水平有了较快发展，人们的生活环境有了较大改善，工具制作技术也呈现出从无到有、从低到高的发展态势。因此可以说，工匠精神的产生不是孤立的，是在社会生产力的发展过程中孕育而生并随之而发展成熟的。人类的工具从粗糙的打制石器工具发展到研磨石制工具，再到后来的骨、角、陶、铜等一系列的工具，这是工匠精神发挥作用的结果。随着社会大分工的发展，手工业得以从农业中分化，出现了一批不再单纯依靠农耕、转向从事手工业生产的劳动者。伴随着手工业的发展，工匠精神也由此生发形成。

处于萌芽时期的工匠精神简单质朴。如《增广贤文》中所言：“良田万顷，不如薄艺在身。”我国民间也有“不怕千招会，就怕一招熟”的说法。工匠们视手工艺为谋生的技能，追求达到“如切如磋，如琢如磨”的工艺水平。河姆渡遗址出土的许多石骨制品、象牙制品，都打磨得非常细腻光滑，既有精湛工艺，又有巧妙设计，每一件都独具匠心。这些流传下来的物品，不仅是中华民族智慧的汇聚，也是中华文明的见证。当今时代，工匠精神仍然是中华民族最宝贵的精神财富和价值追求，并随着时代发展愈发展现出深刻的价值意蕴。

二、工匠精神的发展和兴盛

工匠精神的发展是一个长期的历史过程，随着社会生产力的发展，社会分工日益分化，各种行业随着社会发展的进程不断出现，由初级阶段逐渐进入发展阶段，在满足生活需要的基础上，人们的文化程度、审美意识、生活需求也随之提高。从历史发展的视角来看，工匠精神经历了原始社会时期的孕育阶段、古代社会的成长阶段和现代社会的发展阶段。工匠精神在早期原始社会主要表现为由简陋的石器制作到相对精细的工具以及生活用品和简单装饰物的制作，说明那个时期人们在思想意识中已经出现了工匠精神的朴素思想。工匠精神出现于古代社会，其以传统的手工艺匠人为代表，如夏朝发明马车的奚仲、春秋时期的冶铁工匠欧冶子、东汉发明造纸术的蔡伦、唐代雕塑家杨惠之、宋代发明活字印刷术的毕昇、清代制壶大师陈曼生等，还有那些留下各式美轮美奂的建筑的建筑大师，他们的工匠精神体现在留存至今的工艺制品、艺术创作和建筑中。到了近现代，现代工业的发展以大机器生产为主要特色。进入 21 世纪，工匠精神体现在互联网、量子通信、人工智能技术等领域。当下，社会对劳动者的道德品质有了更高要求。工匠精神逐渐展现出教育和传承的价值。这是因为，在中国的文化和精神体系中，存在着一种“道德精神”。这是中国人追求的“做人”的理想标准，是中国人渴望达到的“理想人格”。

工匠作为一个社会群体，在日常生产工作中逐步培养职业规范和职业道德，并适应社会发展的需要，从而维护了这个群体的职业尊严。通过师徒相承的技艺经验和如切如磋的个人追求，工匠的技艺在重复的手工劳动中不断提高，不仅形成了极具风格的手工技艺，也把专注、精进、坚持的精神品质传承发扬开来。只有真正有道德的工匠，才能进入“道”，感受造物之美、万物之灵以及人性的真谛。在这样的内在要求下，道德修养和艺术修养成为古代工匠磨炼技艺、修身养性的重要追求。这个时期的工匠精神呈现为德艺兼修的积极追求。

三、工匠精神的衰退和淡化

工匠精神的衰退和淡化是单纯相对于工匠精神的发展和兴盛而言的，主要为从明初开始到改革开放初期这一时期。工匠精神在这一历史时期没有得到更好的发展和完善，也没有发挥应有的作用。当然，这一现象的产生、持续并非是一个连续的进程。在这期间，工匠精神也有发展出新的内容并发挥过积极作用的间断时期。我国古代封建社会的手工业者一般是行业作坊的小生产者，相较于农民而言，他们拥有一定的生产资料，对土地的依附性较弱，有些工匠甚至没有土地，因而流动性较大。由于技艺是工匠谋生的主要手段，所以其生产积极性较高，愿意在提高技艺方面投入精力。明初的工匠登记制度严重影响了民间工匠的商品生产。明政府将手工业者划入匠籍，隶属于不同的政府衙门，手工业者及其子孙都被束缚于匠籍，服务于封建统治阶级，而且不得更改，这就严重挫伤了手工业者的生产积极性，也导致了官方生产的衰落。僵化的制度和混乱的管理体系使一些继承父辈成为工匠的人不愿再继续以此谋生，从而导致消极怠工、产品质量低下、生产技术停滞不前，致使整个明朝手工业发展也踌躇不前。清政府吸取明朝的教训，废除匠籍制度。这一举措标志着手工业生产徭役时代的结束。匠籍制度的废除明显减轻了工匠的负担，招募制度开始实行，工匠计工领取工银月米，这些政策使他们乐于从事手工生产，进而刺激了工匠精神的回暖复苏。可以说，自此以后，民间手工业开始有了更多自由，很少受到政府的干预，回到了正常发展的道路上来，工匠和工匠精神开始恢复了一点色彩。

近代，鸦片战争摧毁了中国工匠群体的生存基础。鸦片战争后，中国被迫开放通商口岸，西方工业产品源源不断地流入中国市场，不仅导致了大量财富外流，更严重地影响了中国的传统手工业。随着近代工业的发展、西学东渐，当民族存亡成为时代主题时，传承和弘扬工匠精神也自然失去了大众诉求。

四、工匠精神的复苏和创新

党的十八大以来，习近平总书记高度重视工匠精神培育，在多个场合，以多种方式对工匠精神做出一系列重要论述。2020 年 11 月 24 日，习近平总书记在全国劳动模范和先进工作者表彰大会上发表重要讲话,系统地阐述了工匠精神的丰富内涵:“执着专注、精益求精、一丝不苟、追求卓越”。随着中国从制造业大国向制造业强国转型之路的开启，技术技能型人才的重要性凸显，工匠精神得到了越来越多的关注。

时代的发展赋予工匠精神更多的精神内涵和价值。工匠精神中的专注坚守、精益求精、敬业乐业、勇于创新的精神内核曾经创造了中华民族辉煌的文明，今后仍然能够助力中华民族实现中国梦。因此，在推进中华民族伟大复兴的重要历史阶段，我们应致力于唤醒工匠精神、重塑工匠精神、创新和培育工匠精神，使之浸染在中国人的民族性格、精神面貌之中，让世界再次为中国精神所倾倒。

第二节　工匠精神的重要作用

当下，我们比以往任何时代都更加渴求工匠精神。2016 年，“工匠精神”首次出现在政府工作报告中，并“鼓励企业开展个性化定制、柔性化生产，培育精益求精的工匠精神，增品种、提品质、创品牌”，这是呼吁工匠精神回归的总动员。新时代呼唤工匠精神。

一、工匠精神正在促进中国制造业实现质的飞跃

制造业是国民经济的支柱，高端制造装备是大国重器。党的十八大以来，党和政府对中国制造转型升级十分重视。由“中国制造”向“中国创造”转变，由“中国速度”向“中国质量”转变，由“中国产品”向“中国品牌”转变，各种蓝图已经绘就，奋进的号角正在吹响。中国制造呼唤工匠精神，大国崛起需要大国工匠。工匠精神正是中国制造急需的精神支撑。

中华人民共和国成立初期，作为一个农业大国，工业基础薄弱。1949 年钢产量仅为 15.8 万 t，原煤产量是 0.32 亿 t，发电量为 43 亿 kW·h。在工业品生产方面，仅能够生产棉纱、棉布等纺织品，一般的日常生活用品，砖瓦、石灰等建筑材料，面粉、食用油、食盐等食品加工产品，还能生产少量的化工产品和机械产品，不具备电风扇、日用精铝制品、合成橡胶、乙烯、电影胶片、拖拉机、汽车等的生产能力。经过“一五”“二五”时期以及“三线建设”，我国建立了相对完整的工业体系。实施改革开放政策以后，我国制造业驶入发展快车道并融入全球化分工体系。1997 年，我国制造业规模居世界第四位，此后不断超越，2010 年超过美国成为世界第一制造大国。此后，我国制造业总体规模连续 14 年全球第一，是全球唯一拥有全部制造业门类的工业化国家，而且工业体系完备，拥有联合国产业分类中全部 41 个工业大类、207 个中类、666 个小类，形成了高度协同的供应链网络。其中 22 个制造业大类行业的增加值均居世界前列，在世界 500 多种主要工业产品中，我国约有 220 种产品的产量居世界第一。

作为世界制造业大国，制造强国是我国制造业发展的方向。目前，我国航空航天装备、大型海洋工程装备、轨道交通装备、电子信息产品、计算机及周边设备、半导体及集成电路等处于世界制造业尖端，新能源汽车产销量连续多年位居世界第一位，太阳能和风能设备的生产和安装处于世界领先地位，以高铁为代表的轨道交通装备是我国制造业一张享誉世界的名片。

任何先进的产业，人是核心要素，而工匠是这支制造业生产大军的骨干力量。在现代制造业体系下，产业分工明确，组织结构严谨，生产过程精细化程度非常高，每个行业领域、每个生产加工环节、每个工作岗位和管理岗位，都需要工匠型人才

来发挥作用。高科技、高技术、密切协作是现代制造业对生产者的基本要求。在这一生产环境下，不但需要独当一面的工匠个人，更需要工匠群体、工匠文化和工匠精神，这是与手工业时期工匠的本质区别。因此，大国崛起需要技艺超群、追求卓越的大国工匠。

二、工匠精神是实现“制造强国”战略目标的关键

要实现“十四五”规划提出的“制造强国”战略目标和任务，从“制造大国”向“制造强国”转变、从“中国制造”向“中国智造”升级，必须培养符合产业人才需求的技术工人队伍，培育和弘扬工匠精神，让工匠精神成为技术工人成长的助推器。工匠精神在让世界见证中国经济奇迹的同时，也惊叹于中国速度。连接粤港澳、横跨伶仃洋、全长 55 km 的世界第一跨海大桥——港珠澳大桥已经开通。这个世界级超大型跨海交通工程，集聚着上万件专利，凝结着建设者的心血和智慧，成为中国制造的代表作。

从国家重大工程、重点项目到产业升级、生活用品，中国制造带来的知识产权和新产品正不断镌刻着中国印记，改变着世界对中国的印象，印有“Made in China”字样的优秀产品正越来越受到国外消费者的青睐。2017 年 5 月，“一带一路”国际合作高峰论坛举办期间，中国高铁成为 20 多个国家青年票选出的“新四大发明”之一，成为他们最想带回家的“中国特产”。截至 2023 年年底，中国高铁运营里程超过 4. 5 万 km。除了中国高铁，国际市场上一系列中国制造也异军突起，以高性价比、高技术含量、高质量的产品参与国际市场竞争，海外“粉丝”群体正变得越来越庞大。

近年来，中国制造业自主创新成绩单令人瞩目，中国制造正在塑造自己的竞争力优势。中国高铁、国产大飞机、“嫦娥五号”、超级计算机、量子卫星等，这样的突破越来越多，集腋成裘、聚沙成塔，不断为中国制造书写新的高度、铸造新的辉煌。中国自主设计制造的喷气式支线客机 ARJ21，首次搭载北斗卫星导航系统测试试飞成功。北斗系统第一次用于民航，国产客机第一次“触电”北斗，其所释放出的产业化前景令人期待。尤其是国产大型客机 C919 交付使用，成就了几代人的凌云壮志，迈出了国产大飞机翱翔蓝天的关键一步，成为中国民用航空工业发展的重要里程碑。国产大飞机的背后，凝聚了几代航空人数十年如一日的汗水，也彰显了中国制造的价值思维和工匠精神。当前，在加快制造强国建设的过程中，要将工匠精神融入现代产业工人技能培养，夯实基础，补齐短板，加快形成中国制造新优势，打造中国制造新名片。

三、企业发展需要工匠精神

工匠精神要求将技术发挥到极致、精雕细琢到完美，这是企业发展的不竭动力。企业需要劳动者（即工人、技术人员和管理人员）个体都成为优秀的工匠，整个企业成为一个优秀的工匠群体。他们技艺精湛，能够承担先进产品的生产和加工工作，能够操作、维护和改进先进的生产工具，能够凝聚一心，形成远大于单个工匠能力相加总和的合力，为企业的创新发展提供源源不竭的内生动力。随着中国进入经济结构转型升级的关键阶段，传承和培育工匠精神成为推进企业高质量发展的必然要求和现实路径。企业要创新发展，产业链要转型升级，就要适应广大消费者日益增长的物质和文化需求。在人们追求更高品质生活的时代，企业要进行工匠精神的传承培养，大力提倡爱国敬业、精益求精的工匠理念。国内制造业企业要想提升在国际上的竞争力，成为品牌国际价值的有力竞争者，就要培养基层员工的质量意识，坚守职业素养，增强员工的职业认同感和责任感，主动提升自己的职业技能来促进企业的发展。这不仅是中国制造业转型升级的改革需要，也是中国由“制造大国”向“制造强国”转变，实现中国制造业崛起的有效途径。

四、个人成长需要工匠精神

从人的本质角度看，每个人都有成长的渴望，而工匠精神是将这一渴望化作现实的内在精神力量。它需要个体在平凡的岗位上静心坚守，勤学苦练，虚心学习，努力钻研，掌握生产规律、生产流程、生产环节、加工细节，以优异的产品造福于社会。每一个人在自己平凡的岗位上，以工匠精神作为理想信念，在烦琐枯燥的工作中追求卓越，成就自我，做出不平凡的贡献。邓稼先隐姓埋名，潜心研究 30 年；南仁东，在贵州研发天眼 20 余年；屠呦呦历经数百次实验失败，提取青蒿素；黄旭华奉献一生，成功研制核潜艇……这些人身上写满了行程万里不忘来路、饮水思源不忘初心的执着情怀。他们的初心是对祖国的赤子之爱，更是永不言弃的工匠精神。蛟龙入海、墨子传信等，这些大国重器彰显了中国科技腾飞的硬实力。工匠精神激励人才奋进，是个人成长之基。百年征途谋新篇，雄心壮志启航程。未来，我们要以他们为榜样，始终保持匠心本色，立足本职工作，将工匠精神传承接续、发扬光大。

五、加强应用型人才培养需要突出工匠精神

当今世界，产业技术革新的速度不断加快，科学技术的不断发展与突破，对世界经济结构和产业格局产生极为广泛的影响。尤其是高新技术产业应用迅速进入经

济生活，相关企业对高技术人才的需求迅速增加。世界各国经济和科技的发展都需要技术技能人才的支撑。

在中国制造业科技水平不断提升的大背景下，2016 年政府工作报告针对制造业发展的方向指出：“鼓励企业开展个性化定制、柔性化生产，培养精益求精的工匠精神，增品种、提品质、创品牌。”“工匠精神”第一次在政府工作报告中出现，引起巨大的社会反响。在“中国制造”向“中国智造”转变的历史进程中，工匠精神走上舞台，成为中国制造发展路途上的重要担当。

当下，工匠精神的传承教育越来越受到重视，成为先进制造业人才培养的热词。不仅制造业需要工匠精神，由于现代工业社会中的工匠精神具有群体性、衔接性和协作性特点，其范围已经覆盖全社会各个领域，这与手工业时期以突出个人为特点的工匠精神具有本质区别。与手工业时代工匠以作坊学徒式培养不同的是，现代工业社会工匠的培养非常依赖于学校，主要是职业高中、高等职业技术学院和应用型本科高校，以及包括研究型大学在内的专业硕士和专业博士授权点。各级各类职业技术教育构成工匠精神的培养主体。

案例　中国人必须知道的 15 位“封神”的中华工匠

1. “车神”奚仲

最早的车轱辘是两块被打磨成圆形的石头。在夏朝，奚仲把它们安装在水舟的底部，发明制造了以木结构为主的马拉车。这也为大禹治水提供了运输工具，解决了运输上的难题。奚仲被后世称为“车祖”或“车神”。

2. “铸剑鼻祖”欧冶子

春秋时期，欧冶子用三年时间铸造了湛卢剑，并将它献给越王。他从结庐砌灶开始，再生火铸剑，历经淬火（即用水突然改变剑的极热状态）和磨砺（即以一种磨剑之石打磨剑器）两道关键程序，才得到天下第一剑。欧冶子——我国古代铸剑鼻祖，由此开创了我国冷兵器的先河。

3. “笔祖”蒙恬

毛笔制造行业尊奉的祖师，竟是一位大将军！战国时期秦国名将蒙恬，不仅因战功显赫而闻名于世，还因创制毛笔而流传千古。“披柱兼毫”是蒙恬的创新，即选用较坚硬的鹿毛为笔芯，外围再覆盖以较软的羊毛做成披毛，加强吸水性能，保持笔锋的柔软和韧性。毛笔虽轻，其功甚大。蒙恬改良毛笔制作工艺，被后世奉为“笔祖”。

4. “纸圣”蔡伦

东汉蔡伦首次造出的新纸张的材料源于洛阳河边的一棵树。据传，一日大雨刚过，蔡伦去民间探访。路过洛河时，他发现树上蒙了一层像丝絮一样的东西，觉得其很有可能成为一种能书写的材料。于是他在洛河边搭建了一个临时作坊，一步步地用各种材料进行造纸试验。经过千百次的尝试，他用树皮等材料造出了一种新纸张。

5. “塑圣”杨惠之

唐代开元年间著名雕塑家杨惠之擅长“彩塑”，开创了“海山”塑像法——把佛像散置其间，将我国的绘、雕、塑等工艺融为一体。杨惠之对后世雕像艺术影响甚大，他的身上彰显出唐代工匠自我奋斗、自我革新、自我超越的实践品格。

6. “徽墨创始人”之一李廷珪

徽墨的创始人是南唐制墨名家奚超及其子奚廷珪（李廷珪）。奚氏父子唐末因战乱迁居安徽歙州（今安徽歙县），利用当地优质松木和新安江水质改进制墨技艺。其制作的松烟墨“丰肌腻理，光泽加漆”，深受南唐后主李煜赏识，被赐国姓“李”。李廷珪继承并发展了制墨工艺，奠定了徽墨“色泽黑润，历久不褪”的独特品质。“廷珪墨”也被称为“李墨”，一度名扬天下，“黄金易得，李墨难求”。

7. “活字印刷之父”毕昇

北宋发明家毕昇根据自己的实验实践经验，创造了胶泥活字印刷的技术。他发明的活字印刷术包括造活字、制版印刷、拆版等一套完整的工艺。他因活字印刷术被西方称为“文明之母”。

8. “布业始祖”黄道婆

黄道婆是宋末元初著名的棉纺织家、技术改革家。她年少时沦落到崖州，专心学习当地黎族纺织技术；后回家乡自办纺织坊，着手改革纺织生产工具，发明了当时世界上最先进的三锭脚踏纺车；改变了我国江南早期棉纺文化的生态格局，是我国棉纺织史上的一次重大革新，更推动了棉纺织业的快速发展。她被称为“中国纺织之母”“布业始祖”“棉神”。

9. “蒯鲁班”蒯祥

我国古代宫殿建筑多为木质结构，明代建筑匠师蒯祥参与建造了承天门（今天安门）和紫禁城大部分宫殿。他除了精于计算和绘图之外，还善用榫卯结构。他凭借匠心和巧手受到皇帝的礼遇和器重，成为香山帮苏州古典建筑工匠群体的鼻祖，形成独特的苏州园林建筑风格，为我国南北建筑文化交流做出贡献。榫卯结构可负荷大力量、允许结构变形、防震减灾，无一钉一铆，堪称世界建筑史上的奇迹。

10. “玉雕大师”陆子冈

明穆宗有一块上好的碧玉，要求“琢玉高手”陆子冈制成扳指并在其上琢一幅《百骏图》。陆子冈依靠自己高超的技艺将印章、书法、绘画艺术融入玉雕艺术中，顺利完成了这一艰巨任务。他把我国玉雕工艺提升到一个新的艺术境界，开启了我国古代治玉的辉煌时代。

11. “窑神”童宾

明万历二十七年（1599 年），太监潘相奉皇命兼理窑务，督造“龙缸”。由于龙缸烧造成功率极低，多次试验未成。潘相因此苛责工人，童宾怜同役之苦，以骨做薪，舍身殉火。翌日开窑，龙缸竟奇迹般地烧造成功了。作为“窑神”，童宾是千千万万瓷工的杰出代表，也是陶瓷工匠们无限崇拜的精神图腾，更是景德镇陶瓷精神的源头。

12. “漆器巨匠”黄成

黄成是明代著名的工匠，也是我国漆艺史上划时代的巨匠，对中华漆器技术传承与文化传播做出了重要贡献。作为落魄的知识分子，黄成没有因科举失败而消沉，他选择了一种“体制外”的生活方式，在近乎与世隔绝中完成了一部“天书”《髹饰录》。

13. “样式雷”家族代表雷金玉

雷金玉出身于清代著名建筑世家，八代人为皇家建筑尽心尽力。被收藏在故宫的那些惟妙惟肖的“样式雷”烫样，无不向世人证实：“一家江西样式雷，半部中华建筑史。”这个家族也因此赢得了“样式雷”的美誉。《清代样式雷图档》入选《世界记忆名录》。

14. “陶圣”唐英

清代制瓷家唐英能文善画，又精通制瓷，曾任景德镇督陶官。唐英烧成了“粉彩瓷”“斗彩瓷”“巨型或异型瓷”等新工艺、新器形，开创了陶瓷工艺艺术化、文人化道路。他奉旨编撰的《陶冶图说》系统地整理了烧造陶器的技术体系，这是我国第一部介绍陶瓷工艺的著作。

15. “紫砂壶艺术大师”陈曼生

陈曼生是清代紫砂壶制作大师，以其命名的“曼生壶”对后世壶艺影响甚大。他平日经常玩壶、赏壶，邀请了一些制壶艺人和文人共同创制了名噪一时的“曼生壶”。他开创的文人紫砂壶，充满文人雅趣，为清代工匠文化注入一种特有的文人气息和美学情怀。

“曼生壶”使陈曼生成为最伟大的紫砂壶艺术家之一，其创造了我国制壶业的辉煌。

观览中华工匠的故事，我们很难不被他们坚韧的品质、惊奇的创造力和一流的专业水平打动，并进而思考自身之所得：择一事，精于艺的工匠精神对于当今时代的浮躁症候而言，实为利病之良药。

第三讲　中华民族伟大复兴呼唤大国工匠

为实现中华民族伟大复兴的中国梦，时代呼唤并迫切需要工匠精神。伟大复兴，要由中国制造来支撑，中国制造要由大国工匠来肩负。

实现中华民族伟大复兴的中国梦，不仅需要大批科学技术专家，同时也需要千千万万的能工巧匠。更为重要的是，工匠精神作为一种优秀的职业道德文化，它的传承和发展契合了时代发展的需要，具有重要的时代价值和广泛的社会意义，是社会文明进步的重要尺度。

实现中华民族伟大复兴的中国梦，物质财富要极大丰富，精神财富也要极大丰富，只有物质文明建设和精神文明建设都搞好，国家物质力量和精神力量都增强，全国人民的物质生活和精神生活都改善，中国特色社会主义事业才能顺利向前推进。也就是说，物质文明与精神文明是推动社会文明进步的“两个轮子”，是实现中华民族伟大复兴的中国梦的“一双翅膀”，二者缺一不可。事实上，工匠精神的发展程度，同一个社会的物质文明、精神文明的进步程度都直接发生着关联。从精神文明来看，工匠精神作为一种职业精神，本质上它是同社会主义核心价值观特别是同其中的“敬业”“诚信”要求高度契合的。从物质文明来看，工匠精神在物质文明的创造过程中发挥了强大的精神动力及智力支持作用。

中国的国内生产总值（GDP）已经稳居世界第二位，世界也在为中国创造的经济奇迹惊叹。难道只有 GDP 达到世界第一才叫复兴吗？当然不是。我们所说的复兴本质上是文化与文明的复兴。经济是最重要的基础，但不能决定一切。决定中华民族伟大复兴的因素很多，其中非常重要的，也很具体的，就是产品的质量。

一国的产品质量，往往被视为一国的文明程度；一国的产品信誉，其往往是一国的国民尊严。纵观世界文明史可以发现，在世界贸易中，那些生产的器物包括艺术品被他国广泛使用、欣赏乃至推崇的民族，其文明也在世界上占有一席之地。马克思主义认为，消费不是一种孤立的行为，而是同社会生产的其他环节相联系的一系列行为中的一种。

中华文明之所以在世界上广泛地为人所知并大放异彩，除了中华文化的博大精深，起初引起人们直接兴趣的，恐怕还是来自中国的产品。中国器物的精美冠绝一时，并长时间地引起世界惊叹，由此世界便开始了对中华文明的尊崇和经久不衰的“东方热”。而工匠精神的可贵和对今天的重大意义也在于此。

无论工匠制造的产品，还是工匠精神体现的职业道德，乃至其背后工匠的素质，都与一个民族的尊严、生存和发展有着密不可分的关系。实际上，中华民族艰苦奋斗、坚韧不拔、追求卓越的民族气质，恰恰是工匠精神的重要内容。

一、工匠精神造就中华民族辉煌历史

工匠精神一直流淌于中华民族的血脉之中，一部中华文明史凝聚着历朝历代工匠们的智慧和创造，如同诸子百家汇聚了中华民族思想天空的群星灿烂，工匠精神也曾造就了中华民族的百业兴旺、空前繁荣，同样是星光璀璨。

《考工记》中记述：“知者创物，巧者述之守之，世谓之工。百工之事，皆圣人之作也。”蜿蜒万里的长城、栩栩如生的秦始皇陵兵马俑、被称为“臻于极致的青铜典范”的四羊方尊、绚丽神秘的敦煌壁画和彩塑、巧妙绝伦的赵州桥……这些珍贵的历史遗存无一不是工匠精神的化身。历史上，中国的产品曾经被西方顶礼膜拜，中国是名副其实的奢侈品出口大国。

历史上中国的茶叶、丝绸和瓷器等优质产品远销海外，深受国外消费者追捧。据记载，16—17 世纪间，葡萄牙船队每年自澳门运往长崎的华丝，少时约 1 500 担，多时约 3 000 担。1575 年，菲律宾的西班牙殖民者开辟了菲律宾与墨西哥之间的商业航线，形成了繁荣的“太平洋丝绸之路”。18 世纪末，在墨西哥的进口总值中，中国的丝绸产品占 63%。据统计，从康熙元年到鸦片战争前夕，中国开往日本的商船所载货物 70%以上是丝绸。再看看瓷器外贸情况，中国瓷器在唐代制作技术达到相当高的水平，正是这一时期，中国瓷器开始依靠海上丝绸之路外传，主要输往日本、朝鲜、西亚、南亚以及非洲的埃及。1405—1433 年，郑和七下西洋，船队所载物品相当一部分是瓷器。1602—1682 年，荷兰东印度公司从中国进口的瓷器数量约为 1 200 万件，占这一时期欧洲瓷器进口总量的 98. 3%。1684—1791 年，东印度公司垄断了华瓷的进口，约有 2. 15 亿件华瓷被运到英国。

这些辉煌的贸易成就，充分证明了工匠精神在中国有深厚的传统基因。我们应该从中华民族的伟大传统中去提炼和梳理属于我们自己的工匠精神，并将之传承和延续下去。

二、工匠精神支撑强国战略

历史上，追求强国梦的德国人在列强挤压下，曾经以剽窃设计、复制产品、伪造商标等手法，不断仿造英、法、美等国的产品。1887 年，英国议会通过侮辱性商标法条款，规定所有从德国进口的商品必须标注“德国制造”字样，以与优质的英国产品区分开来。德国知耻而后勇，为此制定了质量强国战略。精益求精、专注如一、坚定执着的工匠精神最终成就了德国制造。

随着劳动力成本增加，中国制造业的传统优势正在丧失，从中低端向高端转移势在必行，而以工匠精神为核心的产品质量始终是我们努力的方向。工匠精神无疑给中国制造业转型升级做出了清晰指引。

2016 年 1 月 26 日，习近平总书记主持召开中央财经领导小组第十二次会议时指出：“供给侧结构性改革的根本目的是提高社会生产力水平，落实好以人民为中心的发展思想。……从生产领域加强优质供给，减少无效供给，扩大有效供给，提高供给结构适应性和灵活性，提高全要素生产率，使供给体系更好适应需求结构变化。”没有强大的制造业，就没有国家和民族的强盛，打造具有国际竞争力的制造业，是中国提升综合国力、保障国家安全、建设世界强国的必由之路。

转型升级不仅意味着产品要与时俱进、更新换代，也包括对产品设计和质量的精益求精、不断提升。

制造业是国民经济的主体，是立国之本、兴国之器、强国之基。强国必须先强质。追求精益求精、质量至上的工匠精神是制造业的灵魂，必须把工匠精神和创新精神作为强国战略的两大支柱。如此，才能实现“中国制造”向“中国创造”的转变、“中国速度”向“中国质量”的转变、“中国产品”向“中国品牌”的转变，才能完成“中国制造”由大变强的战略任务。

三、工匠精神锻造国民新素质

国民素质与中华民族的复兴大业密切相关。工匠精神体现着对精美事物和高尚人格的不懈追求，对于提升国民素质具有非常关键的作用。

工匠精神是民族素质的重要内容，它首先体现为职业操守。这种职业操守，不是靠法律或制度约束，而是来源于“道德的力量”。懒惰、不思进取、以次充好、山寨成风，这是职业操守的丧失，更反映了国民素质和整个社会道德水平的滑坡。要弘扬工匠精神，就必须与这些东西彻底断绝。

“天机云锦用在我，剪裁妙处非刀尺。世间才杰固不乏，秋毫未合天地隔。”陆游诗中表达的不仅是诗歌创作的意境，也是对工匠精神的极好诠释。如前文所述，中华文明在历史上之所以被世人推崇，首先是因为中国产品的精美，这种精美正是源自追求极致完满和一丝不苟的工匠精神。

德国人近乎刻板的严谨认真，使产品质量丝毫不差；日本匠人视质量为生命的强烈自尊，将产品好坏与个人荣辱联系在一起；瑞士人以忠诚和专注闻名，其银行业、钟表业在全球独占鳌头渊源有自。这些国家正是得益于国民性格中的优秀因子，塑造了本国制造业和商业的巨大成功，并且因产品的质量赢得了世界的刮目相看。

由此可见，国民素质成就了工匠精神，工匠精神又强化了国民素质。

要完成中华民族的复兴伟业，就要充分发扬工匠精神。中国正走在伟大复兴的道路上，文明的复兴是实现民族复兴的关键。因此，我们要将持之以恒、专注敬业的工匠精神内化为国民品性，推动中华文明的复兴。

四、大国工匠精神是民族复兴的基石

2024 年两会期间，习近平总书记参加江苏代表团审议时指出："大国工匠是我们中华民族大厦的基石、栋梁。"发展新质生产力，需要创新人才，也需要大国工匠。我们要深入学习贯彻习近平总书记的重要讲话精神，弘扬工匠精神，提升职业教育水平，这是推动中国迈向高质量发展，实现中华民族伟大复兴的必由之路。

工匠精神已经从个体素养提升为国家战略的高度凝练。工匠精神不仅象征着对卓越品质的追求，更是在新的历史时期国家发展战略不可或缺的精神坐标。工匠精神是中华优秀传统文化传承创新的瑰宝，它代表着专注、精细、严谨和创新等核心价值。当下，工匠精神已超越了个体职业操守的范畴，上升为国家战略层面的导向力量。对于制造业而言，工匠精神是实现从"中国制造"向"中国创造"转型、推动产业迈向全球价值链高端的内在驱动力。

中华民族伟大复兴离不开每一块基石的稳固，而大国工匠正是构筑这坚实基础的核心力量。面对未来，我们要全力推动教育改革与发展，大力弘扬工匠精神，共同书写新时代中华民族伟大复兴的壮丽篇章。

五、弘扬工匠精神助力实现中国梦

2012 年 11 月 29 日，习近平总书记在参观国家博物馆《复兴之路》展览时，首次提出并阐述了"中国梦"的概念："实现中华民族伟大复兴，就是中华民族近代以来最伟大的梦想。"源远流长的 5 000 年中华文明博大精深，在人类文明史上曾长时间傲然屹立，强汉盛唐纵横辽阔，宋元科技独领风骚，中华民族可载入世界史册的发明、贡献不计其数。然而到了近代，当西方国家通过工业革命迅速崛起时，"慈禧们"却沉浸在"天朝上国"的虚幻和闭关锁国的愚钝之中。

斗转星移，中华人民共和国已走过 70 多年的风风雨雨；时光飞逝，中国人民在实现中国梦的征途上取得了伟大成就。党的十八大以来，面对国内外各种复杂情况，中国坚定不移地推进经济社会向前发展，政治、经济、文化、社会、生态文明"五位一体"建设成绩令人瞩目。中国经济总量跃升至世界第二位；总体规模和综合实力不断跃上新台阶，高铁、航天、核电、信息通信等领域已具有全球竞争力。

党的二十大报告提出"把我国建设成为富强民主文明和谐美丽的社会主义现代化强国"的同时，还明确了在以下具体领域的"强国"目标，即要将中国建设成为教育强国、科技强国、人才强国、文化强国、体育强国、制造强国、质量强国、航天强国、交通强国、网络强国、农业强国、海洋强国和贸易强国。我们要充分认识到，建设“制造强国”在各“强国”目标中的主导引领与决定性作用，“中国制造”为实现党的十九大提出的远大目标提供了磅礴力量和重要保障。

近年来，中国在产业工人队伍建设方面成绩斐然，高级技工培养和尖端技能应用上不断实现新突破，更多大国工匠、世界级工匠脱颖而出、名扬四海。世界技能大赛是当今世界地位最高、规模最大、影响力最广的职业技能竞赛，由世界技能组织每两年举办一届，被誉为“技能界的奥林匹克”，其竞技水平代表了各领域职业技能发展的世界水平，是世界技能组织成员展示和交流职业技能的重要平台。

2024 年 9 月 10 日至 15 日，第 47 届世界技能大赛在法国里昂举行，来自近 70 个国家和地区的 1 400 余名选手在 59 个项目上展开角逐。中国代表团派出 68 名选手参加全部 59 个项目比赛，并获得了 36 枚金牌、9 枚银牌、4 枚铜牌和 8 个优胜奖的优异成绩，创造了中国参赛以来的最好成绩，位居金牌榜、奖牌榜和团队总分首位。

近年来，C919 大型客机飞上蓝天，港珠澳大桥全线贯通，量子计算优越性实现，嫦娥六号月球采样返回……这些举世瞩目成就的取得，离不开科技工作者的共同努力，同样也离不开众多大国工匠和无数普通劳动者的攻坚克难和无私奉献。

“雄关漫道真如铁，而今迈步从头越。”伟大的事业呼唤伟大的精神，中国制造业提升、实施“制造强国”战略需要亿万劳动者发扬工匠精神，立足岗位、埋头苦干，实现“两个一百年”奋斗目标和“两个阶段”的新思路需要我们撸起袖子加油干，用智慧勤劳的匠手擎起改革发展大旗，在各自工作岗位上匠心筑梦，为实现中华民族伟大复兴的中国梦贡献全部力量。

案例一　以工匠精神推动“中国速度”——张雪松

他对技术孜孜以求，打造中国高铁精品；他革新工艺，带领高铁动车组肩负起“中国创造”的重任。他，就是全国劳动模范、中车唐山公司中国中车首席技能操作专家张雪松。一身浅灰色工装，一副黑色边框的眼镜，一张文质彬彬的面孔，眉宇间满是专注……在位于河北省唐山市丰润区的中车唐山机车车辆有限公司（以下简称中车唐山公司）铝合金厂的车间工作室内，张雪松正在为其他工友进行培训指导。作为中国“第一代高铁工人”，20 多年来，他一次次攻克技术难关，奋力追赶并达到国际先进水平。

2005 年，中车唐山公司与德国西门子公司合作研发时速 350 km 的动车组制造技术，此举让长期从事传统铁路客车制造的中车唐山公司一下子站到了世界顶尖技术的最前沿。当时，没有相关的技术资料和相应的设备、工具，更没有任何的制造经验，张雪松带领技术攻关团队历经上千次试验，制作出焊接夹具、装配定位板、反变形工装卡具等66套工具，形成工艺文件和操作指导书72项，为动车组整车生产制定出了“中国创造”的技术参数。

一次次的技术攻关和改进为张雪松赢得了全国劳动模范、全国道德模范、全国优秀共产党员、全国技术能手、全国五一劳动奖章等多项荣誉。2010年，中车唐山公司设立了“张雪松工作室”，由张雪松牵头专门开展一线技术攻关、工艺革新，培养高级操作技能人才。这些年，张雪松在实践中研究出不少“绝活儿”，他都一一记录在本子上，并毫无保留地把工作日志借给工友们看。2018年，张雪松和团队一起研究和推广铝合金车体“智能制造”新模式，让标准化、数字化、智能化的车体制造技术进一步深入所有工序。张雪松带领工作室成员每年至少培养3名技术尖子，每年完成技术创新100余项，助力中国高铁占领世界技术制高点。

案例二　战机“心脏手术师”——罗卓红

在航空发动机修理行业中，有这样一位匠人，他专注于航修事业近30年，从默默无闻成长为空军装备修理系统首屈一指的技能专家，他就是中国人民解放军第5719工厂外场服务人员罗卓红。

罗卓红曾先后完成国庆阅兵、实兵对抗、重点方向战备保障等重大专项任务36次，作为空军装备部巡查组专家参与装备巡查12次，先后3次获“空军装备部质量先进个人”称号。面对这些荣誉，罗卓红说：“我只是工厂中普通的一员，像我这样的员工还有很多。”

➡ 投身外场服务工作

1990年，从部队复员回厂的罗卓红被分配在传装工序从事航空发动机装配工作。其间，他把全部精力都用到了业务学习上，从最基础的打保险、拧螺栓开始，逐步成长为一线骨干力量，并担任某新型发动机修理传装组组长。

2003年年底，罗卓红得知工厂某新型航空发动机外场技术服务保障急需专业人员，毫不犹豫地报了名。外场技术服务保障人员要长期在部队驻点，独自处理突发技术问题，既要具备高超的业务技能，还要耐得住寂寞、守得住阵地。为了尽快适应新岗位的要求，罗卓红刻苦学习，经过不懈的努力，终于攻克新老几种机型的排故技术难题，并圆满完成多次外场重大专项保障任务。

➡ 国庆 60 周年阅兵

2009 年，罗卓红承担了国庆 60 周年阅兵装备保障工作。9 月 28 日深夜，阅兵村停机坪第一飞行梯队的长机下一群人在忙碌着。此时一台发动机莫名其妙地启动不成功，当时在现场伴随保障的罗卓红临变不乱。细心检查后发现，只有主燃油分配器未进行过启动油压的检查，故障随之定位。罗卓红凭借着对发动机构造的极致了解和丰富的排故经验，在同事唐胜的协助下，经过通宵达旦的奋战，终于将故障排除。阅兵当日，战鹰重返蓝天，分秒不差飞过了天安门广场接受了检阅。

➡ 建军 90 周年阅兵

2017 年 7 月，罗卓红赴某航空兵部队进行驻点保障，他也有幸见证了工厂承修的某新型发动机首次参加阅兵演练。7 月 20 日，一台发动机试车时加调供油偏心管漏油，但是必须参加下午的训练任务，临时调换飞机会影响后续整个飞行计划。情况刻不容缓，罗卓红迅速爬上飞机查找漏油部位，发现漏油位置紧贴机匣，上方布满导管，更换难度较大。为确保该架飞机正常参训，他迅速制定了拆解方案，终于在下午 2 点之前将破损胶圈更换完毕。

➡ 总结经验，传授本领

2004 年，工厂组建了外场服务保障团队，先后完成了多项重大外场保障任务。为帮助年轻的外场人员提高一手工作质量，罗卓红结合工作经验总结出了“四勤一灵，七要一不留”工作法，即“手勤、腿勤、眼勤、脑勤、耳灵，该问的要问到、该听的要听到、该摸的要摸到、该看的要仔细看到、该闻的要闻出味、该试验的要试验准确、该说的要当场说清楚，力争处理问题不留尾巴”。罗卓红说，我们的目标是要打造一个技术、技能兼优的“双师”团队。

从一名普通职工成长为高级技师、四川省劳模、全国劳模，一路走来，罗卓红最大的心得就是在本职岗位上尽职尽责地工作，要干就干最好！

案例三　坚守报国初心　筑牢“海防长城”的两院院士刘永坦

刘永坦，哈尔滨工业大学教授，中国科学院院士、中国工程院院士，我国雷达与信号处理技术专家，我国对海探测新体制雷达理论的奠基人，对海远程探测技术跨越发展的引领者。他长期致力于雷达技术研究，在高频地波雷达（HFSWR）和新型对海探测雷达领域取得了突破性成果，成功研制出我国唯一具备全天时、全天候、超视距、海空兼容对海探测能力的雷达装备，使我国对海远程预警技术水平步入国际先进行列，为我国海洋监测、国防安全和海洋权益维护做出了重大贡献。2018 年，刘永坦院士获国家最高科学技术奖；2020 年，他被授予“时代楷模”称号，表彰其在雷达技术领域的杰出贡献。刘永坦院士推动了我国雷达技术从“跟跑”到“并跑”甚至“领跑”的跨越，被誉为“新体制对海探测雷达之父”。

1936 年 12 月，刘永坦出身于南京一个书香世家。“永坦”是家人对他人生平安顺遂的祝愿，也是对国家命运的深切企盼。1953 年，17 岁的刘永坦怀着投身祖国工业化事业的决心，考入哈尔滨工业大学。读书期间，刘永坦靠着远超常人的求知、求真精神和努力，为几十年后的突出成就打下了扎实基础。1958 年夏天，他走上大学讲台，成为哈尔滨工业大学著名的“八百壮士”中的一员。1965 年春，他参加了科技攻关第一战；1970 年，他插队落户到黑龙江省五常县（现为五常市）；1973 年重回学校；1979 年作为改革开放后第一批公派留学生，他被派往英国深造，也正是在这里，刘永坦心中萌生出这样的宏愿——开创中国的新体制雷达之路。

刘永坦院士致力于我国海防科技事业 40 年，带出了一支作风过硬、能攻克国际前沿难题的“雷达铁军”。他率领团队实现对海新体制探测理论、技术的重大突破，在成功研制出我国第一部对海探测新体制雷达的基础上，陆续攻克制约新体制雷达性能发挥的系列国际性技术难题，使我国新体制雷达核心技术“领跑”世界，实现了我国对海探测能力的跨越式发展，对我国的海防事业做出了重大贡献，先后两度荣获国家科学技术进步奖一等奖。

刘永坦团队取得的成果不仅是雷达技术的升级，更是国家安全和海洋战略能力的质变，标志着我国在远程感知领域跻身世界前列。

第四讲　工匠精神的当代价值

当下，“执着专注、精益求精、一丝不苟、追求卓越”的工匠精神，生动体现了以爱国主义为核心的民族精神和以改革创新为核心的时代精神，是观照中国现实、解答时代问题的马克思主义实践哲学的内在彰显，是鼓舞全党全国各族人民风雨无阻、勇敢前进的宝贵精神财富和强大精神动力。

实现中华民族伟大复兴的中国梦，不仅需要大批科学技术专家，同时也需要千千万万的能工巧匠。更为重要的是，工匠精神作为一种优秀的职业道德文化，它的传承和发展契合了时代发展的需要，具有重要的时代价值与广泛的社会意义。工匠精神对促进个人的全面发展，提高经济竞争力以及传承和发展民族文化都有重要的价值。进入新时代，以大国工匠和高技能人才为代表的卓越劳动者，以高度的主人翁责任感和历史使命感拼搏奋斗、争创一流、凝心聚力、砥砺奋进，在平凡的岗位上做出不平凡的业绩，营造了劳动光荣的社会风尚和精益求精的敬业风气，为全面建设社会主义现代化国家、以中国式现代化全面推进中华民族伟大复兴做出了重要贡献。在全社会大力弘扬和践行工匠精神，切实提升广大劳动者的价值观念、主体态度、质量意识、技能水平、职业精神和道德品质，夯实广大劳动者投身中国式现代化建设的共同思想基础，具有重大的现实意义和深远的历史意义。

第一节　工匠精神与经济竞争力

国家经济竞争力的提升是综合效应产生的结果，除了有形的物质资源，也包括无形的精神资源。工匠精神就是一种无形的精神资源，在推动企业转型升级、提升产品质量和市场竞争力方面发挥着重要作用。

一、工匠精神是制造强国建设的时代呼唤

经过改革开放40多年的发展，中国已成为世界第一制造业大国，有着“世界工厂”之称，贴着“Made in China”标签的产品在世界随处可见，大到汽车、电器制造，小到制笔、制鞋，国内许多产业的规模居于世界前列。

经济全球化的深入发展让制造业面临的竞争更为激烈，推动着各国制造业进行转型升级。当前，中国制造业也面临着一系列的挑战。在这样的背景下，提出培育工匠精神，有助于驱动中国制造业的转型升级。只有当敬业、精益、专注、创新的工匠精神融入生产、设计、经营的每一个环节，实现由“重量”到“重质”的突围，中国制造才能赢得未来。

当下，中国经济发展进入新常态，制造业发展面临新挑战。形成经济增长新动力，塑造国际竞争新优势，重点在制造业，难点在制造业，出路也在制造业。在这样的时代背景下，工匠精神对制造业的转型升级有着重要的价值。首先，工匠精神推动了制造业从“制造”到“智造”的转变。自主创新能力是推动经济可持续发展的重要因素。中国的经济发展进入由效率驱动向创新驱动转变的关键期，工匠精神在这个重要时期起着巨大的动力作用。一方面，弘扬工匠精神有利于打造品牌，提高企业自主创新能力，为创新驱动发展培育新的经济发展动力，使中国从制造大国走向制造强国。另一方面，完成产业的升级，也需要工作态度、职业精神、劳动者能力的升级。工匠精神中精益求精、至善尽美的卓越追求，使劳动者通过改进设备、原料和工艺来提升产品品质，实现产品从“多”到“强”的发展。其次，工匠精神推动了制造业产业结构升级。工匠精神促进制造业产业结构升级的过程是推动制造业快速发展的过程。工匠精神有助于激发劳动者的敬业、奉献和创造能力，使企业焕发活力，提高全要素生产率，刺激市场功能的发挥。工匠精神适应了当前中国供给侧改革发展的要求，有利于中国克服产能过剩的困境。工匠精神是中国产业结构转型的重要突破口，是制造业产业结构升级的重要“软件”支撑。工匠精神推动了自主创新与技术进步，同时也提高了劳动效率，促进了产业结构的升级。最后，工匠精神推动了工业4.0时代的到来。随着工业技术和信息技术的发展，利用物联网进行个性化定制的制造业将成为可能。工匠精神促使制造行业精益求精，适应未来个性化定制的需求，从而推动制造业的全面升级。

要从制造大国迈向制造强国，就必须有效应对当前中国制造业面临的挑战，加快新旧动能转换，转变发展方式，实现制造业的转型升级。世界工业化的历史表明，要素禀赋条件、科学技术运用、观念文化特质是决定一国工业化发展进程的3个基本要素。中国的科技发展到今天，已经能够在世界占据一席之地，但是“中国制造”的品牌影响力仍有待加强。从深层次来说，工业文明才是中国制造高质量发展的原动力。更准确地说，中国制造强国的建设过程其实就是由原来注重速度、产值的粗

放制造，转变为注重品质提升、品牌打造的制造业软实力的提升，这呼唤着严谨细致、坚守专注、自我否定、精益求精的工匠精神。工匠精神作为一种强大的精神驱动力，能够为制造强国建设赋能，从而推动经济高质量发展。

二、工匠精神是企业发展的黏合剂

工匠精神是企业文化的重要内容，它代表了企业员工发展的价值诉求。企业文化的作用在于统一思想、凝聚合力，为企业员工树立努力的方向。从这个意义上讲，工匠精神代表了企业文化的诉求，它与企业的发展、企业员工的发展紧紧相依。企业应创造培育工匠精神的文化环境，营造培育工匠精神的文化氛围，进行制度建设。在市场经济发展过程中，工匠精神对促进企业生产、提升企业管理水平以及加强企业建设等方面有重要的作用。在企业生产层面，工匠精神能够促使企业对产品不断完善，推动品质升级。在企业经营和管理层面，工匠精神能够促使劳动者保有职业热情，并推动企业构建良好的企业文化。工匠精神是价值规范，也是一种职业价值观。工匠精神强调产品的质量，要求劳动者要有一丝不苟的工作态度，并为劳动者提供强劲的精神动力，促使劳动者更加积极地投身企业的建设和发展过程中。此外，工匠精神还有利于构建良好的企业文化，提升企业的管理水平。企业文化是企业成员普遍认同的思想文化观念，是一种独特的文化形象，是企业员工的共同价值取向，是最大公约数，体现着企业的个性特征。企业文化是企业无形的资产，对内可以增强团队凝聚力，对外可以展示良好的企业形象。工匠精神重视人的价值和作用，有利于弘扬人本精神，对于打造企业的硬实力和软实力，都具有重要的价值，它促使企业内部的各种要素联结起来，从而在市场上保持竞争力。

实践证明，无论新兴企业，还是“老字号”企业，如果缺乏对企业品牌文化的内省和打造，最终只能走向没落和消亡。在知识经济时代，现代经济越来越呈现为一种品牌经济。在现代市场经济视域下，作为知识资本形态的品牌形象也是一种可经营的企业资本，是一种潜在的、无形的、动态的、能够带来增值的价值，是传统的会计体系反映不了的无形资本。塑造良好的品牌形象，有效开发、经营品牌资本，是企业参与市场竞争、占领市场制高点的重要手段。事实上，工匠精神在企业品牌形象塑造和品牌资本创造过程中具有十分重要的作用。工匠精神也是企业品牌内涵的重要体现，是企业品牌知名度、美誉度以及顾客忠诚度培育的有效途径，更是企业品牌资本价值增值的重要来源。中华老字号全聚德烤鸭能够驰名世界，也是得益于其“食不厌精，脍不厌细”的工匠精神。

工匠精神是企业高质量发展的隐形资产，其价值主要体现在以下两方面：一是工匠精神能够促使企业视产品质量为生命，专注于产品的品质与创新；二是工匠精神能够激发员工的职业认同感，通过工作实现自身价值。

三、工匠精神是产品质量提升的核心要素

如果说工匠文化是劳动者对于工匠行为的自觉，那么工匠精神就是工匠文化的升华，是劳动者追求卓越的强大内趋动力。无论明代工匠陆子冈的玉制“子冈牌”，还是清代的“曼生壶”，以及与其同时代的紫禁城、在此之前的恒山悬空寺，等等，都是中国古代灿烂文明的载体。而今天中国大型的水利工程如三峡大坝，以及以航空母舰为代表的大型军工产品、开山筑路的大型盾构设备，港珠澳大桥、南海填海造岛的大型基建无不彰显着中国深厚的文化底蕴、大国风范和实力。无论古代的工匠还是今天的工匠，他们都有着中华民族沉稳、坚毅的性格，求真、求善的质朴，精益求精的价值追求。中国的工匠精神是有着五千年文化历史积淀的劳动产物，是前人五千年的坚守与智慧的结晶，其价值指向就是产出精品。

（一）工匠精神是提品质、创品牌的关键

这是就产品本身而言的。一方面，对产品的精益求精能够推动产品精品化，形成自身的品质优势，在激烈的市场竞争中就有可能占有较多的市场份额。工匠精神能够让劳动者在生产过程中专注于某一个领域、某一件产品，将产品的细节做到极致，始终保持追求卓越的理想状态。在手工业时代，从产品的构思到制作都凝结了工匠的智慧和劳动，因此他们对每一件作品都饱含情感。于工匠而言，产品的质量就是工匠的声誉。在大数据时代，依托“互联网+”模式进行个性化定制、柔性化生产成为可能。工匠精神的回归使产品的品质得以提升，从而满足消费者对高品质生活的需要。

（二）发扬工匠精神有利于培育产品品牌

通过产品的高品质创立知名品牌，利用品牌效应可以获得更大的利润空间。伴随人们消费需求的升级，人们希望获得更高品质的产品和服务。中国正在推进供给侧改革，改革主要依靠去产能、去库存、去杠杆的手段。传统制造路径已经不能适应时代的发展，这就需要企业在整合各种先进资源的基础上，创设产品品牌并进行品牌营销，利用产品的精品化、品牌化获得更大的利润空间。工匠精神中一丝不苟的工作态度使产品的品质得以提高，使产品品牌化，消费者在购买、使用以及售后服务等整个过程中将获得更为满意的体验。

第二节　工匠精神与民族文化自信

文化自信是指对自身文化价值的充分肯定、对自身文化生命力的坚定信念、对

既有文化优良传统的肯定与坚持。工匠精神是中华优秀传统文化的重要组成部分，弘扬工匠精神有利于推动中华优秀传统文化的传承、社会主义核心价值观的培育和践行以及跨文化的交流和传播，并在推进文化的传承和发展过程中不忘本来、吸收外来、面向未来。

一、工匠精神传承了中华优秀传统文化

工匠精神是中华民族的精神传统。庄子“庖丁解牛”的故事展现了一个工匠“心—神—身”联动的妙境；秦国李冰父子主持修建的都江堰水利工程，历经千年而不衰，是工匠精神的真实体现；鲁班在中国家具制作中体现的工匠精神流传千年。工匠精神是中华民族生生不息、薪火相传的精神支撑，为当前改革开放的深入和社会主义现代化建设提供了强大的动力支撑。工匠精神传承了中华优秀传统文化的精髓，其体现在：工匠精神体现了“天下兴亡，匹夫有责”的担当意识。手工艺是中国的传统工艺文化，是劳动人民智慧的结晶，是宝贵的精神财富。传承手工艺文化包含了一种历史责任，体现了工匠对自身产品的高度负责、执着和对产品质量的追求，因此工匠精神蕴含着社会责任担当。2016 年，央视播出的纪录片《我在故宫修文物》中，工匠们身上所体现出来的工匠精神就是社会责任担当的最好诠释。他们有的是对青铜器、宫廷钟表、陶瓷、木器、漆器、百宝镶嵌、宫廷织绣等文物进行修复，有的是对书画进行修复、临摹和摹印，通过日常的工作，在文物修复领域努力完整地呈现国宝文物的原始状态和收藏状态，充分展现了传统中国“士农工商”四大阶层中“工”的信仰、技术沿袭与变革。此外，工匠精神体现了“天人合一”的共生思想。宋代哲学家张载强调人与自然的统一，提出“天人合一”“民胞物与”。“天人合一”是天道与人道的协调统一，即人与自然的和谐。古代工匠们遵循着“天人合一”的要求，取之于自然，顺应自然。工匠精神自古就有“天人合一”的精神传统。工匠精神的传承者具有强烈的社会责任担当意识，通过对本民族文化的强烈认同，为坚定文化自信奠定了坚实的基础。

工匠精神有利于促进中华优秀传统文化的创造性转化与创新性发展。中华优秀传统文化的创造性转化与创新性发展，是科学对待中国文化的马克思主义命题、推进社会主义先进文化建设的重要方面。工匠精神与时代发展同向同行，具有引领社会风貌和凝聚人心的重要作用，能够以其先进性特质促进中华优秀传统文化的创造性转化与创新性发展。从历史的角度看，工匠制造出得心应手的工具，建造出适宜人类生存的场所，为推动社会的发展做出了贡献。工匠精神作为一种劳动精神，能够促使各行各业的劳动者树立以德为先的工作理念，保持对职业的敬畏之心，最终转化为劳动者普遍遵守的道德准则，从而塑造崇尚劳动的社会氛围。

二、工匠精神涵养了社会主义核心价值观

社会主义核心价值观凝聚了全党全社会的共识，是当今中国精神的集中体现。在国家层面，社会主义核心价值观提出了富强、民主、文明、和谐的价值目标；在社会层面，社会主义核心价值观提出了自由、平等、公正、法治的价值取向；在个人层面，社会主义核心价值观提出了爱国、敬业、诚信、友善的价值遵循。工匠精神有利于推动社会主义核心价值观中对公民诚信、敬业的要求和对国家富强、文明的追求的实现。爱岗敬业是工匠精神的本质体现，尊重劳动是社会主义核心价值观的重要内容。社会进步和国家富强需要依靠人们具体的劳动，而在劳动的过程中则需要人们秉承和践行工匠精神。工匠精神强调崇尚劳动，尊重劳动者的价值，这与社会主义核心价值观所倡导的内容相一致。工匠精神从国家层面、社会层面和个人层面涵养了社会主义核心价值观，推动着社会主义核心价值观的培育和践行。

从国家层面看，工匠精神是国家富强、文明的重要推进因素和精神保障。经济全球化推动了世界各国的竞争，作为国民基础的制造业成为竞争的焦点，产品的质量成为制造业竞争的重点。以精益求精的工匠精神为驱动力，以产品质量为目标，能够提高中国制造业的国际竞争力，为中国现代化建设提供物质基础，推动国家实现繁荣富强。

从社会层面看，工匠精神规范了企业竞争的秩序，推动了市场经济公平公正秩序的建设。工匠精神将企业之间的竞争转移到产品品质的竞争，减少了唯利是图、投机取巧等恶性竞争，实现了企业竞争的良性循环。在收获高品质产品的同时，也进一步完善了市场经济公平公正的市场秩序，推动着社会公正平等价值观的培育和践行。

从个人层面看，工匠精神是爱国、敬业、诚信、友善的重要体现。对于不同职业和不同岗位，工匠精神都要求劳动者以认真严谨投入的态度，生产、完善和改进产品，提升产品的品质。劳动者在平凡岗位上所表现出来的敬业和诚信体现在对产品设计的一丝不苟，对原材料的精挑细选，对工艺流程的精准把握，对细节的精雕细琢，对产品质量的至善尽美。当产品远销海外时，产品品质也代表着国家的形象，在这个层面上，强调产品品质就是培养爱国精神。

三、工匠精神有利于促进物质文明与精神文明协调发展

工匠精神是社会物质文明建设和精神文明建设相互协调、相互促进的精神产物。工匠精神是集物质文明和精神文明之大成者，它来自人们的社会生产劳动，一方面是生产出质量优良、数量充裕的物质产品，满足人们生存和生活需要；另一方面在劳动生产过程中需要互帮互助、形成合力、维护公正的分配制度。物质文明和精神

文明是不可分割的有机整体，具体地说，物质文明是工匠精神的载体和物质基础，没有物质文明就不可能有精神文明，也就不可能有工匠精神。工匠精神是对劳动者特有的职业素养和主观能动性的高度概括，精神文明对物质文明的发展具有强力的推动作用。

实现中华民族伟大复兴的中国梦，物质财富要极大丰富，精神财富也要极大丰富，只有物质文明建设和精神文明建设都搞好，国家物质力量和精神力量都增强，全国各族人民物质生活和精神生活都改善，中国特色社会主义事业才能顺利向前推进。也就是说，物质文明和精神文明是推动社会文明进步的“两个轮子”，是实现中华民族伟大复兴的中国梦的“一双翅膀”，二者缺一不可。工匠精神的发育程度，同一个社会的物质文明、精神文明的进步程度都直接发生着关联。从精神文明来看，工匠精神作为一种职业精神，在本质上同社会主义核心价值观特别是同其中的“敬业”“诚信”要求高度契合。从物质文明来看，工匠精神在物质文明的创造过程中发挥着强大的精神动力及智力支持作用。

党的二十大报告指出:“中国式现代化是物质文明和精神文明相协调的现代化。”加强精神文明建设日益成为一项艰巨性、复杂性并存的长期任务。传承工匠精神有利于提升人民道德素养和社会文明程度。工匠精神作为时代精神的象征，是中华民族宝贵的精神财富，是社会主义核心价值观的重要体现。我们应弘扬工匠精神，发挥劳动者的主人翁精神，在各行各业培养爱国、敬业、诚信、友善的高素质劳动者，进而提升人民道德素养和社会文明程度。总之，传承工匠精神有利于丰富人民的精神世界，形成人心凝聚和团结奋进的强大精神力量，从而促进现代化建设中物质文明和精神文明的协调发展。

四、工匠精神推动了文化的交流和传播

从人类社会发展的整体视角来看，工匠精神从来就是开放的而不是封闭的，工匠精神是人类跨区域交往的“密码”。发展是人类社会的共同主题，工匠精神就是在这一共同主题土壤中生成的人类的精神财富。当下，在“一带一路”沿线建设过程中，中国大量的人才、先进的技术设备走出国门，为“一带一路”沿线国家的经济建设和文化发展做出了巨大贡献，也为中华文化走向世界做出了重要贡献。

不同国家之间的文化交流是国际关系的“助推器”。工匠精神是中国精神和民族文化的重要内容，反映了中华儿女勤劳勇敢、自强不息的精神品质以及追求卓越的文化品格。工匠精神也是人类社会的共同精神财富。弘扬和培育工匠精神有利于国家之间的文化交流和传播。在经济全球化浪潮下，世界各国希望在竞争中合作以谋求共同发展，而现代工匠精神正成为国家之间交流合作的精神纽带。一方面，中国以积极吸收世界优秀文明成果的大国胸怀学习借鉴日本、德国等国家的工匠精神。另一方面，中国也在积极传播当代中国的优秀文化，让世界人民感受中华文化的魅

力，展示良好的中国形象。例如，通过《大国工匠》和《我在故宫修文物》等纪录片让世界人民感受现代中国的工匠精神。工匠精神作为工匠共同体的智慧结晶，其“精益求精”的精神实质将推动国家之间的文化交流和传播，并提供强大的精神动力。

第三节　工匠精神与个体发展

社会发展的同时也要求个人发展。党的十九大报告指出：“青年一代有理想、有本领、有担当，国家就有前途、民族就有希望。”个体的发展离不开正确的方向指引、自身综合素质的提升以及实践力量的支撑。工匠精神对各行各业的劳动者都有引导、示范和约束作用。大力弘扬工匠精神有利于激发劳动者的劳动热情、释放创造潜能。工匠精神作为一种精神力量，在促进个体发展的过程中起着价值引领、方法目标、实践动力的作用，推动着个体成为有理想、有本领、有担当的时代新人。

一、引领个体树立理想信念

理想信念是个体对未来的向往和追求，是对某种思想或精神的坚信不疑并身体力行。理想信念可以指引个体的奋斗目标，提供个体的前进动力，提升个体的精神境界。理想信念在个体发展的过程中起着价值引领的作用，是个体发展的实践起点。工匠精神在对个人层面的价值首先在于其如精神火炬般引领个体树立自身的理想信念。一方面，工匠精神是一种职业精神，其中的爱岗敬业包含着职业理想和职业信念。职业理想和职业信念的形成有利于增强个体的职业认同感，让个体的发展有精神的归依。有了职业理想和职业信念的支撑，个体就会将工作当作一份事业。工匠精神促使个体增强自身的职业信念和职业动力。在具体的生产实践中，工匠精神所蕴含的精益求精、勇于创造不仅对劳动者的生产实践具有指导作用，而且成为劳动者的职业追求。劳动者希望通过认真踏实、勇于创新和追求卓越实现自我职业理想。工匠精神将劳动者的目标、方法、勤奋等融为一体，激励着劳动者不断地突破自我。另一方面，工匠精神在职业态度方面表现出来的持续专注、精益求精的坚守也推动着劳动者信仰型人格的形成。劳动者在长久坚持中将生活态度、艺术涵养、文化养分融于技艺中，最终升华为坚守之美的精神境界，形成精益求精的工作追求。

在实现中华民族伟大复兴的中国梦这一伟大历史进程中，每一位劳动者都应以服务社会为崇高的思想觉悟，以用工匠精神做好本职工作为宗旨，汇聚成建设伟大社会主义国家的磅礴伟力，共同构筑起中华民族的伟大理想信念，践行共产主义远大理想和社会主义共同理想。

二、推动个体成长成才

个体的全面发展不仅要有方向的指引，更重要的是自身能力的提高。个体的“硬实力”和“软实力”是自身本领的两个重要方面，这两方面的增强意味着个体自身能力的提高，实现个体的成长成才。个体的成长成才离不开具体现实的社会实践活动。工匠精神是社会物质生产实践活动的成果，对个体能力和品格的提升有着实践指导作用。首先，工匠精神能够提高劳动者的物质生产能力。传统工匠的制作活动是一种持续性的创造活动，工匠需要对技艺和产品不断地进行完善。因此，工匠可以从工作中学习，在劳动过程中使用并发展自己的能力及技能。现代工匠精神要求劳动者对自身的工作及产品要有一种投入的状态，让产品有生命力和创造力，这会促使劳动者不断提升自身的知识和技能。其次，工匠精神促使个体自我反思能力的提升。工匠精神如同一面“镜子”，让个体不断地将自己的行为与工匠精神所体现的爱岗敬业、精益求精、持续专注、责任担当等进行对照，形成自身的内驱力，不断完善自我，最终拥有核心竞争力。工匠精神所起到的作用如同一杆标尺，驱动个体自身“硬实力”和“软实力”的增强，最终实现成长成才。

尊重员工的价值、启迪员工的智慧、实现员工的发展，不仅是员工个人成长的强烈需求，同时也是现代企业的责任和使命。工匠精神是企业员工提升个人精神追求、完善个人职业素养、实现个人成长进步的重要道德指引。事实上，企业员工所具有的高尚的职业操守和严谨的工匠精神，同拥有较高的专业知识技能一样，是其立足职场的重要条件和在未来职业生涯中脱颖而出的制胜法宝。

三、实现个体自我价值和社会价值的统一

面对以实体经济为重点、坚定不移建设质量强国的重大战略部署，我们需要加快培养高素质技能人才、大国工匠，以适应当今世界科技革命和产业变革的需要。大力弘扬工匠精神，有利于激励广大劳动者走技能报国之路，培育一批信仰坚定、符合中国特色社会主义现代化建设需要的技能型劳动者，为全面建设社会主义现代化国家提供有力的人才支撑。实现中华民族伟大复兴的中国梦，要靠各行各业劳动者的辛勤劳动。以工匠精神为引领，以先进工作者的优秀事迹激励劳动者在辛勤劳动、诚实劳动、创造性劳动中成就梦想，在强国建设与民族复兴中发挥主力军作用，是实现中华民族伟大复兴的中国梦的需要。工匠精神作为一种先进的社会意识，能够对劳动者的行为产生激励和规范作用，为推动中国实现第二个百年奋斗目标提供精神动力。

大国工匠的产生，离不开中国特色社会主义制度这个宏观背景，这也是每一位工匠展现自我风采、实现自我价值的社会历史舞台。在具有高度组织性的现代化生

产实践中，将每一个劳动者的个体价值紧密结合，便形成社会价值。如果缺少个人价值的实现，那么生产的社会价值就失去根基而无法实现；而社会没有现代化生产价值需求，那么个人也就失去实现价值的舞台。

个体的价值体现在社会与个体之间、个体与个体之间、群体与群体之间的相互需要和相互满足的关系。个体的价值是自我价值和社会价值的统一，个体在劳动中实现个人价值的同时也创造社会价值。在这个过程中，工匠精神是个体的自我价值和社会价值实现的精神力量，是一种实践动力。劳动是人类生存和发展的基础。作为一种劳动精神，工匠精神倡导个体要爱岗敬业、诚信友善，引导个体兢兢业业地做好本职工作，并通过认真的劳动去实现自我价值。在实现个体自我价值的基础上，工匠精神还有利于推动个体实现社会价值。在纪录片《大国工匠》中，中国的现代工匠有为国家航天实力提升而奋斗的工匠，也有为塑造国家文化形象而努力的工匠，他们都在为实现中华民族的伟大复兴贡献自己的力量，实现着自身的社会价值。可以说，实现自我价值和社会价值的统一是个体发展的最终落脚点。

第四节　在发展新质生产力中弘扬工匠精神

习近平总书记在2024年两会期间参加江苏代表团审议时强调：“要牢牢把握高质量发展这个首要任务，因地制宜发展新质生产力。”来自中车南京浦镇车辆有限公司的孙景南代表是一名巾帼电焊工，30多年来，从一名学徒逐步成长为技能专家。习近平总书记与孙景南代表交流时指出：“大国工匠是我们中华民族大厦的基石、栋梁。”“要树立工匠精神，把第一线的大国工匠一批一批培养出来。这是顶梁柱，没有金刚钻，揽不了瓷器活。”无论传统产业还是新兴产业、未来产业，技能人才、大国工匠在发展新质生产力的历史进程中都不可或缺。我们要牢记嘱托，树立和弘扬工匠精神，礼遇高技能人才，让其在新征程中真抓实干、攻坚克难，加快推动新质生产力的发展。

“功以才成，业由才广。”在生产力的要素组成中，人是最为活跃和主动的因素，是生产力最为重要的基础性支撑。发展新质生产力，不仅需要“高精尖缺”科技人才，还要有一大批高素质技术技能人才、大国工匠、能工巧匠。可以说，劳动者素质的提升、技能人才数量的累积是发展新质生产力的重要保障。必须在全社会形成尊重工匠、争当工匠的浓厚氛围，提升技能人才群体的职业认同感、自豪感和荣誉感，吸引更多的人特别是青年人走技能成才、技能报国之路。

一代代劳动者深入钻研、默默奉献、久久为功，锻造了一个又一个大国重器，创造了一个又一个中国奇迹，彰显着能工巧匠们“执着专注、精益求精、一丝不苟、追求卓越”的精神追求。匠心聚，百业兴。新质生产力的核心在于创新。创新精神与追求卓越，不断突破自我、超越自我以达到“更上一层楼”的工匠精神高度契合。

发展新质生产力，培育更多大国工匠、能工巧匠，必须大力弘扬工匠精神，使其在新时代绽放出更加璀璨的光芒，并以此最大限度地激发人民群众、技能人才的干劲、闯劲、钻劲，努力推进技术领域尤其是核心技术领域的持续突破和整体提升，更好地推动生产力实现质的飞跃，继而为新质生产力的发展提供源源不断的动力支撑。

新时代是奋斗者的时代，也是技能人才脱颖而出、青年技能人才快速成长的黄金时代。我们要弘扬工匠精神、讲好工匠故事、涵养工匠文化，持续营造劳动光荣的社会风尚和精益求精的敬业氛围，为技能人才提供更大的舞台、更好的待遇，加速形成“人人皆可成才、人人尽展其才”的发展环境，凝聚起建设中国式现代化的磅礴力量。

一、新质生产力与新时代工匠精神相辅相成、相得益彰

为什么发展新质生产力仍然需要新时代工匠精神？2024 年 4 月，第 61 届中国高等教育博览会期间，湖州学院党委书记、中国高等教育学会职业技术教育分会监事长金波接受人民网采访时表示，发展新质生产力仍然需要新时代工匠精神的支持和推动，新质生产力更多涉及“技术”层面的问题，而工匠精神着力解决“态度”层面的问题，二者相辅相成、相得益彰。

那么，新时代工匠精神如何支持和推动新质生产力发展？金波认为主要有 3 个方面的体现：一是追求卓越品质。在发展新质生产力的过程中，工匠精神的支持能够保障产品的品质，满足市场需求。二是技艺传承与创新。以强调传承与创新的新时代工匠精神，结合现代科技手段，实现技术创新和产业升级。三是促进产业发展。工匠精神的传承和发扬有助于提升企业的核心竞争力，推动产业的持续健康发展，这也是发展新质生产力所必需的。

新质生产力对劳动者的知识和技能提出了更高的要求。职业教育作为职业技能培训的主要渠道，是培养高素质技能人才的重要力量。因此，要推进职业教育高质量发展，增强职业教育适应性和吸引力，努力实现职业教育与产业、国家战略、区域结构和个体需求的有效对接，以促进人才和技能供应与人的全面发展及经济社会发展需求之间的良性互动，实现学业、专业、职业、产业等不同主体需求之间的协调统一。

二、为发展新质生产力培养更多大国工匠

大国工匠是高技能人才的杰出代表，是中国产业工人队伍核心竞争力的有效承载，也是加快发展新质生产力的重要人才引擎。党的二十大报告提出：“加快建设国家战略人才力量，努力培养造就更多大师、战略科学家、一流科技领军人才和创新团队、青年科技人才、卓越工程师、大国工匠、高技能人才。”

新征程上，以新质生产力推动高质量发展，迫切需要培养更多与现代科技进步、现代产业发展相适应的大国工匠，持续加强由大国工匠示范引领的高素质技能人才梯队建设，夯实强国建设、民族复兴的人才基础。

（一）激活关键要素，选树时代呼唤的大国工匠

相较于传统生产力，新质生产力更加依赖高素质、创新型的劳动者通过使用先进的劳动工具来组织、整合劳动资料和劳动对象，开展生产活动。发展新质生产力不仅需要具备原创性、颠覆性科技创新能力的战略科学家、一流科技领军人才和创新团队，也需要能够熟练运用新质生产工具、在前沿技术转化过程中发挥关键作用的应用型高技能人才，特别是技艺精湛、代表行业最高水平的大国工匠人才。

大国工匠是核心技术和关键技术的发明者、掌握者、传承者，是各行业的高技能领军人才。党的十八大以来，中国高技能人才队伍规模快速壮大、素质大幅提升，技能人才总量已超 2 亿人，高技能人才超过 6 000 万人。但当前仍存在总量不足、结构不优、技岗不匹配等问题，迫切需要发挥大国工匠的示范引领作用，加快建设高素质技能人才梯队。

培养更多适应新质生产力发展的大国工匠，首先要加强顶层设计、优化制度环境，完善关心关爱劳模工匠和高技能人才的常态化机制，加强大国工匠创新交流大会暨大国工匠论坛的机制化建设，依托国家重大战略、重大工程、重大项目和重点产业培养大国工匠，深化“劳模工匠进校园”行动，升级产业工人技能形成体系。同时，应健全工匠学院建设体系，结合地域优势和产业（行业）特点，充分发挥各级各类工匠学院的平台作用，孵化培育知识型、技能型、创新型人才。在开展大国工匠培育选树时，要更加突出与新质生产力发展相适应的鲜明导向。发展新质生产力背景下的大国工匠，不仅要具备传统大国工匠所具备的普遍特征和精神气质，还要在前沿技术转化应用方面具备出色的实践能力和创造能力，在更长的生产链、产业链、创新链中推动形成从科技创新到科技成果再到产业应用、生产一线的良性循环。

（二）聚焦主要场域，推动技能人才数智化转型

在新质生产力发展进程中，数智化转型已成为不可逆转的趋势。技术的革命性突破和创新性发展，也将催生出新产业、新企业、新职业，并在此基础上加快形成现代产业体系、现代经济体系，以高质量发展推动实现中国式现代化。

企业是推动新型工业化和发展新质生产力的主体之一，也是高技能人才成长成才的主要场所和建功立业的重要舞台。一方面，企业既是高技能人才的用人主体，也是培育高技能人才的受益主体；另一方面，劳动者技能提升带来的劳动生产效率提高，可以有效转化为企业的生产效益，进而带动全要素生产率的提升。

发展新质生产力呼唤更多的大国工匠，这就需要涵养一大批在企业一线完成生

产任务的高技能人才，建设结构合理的技能人才梯队。突出企业的主体作用，激发高技能人才的引育活力，推动传统技能人才尽快实现数智化转型。可充分整合企业各类创新要素，创建以工匠领衔、命名的创新工作室，加强与相关院校和科研机构合作，制定符合企业实际需要的工匠培养方案，积极探索企业新型学徒制，构建实用高效的企业内部技能人才培养机制。通过发挥企业培训主体作用，加强数智化技能培训和推广，开发聚焦产业技术前沿的课程，举办劳模工匠创新交流论坛、高级专题研修班，激发技能人才求新求变意识，激活创新思维，持续提升技能水平。

（三）围绕产业布局，培养新型高素质劳动者

培育适应新质生产力发展的大国工匠，不仅需要尽快提升现有高技能人才的能力素质，也需要面向新兴产业和未来产业，培养新型高素质劳动者。

技能人才的培养需要跨越学习生涯和职业生涯两个阶段，具有前后联系紧密、技能持续累积的显著特点。职业教育（含技工教育）承担着培养多样化人才、传承技术技能、促进就业创业的重要使命，也是培养未来技能人才和大国工匠的摇篮。目前，中国技能人才供给不足、职业教育的适应性和吸引力还不够强等问题依然存在。据人力资源和社会保障部预测，到 2025 年，智能制造领域人才需求将达 900 万人，人才缺口预计为 450 万人。

按照发展新质生产力要求，我们应当充分发挥职业院校培养技能人才的基础性支撑作用，加快构建现代职业教育体系，变革人才培养模式，提高职业教育人才培养质量，更好地服务于新质生产力发展。

（1）深化科教融汇，紧密对接国家重大需求、产业升级趋势和技术变革前沿，及时优化调整学科和专业布局，开发建设与新一代信息技术、高端装备、新材料、新能源汽车等战略性新兴产业和未来科学、未来能源、未来材料、未来空间等未来产业密切相关的课程体系，大力培养行业紧缺人才。

（2）深化产教融合，不断拓展校企合作的人才培养模式，充分利用龙头企业等社会资源，探索构建“1 校+1 龙头企业+N 个区域紧密合作企业或上下游产业链企业”的“1+1+N”模式，坚持以教促产、以产助教、产教融合、产学合作，探索订单式培训、定岗培训、定向培训等与就业紧密联系的方式，让学生更早接触产业前沿。

（3）深化职普融通，优化职业教育类型定位，注重提升基础理论知识学习的比重，加强与高等教育知识结构的有机衔接。积极探索构建从职业教育本专科生到高层次专业硕士、博士教育的贯通型人才培养体系，努力创造职业院校学生进入高校继续深造的机会；鼓励支持高学历人才到一线去，注重理论联系实际，成长为“理论创新—技术革新—技能应用”贯通型、复合型人才，畅通技能人才职业发展通道，激励更多青年学子走技能成才、技能报国之路。

当前，发展新质生产力是推动中国高质量发展的内在要求和重要着力点。发展

新质生产力，需要能够创造新质生产力的战略人才，也需要能够熟练掌握新质生产资料的应用型人才，这也对应用型人才培养提出了更大挑战。

千工易寻，一技难求。2023 年 10 月 23 日，习近平总书记在同中华全国总工会新一届领导班子成员集体谈话时强调："要围绕深入实施科教兴国战略、人才强国战略、创新驱动发展战略，深化产业工人队伍建设改革，加快建设一支知识型、技能型、创新型产业工人大军，培养造就更多大国工匠和高技能人才。"

当下，发展新质生产力亟须一批高水平创新型人才，他们要兼具传统技能人才的普遍特征和创新人才的独特气质，能够凭借出色的实践能力和创造能力，在前沿技术转化应用过程中发挥重要作用，推动形成从科技创新到科技成果转化再到进一步加快科技创新的良性循环。这对高技能人才的培养提出了极高要求和全新挑战。

高技能人才培养必须面向产业升级的需求，让人才在储备阶段就接触产业前沿和创新实践，培养科技创新意识；还应当将产业资源、科技资源融入人才培养全过程，支撑人才多探索、广实践，提升科技创新能力。从当前的实践来看，产教融合、科教融汇常常存在"校热企冷"和层次较浅的问题，需要创新合作模式，调动企业积极性，鼓励龙头企业和科技型企业深度参与职业院校的专业设置、课程开发、师资聘用、实习实训等技能人才培养全过程。

发展新质生产力，第一因素是人，即要培养高素质劳动者，仍然需要大力弘扬劳模精神、劳动精神、工匠精神。打造新型产业工人，即产业工人队伍改革所提出的"打造知识型、技能型、创新型劳动者大军"的目标，也包括诞生一批批数字型、创新型、复合型的高技能人才。我们现在比任何时候都更需要能够创造新质生产力的科研人才、高技能人才和大国工匠，更需要能够将新质生产力化为"手工"、能够用新质生产力带动传统产业再起飞的巧匠和能手，以及具有"五小"创新能力的"百工"。

精于工，匠于心，品于行，创于新。弘扬工匠精神，勇于创新创优，不懈奋斗，为实现经济社会高质量发展注入源源不断的动力，从而在培育发展新质生产力、赋能高质量发展中贡献各自智慧，共同开创更加美好的未来。

案例一　矢志攀登人工智能新高峰

讲述人：汉王科技股份有限公司高级工程师　彭菲

上大学期间，我学习了很多跨领域学科的知识，比如图像处理、模式识别、计算机视觉等。从那时候起，我就对人工智能算法产生了浓厚兴趣。没想到，在 2010 年工作后，机会很快就来了。

此前，汉王推出了全球首款嵌入式人脸识别产品——人脸通。但当时市场上人脸识别产品都采用国外的芯片处理器，产品售价居高不下，都在万元级。而我接到的第一项重要任务就是让人脸识别算法匹配国产芯片，从而更好地为国家所用。

一开始，我带领团队信心满满地投入这项适配工作，但现实却给我们泼下一盆冷水：将最初的人脸识别算法移植到国产芯片后，产品不仅识别速度很慢，而且无法准确识别。经过几个月数十次的算法迭代和无数次的反复测试，我们将人脸识别算法提速近 10 倍，其在国产芯片上的运行速度和准确度也大幅提升。同时，嵌入式人脸识别产品的价格从万元级降低到千元级，能够更好地实现大规模应用。

多年来，我深深感到，人工智能作为一项新技术，只有在不同的场景中落地，才能在不同的行业创造新的价值。这就要求我们不断对算法进行优化和创新，从而解锁更多的场景。当前，国际人工智能技术的竞争激烈程度远超想象，破解我国在前沿领域的“卡脖子”难题，在国际竞争中获得话语权十分重要。下一步，我和团队将在大模型技术创新和应用场景拓展上继续发力，在探索过程中不断落地新场景、新应用，矢志攀登人工智能新高峰。

案例二　当代毕昇——王选

王选，中国科学院院士、中国工程院院士，著名计算机应用专家。他开创性地研制了当时国外尚无商品的第四代激光照排系统等，这些成果达到国际先进水平，在国内外得到迅速推广与应用，使我国报业技术和应用水平处于世界最前列。

在激光照排出现之前，印刷行业主要是铅字排版，这是一项沿用了数百年的活字印刷排版技术。铅字排版是由铅、锑、锡等金属合金制成的单个字符或符号，称其为铅字，每个铅字代表一个固定的字形（如汉字、字母、数字或标点符号）；将铅字按照文稿顺序排列组合，形成印刷版面。铅字排版的优点是适用于小批量印刷（如书籍、报纸、传单）；铅字可重复使用，成本较低（长期使用情况下）。铅字排版沿用了几百年，其优点不言而喻，但其缺点也是明显的：一是铅字排版的速度慢，依赖人工操作，人工一般每人每天能够排版 2 000 字左右，工作效率受限。二是铅字属于较为柔软的金属，如果大批量印刷，铅字会被磨损，如果个别铅字磨损较大，需要停工重新换上新的铅字，长期使用后印刷质量下降。三是铅是有毒的重金属，对工人健康特别是肺部容易造成伤害。直到 20 世纪 90 年代，铅字排版终于被激光照排取代了。激光照排特别是汉字激光照排的出现，给印刷业带来了一场彻底的革命。其中一位关键的人物就是王选，他被誉为“当代毕昇”。

王选在汉字激光照排技术领域的突破性贡献是彻底改变了中文印刷出版行业，使我国告别了“铅与火”的时代，迈入“光与电”的数字化印刷时代。

20 世纪 70 年代以前，我国印刷业仍沿用铅字排版，欧美国家已采用第二代光学照排机（CRT 技术），但无法处理汉字，因为汉字字形复杂、字数庞大，其结构与欧美国家使用的拼音文字有本质的区别。

对于国外技术参考意义不大这一现实，王选没有被其束缚，提出跳过二代机，直攻四代激光照排。

当时计算机内存仅 64 KB，而汉字字符集庞大，传统点阵存储方式完全不可行。王选和团队在研制汉字激光照排系统时，面临的核心难题是如何用极小的存储空间高效表示庞大的汉字字形数据。如果用点阵存储，一个汉字需 1 KB，整个字符集（约 7 000 字）将占用 7 MB，远超当时计算机 64 KB 内存容量。若采用欧美照排机模拟方式，西文字母（仅 26 个字母）的存储量少，但汉字数量庞大，此方法对于存贮汉字完全失效。他们的解决方案是一套革命性的汉字字形信息压缩与还原技术，其核心思想和技术细节如下：

首先解决的是汉字存储问题。王选用数字化存储代替模拟方式，通过算法压缩汉字字形信息。王选和团队经研制独创轮廓加参数描述法，也就是将汉字笔画压缩到 1/500～1/1 000，这样就能够存贮到当时仅 64 KB 的计算机内存中了，于是他们在 1975 年解决了汉字存储难题。具体方法是对于汉字的轮廓，用数学曲线进行描述，将汉字拆解为“笔画轮廓+结构参数”。例如“口”这个字，只需存储 4 条边的起止坐标和曲率，而非所有内部点；对于“撇捺”笔画，用参数方程描述曲线走向；对于偏旁部首，相同部件（如“氵”“木”）只存储一次，通过坐标变换面反复使用；而且用参数动态调整笔画宽度（如横细竖粗），以适应不同的字号。这样，汉字单字的存贮数据量就由 1 MB 降至 1～3 KB，压缩比达 1∶500，相当于将存贮内存扩大了 500 多倍。

王选和团队跨越当时日本的光机式二代机和欧美的阴极射线管式三代机阶段，开创性地研制了当时国外尚无商品的第四代激光照排系统，针对汉字印刷的特点和难点，发明了高分辨率字形的高倍率信息压缩技术和高速复原方法，率先设计出相应的专用芯片，在世界上首次使用控制信息（参数）描述笔画特性的方法，并取得欧洲和中国的相应发明专利。

压缩成功了，这才完成了一半的工作，因为存贮的不是汉字，而是代表数字的汉字，为了印刷，还需要还原到印刷机上。于是王选和团队又设计了激光照排控制器（含 FPGA 芯片），实时将轮廓数据还原为高精度点阵，满足了出版级分辨率（742 dpi 以上）需要。这些成果的产业化应用，使我国沿用上百年的铅字印刷载入了历史，推动了我国报业和印刷出版业的发展，其结果之一是使我国文化的传播变得更加便利。

第五讲　现代工匠精神是应用型人才的重要品格

现代工匠精神是现代应用型人才的重要品格。弘扬现代工匠精神，有助于提高应用型人才的综合素质，从而更好地适应社会发展的需求。我们要从企业、教育、社会等多个层面入手，推动现代工匠精神的传播和实践，为培养具有现代工匠精神的应用型人才贡献力量。

应用型人才是指那些不仅具备扎实的专业理论知识，而且拥有实际操作能力、创新思维和问题解决能力，能够直接服务于社会经济发展的专业人才。这类人才是推动经济社会发展的重要力量。

培养应用型人才，首先要注重实践技能的培养。与单纯的理论学习不同，应用型人才在培养过程中更加注重实践操作和技能的掌握，这使得他们在实际工作中能够迅速适应并发挥出色。应用性和实用性也是应用型人才的重要特点。他们能够将所学知识灵活运用到实际工作中，解决实际问题，为社会带来实际效益。

应用型人才还需具备创新思维和解决问题的能力。在快速发展的社会中，新问题、新挑战层出不穷，具备创新思维和解决问题能力的人才能够不断创新、改进，应对各种复杂情况。团队协作精神和良好的沟通能力也是应用型人才不可或缺的品质。通过与团队成员有效沟通、协作，共同解决问题，实现团队目标。

第一节　工匠精神在应用型人才培养中的作用

一、提升专业技能水平和实践能力

应用型人才是社会生产一线的操作人员、技术人员、管理人员，负责生产运行、科技理论及成果转化以及技术创新等。工匠是这支人才队伍中的佼佼者，是懂理论、懂实践、技术能力过硬、能够保证生产处于良好运行状态的生产一线人员。从生产实践层面来看，成为工匠需要专业技能和实践能力两方面的支撑。

工匠的专业技能水平与实践能力互为里表。专业技能水平是指工匠掌握工作原理基础的水平，它构成了工匠实践能力的基础，为工匠的实践能力提供理论支撑。而实践能力是工匠专业技能水平的外在体现，需要在实践中经过不断磨炼，才能将专业技能转化为实践能力。实践能力对于提高专业技能水平的促进作用是非常重要的，二者相互检验、相互磨合、相互弥补。

现代工匠精神强调实践和理论相结合，有助于培养应用型人才的实践能力，使其更好地适应社会发展的需求。工匠精神在应用型人才培养中扮演着举足轻重的角色，尤其体现在提升专业技能水平和实践能力方面。工匠精神强调对专业知识的深入挖掘和透彻理解。应用型人才应持续以学习为基石，通过系统学习专业知识，结合实际操作，不断深化对专业领域的理解，进而提升个人的专业技能。这种深入钻研的态度，能够使工匠精神的践行者在专业技能方面达到更高的水平。

工匠精神对实践操作能力的重视不言而喻。应用型人才需要具备扎实的实践技能，通过不断的实践操作和解决问题，锻炼自己的实践能力，检验和修正理论知识，从而不断提升实践操作的准确性和效率。

工匠精神还强调技能的灵活应用与拓展。应用型人才应具备将所学技能灵活运用于不同领域和场景的能力。在掌握基础技能的基础上，通过不断探索新的应用领域，将技能的综合运用能力发挥到极致。这不仅有助于提升个人在职场中的竞争力，还能为行业发展做出更大贡献。

工匠精神在应用型人才培养中发挥着重要作用。它不仅能够提升应用型人才的专业技能水平和实践能力，还能激发他们的创新精神和拓展能力。因此，在应用型人才培养过程中，应注重工匠精神的培育与传承，使其成为推动应用型人才成长和行业发展的重要力量。

二、培养严谨细致的工作态度和作风

工匠精神最本质和最可贵的特点就是严谨细致的工作态度和工作作风。事实上，在这种态度和作风下，优秀工匠较常人付出的精力更多，最后的成就也就最大。它最后凝练于工匠的思想意识、行为之中，体现为行为的自觉，这也是工匠精神的本质所在。

工匠精神在培养严谨细致的工作态度和作风方面意义重大。在实务操作中，严谨对待工作细节是至关重要的。应用型人才在工作中应保持高度的专注和细致的态度，对每一项任务都要有深入的理解和精准的执行力，确保每一个环节都能得到妥善的处理，从而提升整体工作质量和效率。

精益求精的工作态度是应用型人才培养的核心要素。这意味着应用型人才不能仅满足于完成基本的工作任务，更应追求工作成果的优化和升级。通过持续不断地改进和创新，使工作成果在细节和整体上都能达到更高的水平。这种追求卓越的精神，对于提升应用型人才的综合素质和竞争力至关重要。

踏实肯干的工作作风也是工匠精神的重要体现。应用型人才在工作中应注重实效，避免形式主义，坚持以实际成果为导向，脚踏实地做好每一项工作，不畏艰难，不怕烦琐，始终保持一种务实、稳健的工作风格。

工匠精神在应用型人才培养中，特别是在培养严谨细致的工作态度和作风方面具有不可替代的作用。通过培养严谨细致的工作态度、精益求精的工作精神和踏实肯干的工作作风，全面提升应用型人才的综合素质和竞争力，使他们能够更好地适应现代社会对于高质量人才的需求。

三、增强创新意识和持续改进思维

工匠精神的养成，是基于对生产原理的认知、对操作技术的把握，并且在严谨细致的工作态度和工作作风的驱动下，在动态的生产过程中渐渐出现、成长、成熟的。由于社会生产力不断发展，工匠精神必然也随之不断成长、丰富，与之相伴的是工匠创新意识的增强。创新可以理解为给社会生产力带来新质的变化，这也是量长期积累的结果，其中必然离不开工匠的努力。这里的“量”一是指生产经验的积累和技能水平的提高；二是指不断解决在生产过程中出现的问题，有意识地增强创新意识并持续改进。

工匠精神不仅是对技艺的精益求精，更是一种追求卓越、不断创新的精神内核。对于应用型人才而言，具备工匠精神意味着他们能够以开放的姿态拥抱变革，勇于尝试新的方法和技术，从而不断提升自身的工作效率和质量。

工匠精神激励应用型人才勇于突破传统思维的束缚。在传统的工作模式和方法中，人们往往容易陷入惯性思维，难以找到更为高效和创新的解决方案。具有工匠精神的应用型人才能够跳出固定框架，运用新颖的思路和策略来解决问题。他们不满足于现有的成就，不断追求更高的目标，通过创新来推动工作的不断进步。

工匠精神还注重持续改进思维的培养。持续改进是工匠精神的核心要素之一，它要求人们在工作中不断反思和总结，寻找可以优化的环节和方法。对于应用型人才来说，具备持续改进的能力意味着他们能够在工作中发现问题、分析问题并解决问题，从而不断提升工作的效率和效益。这种持续改进的思维模式不仅能够提高个人的职业竞争力，还能够为组织的发展带来积极的推动作用。

工匠精神在总结经验教训方面也发挥着重要作用。对于应用型人才而言，个人的成长和发展离不开对实践经验的总结和反思。通过回顾自己的工作历程，分析成功和失败的原因，他们能够不断积累经验和教训，为未来的工作提供有益的借鉴和指导。这种总结经验的能力有助于提升个人的创新意识和持续改进能力，并为其全面发展奠定坚实的基础。

四、培育团队协作精神和服务意识

从团队的视角来看，工匠的作用在于画龙点睛，是团队的亮点。“画龙点睛”也好，“亮点”也罢，其前提都离不开团队的配合。在现代化工业社会和企业内部，团队间、团队内部的协作必须要强化协作精神，要用工匠精神带领团队。强化团队协作精神，必须尊重每一个团队成员，针对成员的不同特点进行科学合理的分工，并在团队内部形成合理的分配制度、工作交流制度和人才成长规划，让每一个成员都充满成长的希望。

在工匠精神的培养中，应用型人才培养的关键之一便是强化团队协作意识和提升服务品质。对于应用型人才而言，他们不仅需要掌握扎实的专业知识和技能，更需要在团队协作中展现出色的沟通能力与合作精神。

在团队协作意识的培育上，应鼓励应用型人才积极参与各类团队项目和活动，发挥各自的特长和优势，形成优势互补、协同合作的良好局面。通过团队协作，提升整体工作效率和绩效，培养团队成员间的默契和信任，进而促进个人与团队的共同成长。

高度重视服务意识和质量意识的提升。对于应用型人才而言，具备良好的服务意识和质量意识是满足客户需求、提供优质服务的关键。应用型人才应始终将客户需求放在首位，关注客户体验，不断优化服务流程和质量，确保为客户提供满意的产品和解决方案。

营造和谐的团队氛围。通过定期举办团队建设活动、鼓励团队成员间的交流与分享，打造积极向上、互相支持、共同学习的团队环境。在这种氛围中，团队成员能够充分发挥自己的潜力，实现个人价值的同时也为团队的整体发展贡献力量。

第二节　实施路径：将工匠精神融入教育体系

一、课程体系改革与优化建议

工匠精神培养也是一种文化建设。工匠精神根植于中国大地，生长在中国特色社会主义建设的沃土之中，结出中华民族勤劳、智慧、担当的优秀品质。工匠精神的培养为中华优秀传统文化写入了浓墨重彩的一笔。这也是中国教育系统，特别是各级应用型学校应承担起的时代任务和使命。在当前教育体系中，工匠精神的培养成为一项至关重要的任务。将工匠精神融入教育体系的实施路径显得尤为关键。

课程体系改革不仅仅是课程体系自身的事情，它主要涉及培养什么人和怎样培养人的问题，包括与之相协调的学校文化建设等诸多方面。工匠精神的培养首先要把工匠精神的本质特点概括出来，那就是树立目标、不怕困难、追求卓越、坚持前进。学校要营造这样的文化氛围，使工匠精神深入人心，逐步融入学校的文化建设、课程建设、教材建设、师资队伍建设、爱国主义教育基地建设等教育教学环节中。

具体而言，课堂是学校育人的主渠道，一方面，要在课程体系中增设与工匠精神紧密相关的课程，在课程建设中把培养工匠精神的内容摆在重要位置。这些课程应聚焦于工匠精神的内涵、价值和实践应用等方面，可以以理论论述为主，阐释其原理；也可以以一些典型事例、典型人物为主要内容，引导学生深入理解工匠精神的精髓。另一方面，在课堂教学中，将工匠精神融入课程内容，挖掘教材中工匠精神的内涵，让学生感到工匠精神无处不在，鼓励和感染学生努力学习，带着责任和坚守走向社会，解决工作中遇到的问题，服务国家。此外，还应注重跨学科的教学融合，以工匠精神为主题，整合各学科中工匠精神的内容，将工匠精神与人文、艺术、科技等领域进行有机结合，培养学生的综合素养和创新能力。在具体的课程设置和教学方面，还要与企业联合，某些课程要以企业为主进行设置，以利于将工匠精神的培养融入课堂。

在实践教学方面，需强化学生的实践环节。通过组织各类实践活动，如技能比赛、项目实践等，让学生在亲身体验中感悟工匠精神的真谛。这样的实践活动不仅能提升学生的实际操作能力，还能培养其解决问题和团队协作的能力。在具体的实践教学活动中，明确提出培养工匠精神的教学目的，并在教学目标下进行具体分解，分步骤、分阶段、分内容进行落实。确定工匠精神培养目标后，在实践环节提出培养工匠精神的具体要求，分阶段达到工匠要求或基准要求。例如，在技能比赛、项目实践中，通过事前准备、事中配合、事后复盘反思等环节，将重点放在团队协调的成功与否方面，突出培养学生的团队意识。

此外，还需积极探索工匠精神在教育体系中的具体实施策略。例如，可以通过制定相关的课程标准和教学要求，明确工匠精神在教育中的定位和作用；鼓励教师积极参与工匠精神的教育实践，不断提高自身的教学水平和专业素养；以工匠名义命名学业努力、成绩突出的学生为“学习”或“发明”工匠，在学生中间起到榜样作用。

将工匠精神融入教育体系具有深远意义。通过改革课程体系、强化实践教学、探索具体实施策略等措施，培养更多具备工匠精神的高素质人才，为社会的发展做出更大的贡献。

二、师资队伍建设与激励机制设计

在将工匠精神融入现代教育体系的过程中，我们必须重视师资队伍的建设与激励机制的设计。

为了提升教师对工匠精神的理解和认识，需加强对师资的培训，与企业联合进行师资队伍建设。培养工匠精神，教师应掌握工匠精神的内涵、个性心理特征和心理品质，一要大量研究工匠案例，从中提取工匠精神要素；二要深入企业，近距离参与，体验、感悟工匠精神的外在表现、心理活动、工作态度、职业精神等，建立起对于工匠精神较为全面立体的感悟；三要聘请企业工匠师傅来学校做专兼职教师，充实师资队伍，有利于将工匠精神直接引入课堂。

通过定期组织专业讲座、研讨会和实践技能培训，使教师深入领悟工匠精神的内涵和价值，并将其融入日常的教学活动中。还应该积极引进具有工匠精神的优秀人才，着力建设一支“双师型”师资队伍，补齐专业教师缺乏实践经验、有实践经验的教师又缺少理论知识的短板，以他们的实践经验和创新精神来影响和带动整个教学团队，为学生提供更加贴近实际、富有成效的教学指导。

在激励机制设计方面，需要建立一套科学、公正、有效的评价体系，一方面，对在教学中表现出色的教师给予及时的表彰和奖励。另一方面，还要制定各项优惠政策，鼓励和引导教师深入企业，按工匠要求在生产一线锻炼技能，将理论与实践相结合，补齐实践不足的短板。回到学校后，能够以理论知识结合企业实践，给教学活动带来新的气象。还可以通过设立专项基金、提供职业发展机会等方式，为教师提供更多的成长空间和资源支持，促进他们在教学和科研领域的持续发展。

通过这些措施的实施，构建一支理论与工匠精神兼备的高素质师资队伍，以他们自身的实践经验和创新精神为引领，推动教育体系的创新与发展，为社会的进步和发展做出积极的贡献。

三、校企合作模式创新实践探索

校企合作模式是目前较为通用的培养学生工匠精神的做法。在学校通过人工智能技术，运用仿真模型和三维全景虚拟现实技术，建设虚拟的工作车间，以工匠操作标准来设定程序要求，让学生有身临其境般的感受。在仿真模型设置的过程中，为克服教师缺乏企业实践经验的短板，使校企合作落到实处，要邀请企业的工程技术人员共同参与设计，在设计过程中应以学校为主体，保证教学内容按计划传授，企业的工艺流程、操作过程以及经常出现的一些具体问题，必须严格遵照企业的意见来设计并融入教学。学校的另一项重要任务就是解决课堂教学内容与企业生产实践相融合的问题，通过如实反映工匠的操作要求，用人工智能为每一名学生画像，分析他们需要学习的实践操作点，以及专注的深度、持久度、情感态度变化等心理指标，做到因材施教，为学生量身定制工匠精神培养方案。

在实践基地的建设中，学校要注重模拟真实的企业环境，利于学生在实践过程中学习专业技能，亲身体验工匠精神的严谨、专注和精益求精的态度。这种沉浸式的学习方式有助于将工匠精神内化为学生的自我要求和行动准则。

学校通过积极与企业开展实际项目合作，让学生有机会在项目中担任重要角色。

这种以项目为驱动的教学方式，能够使学生在实践中不断探索和学习，进一步加深对工匠精神的理解和领悟。

为了进一步加强学生对工匠精神的学习和体验，学校还邀请具有丰富实践经验的企业导师来校授课或开设讲座。这些导师通过分享自己的工作经历和心得体会，为学生提供更贴近实际的教学和指导，帮助学生更好地理解和传承工匠精神。

校企合作模式在将工匠精神融入教育体系的创新实践中具有重要意义。通过实践基地的建设、实际项目的合作以及企业导师的引入，为学生提供一个全方位、多角度的学习平台，促进工匠精神的深入传承与发展。

四、评价方式转变与质量监控体系建立

教育评价是构成教育体系的重要组成部分，其核心是通过制定相应的评价指标体系，体现和落实社会意志对教育进行引领、施加影响的重要手段，其“指挥棒”作用体现在教育目标引导、教学过程规范、学生发展评估、教师成长激励等方面。在培养工匠精神方面，教育评价的方式有别于一般的以学业为主，重在专业知识与技能方面的教育评价方式。首先要在教育理论层面解决工匠精神融入一般性教育教学的方法、策略问题，给予日常的实践活动以理论指导，这其中包括培养工匠精神的目的、工匠精神的内涵，内涵的一级指标体系、二级指标体甚至三级指标体系，指标的系数、指标的加权等方面，之后要检验这些指标系是否能够体现出培养工匠精神的目的，这些内容对于培养目的是否具有支撑作用，然后在教育评价过程中要注意发现问题、修正与调整问题。由于工匠精神的培养对象主要是应用型人才，指标体系制定的主体应是学校，同时需要邀请企业人员参加指标的制定，充分尊重企业的意见。学校方面的核心任务是解决企业人员提出的将指标体系新内容融入学校工匠精神培养内容的问题。为体现评价的公平公正及客观性，在评价方式方面，还要进行实践动手能力方面的评价，将过程性评价与终结性评价相结合。

由于工匠精神的培养相较于一般的常规性教育评价有其时代性和特殊性，因而在评价方式方面要高度重视建立工匠精神培养评价的监控机制，结合人工智能技术，随时对评价进行技术分析，做到评价的阶段性与全面性相结合，将评价的指标点与若干指标点连线相结合，对评价主体、评价指标、评价对象进行实时分析，最大限度地保证工匠精神培养的科学性、实效性和可持续性。

在实施工匠精神的培育、融合策略中，学校要注重评价体系和质量监控体系的建立与完善。工匠精神作为现代教育不可或缺的一部分，其培养效果需要通过科学、全面的评价方式进行衡量。为此，可引入多元化的评价机制，包括但不限于学生的自我评价、同学间的互评、教师的专业评价和企业的实践评价，以此构建多维度、全方位的工匠精神表现评价体系。学生的自我评价旨在激发其内驱力，促使他们反思自己的表现，识别自身的优势和不足。同学间的互评则通过相互间的观察和交流，

实现经验的共享和互补。教师的专业评价则基于其深厚的专业背景和教育经验，为学生提供精准、具体的反馈与指导。而企业评价侧重于实践应用能力的考察，确保学生所培养的能力能够与社会需求相契合。

此外，还需构建完善的质量监控体系。该体系将对教学的全过程进行动态跟踪与评估，从课程设计、教学方法到学生参与度等方面，进行全面细致的分析和评价。通过定期的质量检查和反馈，及时发现教学中存在的问题和不足，从而进行有针对性的调整和优化。

质量监控结果和学生反馈也是优化工匠精神教学策略的重要依据。根据这些数据和信息，不断完善教学内容和方法，以适应不断变化的社会需求和学生发展特点，推动工匠精神培育的持续发展和提升。

第三节　挑战与对策：全面推广现代工匠精神

一、面临的主要挑战及原因分析

在现代工匠精神推广的过程中，我们面临着一系列复杂而深刻的挑战。其中，观念转变无疑是最为显著的难题之一。长期以来，传统观念对工匠职业的误解和偏见使现代工匠精神难以深入人心。这种观念上的隔阂不仅阻碍了工匠职业的社会认可，也限制了工匠精神的传承与发展。

与此同时，技能传承断层的问题也日益凸显。随着现代科技的迅猛发展，传统工艺技能面临着巨大的冲击，许多技艺逐渐失传。这种技能传承的断层不仅威胁着传统工艺的延续，也使现代工匠精神的传承变得越发困难。

为了应对这些挑战，我们需要采取一系列有效的对策，如加强工匠精神的宣传教育，提升社会对工匠职业的认同感和尊重度；建立健全工匠人才培养机制，注重传统工艺技能的传承与创新，如建立工匠工作室、举行大国工匠表彰活动、纳入物质或非物质文化遗产保护项目等。通过这些努力，推动现代工匠精神的全面推广和传承，为社会的可持续发展注入新的动力。

二、社会氛围营造与舆论引导策略

首先，注重构建积极向上的社会氛围和高效的舆论引导策略。通过多元化的宣传手段，深入普及现代工匠精神的深刻内涵及其无可替代的社会价值，提升公众对这一精神的认知度和认同感。借助各类媒体平台，广泛传播工匠精神的时代意义，使其成为引领社会风尚的重要力量。

其次，树立典型示范也是推广现代工匠精神的有效途径。通过深入挖掘和广泛宣传那些在各自领域展现出卓越工匠精神的人物和事迹，在全社会树立起一批鲜活的榜样，激发更多人追求精湛的技艺、提升职业素养的热情。榜样以个人或集体先进事迹为支撑，其具有高度的社会公信力、引领力和教育力，因而榜样的力量是无穷的。要高度重视以工匠榜样为核心，营造“人人争当工匠”的社会环境，使工匠精神成为广大劳动者共同追求的目标。

最后，教育引导是构建工匠精神长效机制的关键一环。将现代工匠精神融入学校教育的各个环节，从基础教育阶段开始，培养青少年对工匠精神的认同感和追求精神。通过课程设置、实践教学等多种形式，使学生在学习技能的同时深刻理解并践行工匠精神的内涵。

以上策略的实施，有助于营造崇尚工匠精神的社会氛围，引导公众树立正确的价值观，推动现代工匠精神的广泛传播与实践。在全社会共同努力下，现代工匠精神将成为推动社会进步和文明发展的重要力量。

三、持续改进，确保成果可持续发展

当下，全面推广现代工匠精神已成为行业发展的重要议题。为确保这一精神得以持久传承并有效发挥作用，需要构建一套长效机制。这需要我们制订详尽而切实可行的长期发展规划，明确各阶段的目标和任务，保证规划的合理性、可操作性和前瞻性，使其能够精准对接行业发展需求，推动工匠精神的深入传播。

充分发挥舆论引领的作用，形成培养工匠精神的社会共识。一是通过媒体宣传中国古今的工匠典型、宣传在国家重大建设领域中基层技术人员的重要作用，营造尊重工匠的社会舆论氛围。二是在媒体引导下，各行各业可根据实际需要，就工匠精神的某一特点或某一方面进行大力宣传教育，如工匠郑志明千锤百炼钻孔技术、青年焊工丁澄洋苦练本领。三是在基层领域，多发现、多挖掘那些思想觉悟高、技艺水平高、有团队合作意识和协作能力的平凡工匠，将工匠精神落细、落小、落实。

培训力度的提升同样是实现现代工匠精神普及化的关键环节。通过组织一系列针对性强、实用性高的培训活动，让学生充分理解现代工匠精神的内涵和要求。培训内容应涵盖技能水平的提升、职业素养的塑造以及创新精神的培育等方面，使他们在不断提升个人能力的同时深刻理解现代工匠精神对于行业发展的重要意义。培训不能仅限于技术技能方面，还要将工匠静心坚守、严谨的态度、精益求精的心理态势和精神追求融入培训过程中，锤炼意志品质。因而，工匠精神的培育除了解决技术难题、提高工作技能外，更多的是在心理训练和思想认识水平的提高方面。

鼓励创新实践也是推动现代工匠精神不断发展和完善的重要途径。要积极营造有利于创新的氛围和环境，为学生提供展示自我、发挥才能的舞台。通过培养他们的创新精神和实践能力，推动行业技术的不断进步和工艺水平的提升，进而促进现代工匠精神的广泛传播和深入人心。要为工匠积极争取各类攻关项目，将建功立业与科技进步相结合。鼓励创新实践既体现在舆论上，也体现在物质和精神奖励方面，更主要的还是创造条件，将工匠的创新技术迅速进行推广和普及，创新技术只有运用在经济建设中，才能体现工匠的价值，才能确保工匠不断涌现，才能确保工匠精神的内涵不断丰富、引领力和感染力不断增强。

第四节　总结反思与未来展望

在哈尔滨剑桥学院，我们始终将现代工匠精神作为教育教学的核心要素，通过优化课程结构、调整教学内容，确保学生能够深入理解和体会工匠精神的内涵与价值。注重实践教学环节的设计与实施，通过校企合作、实习实训等方式，让学生在实践中感受工匠精神的魅力，提升专业技能水平。

我们不断对教学方法和手段进行创新，引入现代教育技术，提高教学效果。积极举办各类研讨会、论坛等活动，邀请行业专家、学者共同探讨现代工匠精神在应用型人才培养中的实践路径，为教育教学改革提供有力支持。

在成果推广方面，我们注重发挥学术论文、专著等学术成果的作用，将研究成果及时发表，扩大影响力。利用媒体宣传、网络传播等渠道，将现代工匠精神的理念和实践成果传播给更广泛的社会群体，为培养更多具备现代工匠精神的应用型人才营造良好的社会氛围。

目前，哈尔滨剑桥学院在“具备现代工匠精神的应用型人才”培养中已取得了显著的成果和进步，但仍需进一步拓展深化相关研究领域，不断探索和实践现代工匠精神在人才培养中的新路径和新方法。

在教学方法上，我们探索了一系列创新做法，通过引入案例分析、实践操作和互动讨论，显著提升了学生的学习兴趣和实践能力。在课程设计方面，注重知识的系统性和连贯性，同时结合行业需求，不断优化课程内容和结构。例如，目前学校积极推行的项目式教学就是培育工匠精神的重要措施。项目式教学是指以项目为牵引，围绕项目开展教育教学活动。在项目式教学过程中，教师将学习的自主权交给学生，让学生自主安排学习活动，教师则退于幕后，使学生的主体性在教师引导下充分展现，教师重点解决项目中需要掌握的知识要点、技术要点、团队协作方法等，使学生切实感受到自己在认知能力、协作能力、学习和工作态度方面的进步。在学生管理方面，积极构建良好的师生关系，加强与学生的沟通和交流，确保教学质量和效果。此外，我们还举办了一系列线上线下相结合的交流活动，邀请行业内的专家学者共同探讨现代工匠精神在应用型人才培养中的实践经验和未来的发展趋势。

可以预见，随着产业结构的持续升级和高新技术的迅猛发展，对于具备专业知识和实践技能的应用型人才的需求将呈现出越发明显的多元化和专业化特征。与此同时，现代工匠精神在人才培养体系中的地位和作用也将进一步凸显，成为提升人才综合竞争力不可或缺的重要元素。

为有效应对这一趋势，哈尔滨剑桥学院将努力加强师资队伍建设，打造一支兼具学术素养和实践经验的专业化师资队伍；优化课程设置，适时调整课程体系，增加实践性和创新性强的课程内容，以提高学生的综合素质和实践能力；积极寻求与企业合作，建立稳定的实践教学基地，为学生提供更多的实践机会和锻炼平台；搭建产学研合作平台，促进学校、企业和研究机构之间的紧密合作，共同推动人才培养质量的提升和行业的可持续发展。

案例一　管延安——中国“深海钳工”第一人

港珠澳大桥是粤港澳首次合作共建的超大型跨海交通工程，其中岛隧工程是大桥的控制性工程，也是目前世界上最长的公路沉管隧道。工程采用世界最高标准，设计、施工难度和面临的挑战均为世界之最，被誉为“超级工程”。

在这个“超级工程”中，有位普通的钳工大显身手，成为“明星工人”。他就是管延安，中交港珠澳大桥岛隧工程V工区航修队首席钳工。经他安装的沉管设备，已成功完成18次海底隧道对接任务，无一次出现问题。接缝处的间隙误差达到了“零误差”标准。因为操作技艺精湛，管延安被誉为中国“深海钳工”第一人。

零误差来自近乎苛刻的认真。管延安有两个多年养成的习惯，一是给每台修过的机器、每个修过的零件做笔记，将每个细节详细记录在个人的“修理日志”中，遇到什么情况、怎么样处理都“记录在案”。入行以来，他已记了厚厚四大本，闲暇时他会拿出来温故知新。二是维修后的机器在送走前，他都会检查至少3遍。正是这种追求极致的态度，不厌其烦地重复检查、练习，练就了管延安精湛的操作技艺。

“我平时最喜欢听的就是锤子敲击时发出的声音。”管延安说，20多年钳工生涯，有艰苦，但他也深深地体会到其中的乐趣。

案例二　青年焊接技师丁澄洋

2023年9月，第二届全国技能大赛焊接项目的比赛现场，绍兴技师学院教师丁澄洋获得焊接项目第五名。这是浙江省近20年来在国家级一类焊接大赛中取得的最好成绩。

2016年，丁澄洋初中毕业。面对不理想的中考成绩，他对未来感到迷茫。“成绩刚够上民办高中的录取分数线，上高中还是读技工学校，两条截然不同的路摆在了我面前。”丁澄洋回忆道。

何去何从，家中出现了争论。

父亲丁卫松沉默良久，开口说道：“进技校吧，学一门技术，踏踏实实做一名工人。”

但母亲心疼孩子，表示反对：“别人不知道，你还不知道吗？学技术有多苦，你怎么舍得让儿子像你一样再经历一遍？”

丁卫松看向一旁的儿子，说：“洋洋，你认为呢？”

丁澄洋低下头，没有说话。

在丁澄洋的印象中，电焊工是一份“不太体面”的工作。

父亲丁卫松负责的是污水管道的维修焊接，维修电话一响，他常常需要通宵作业。回到家，身上沾着黑泥，带着恶臭。因为工作时要戴着面具，他脸上蜕掉了几层皮，眼睛也经常红肿刺痛。更严重的是，由于长期浸泡在污水里，丁卫松患上了苔藓皮肤病，太阳一晒，手一挠，皮肤就会发红，奇痒难忍。16岁的丁澄洋不确定自己能否忍受这份艰辛。“不如明天去我工作的车间看看。”丁卫松对纠结的儿子说。

第二天，丁澄洋去了父亲工作的车间，当他看到两块钢板在一道电弧闪过之后瞬间凝结在了一起，他终于明白，为什么大家都称父亲“铁裁缝”了。焊缝上那一片片整齐均匀的铁鳞片让他感到非常神奇。望着父亲高超技能下的成果，他对父亲的职业有了新的感悟。对于焊接，父亲认为：“世界上的金属制品，60%都需要焊接，焊接技术直接决定了产品质量。小到厨房里的锅碗瓢盆，大到航天飞船、大桥都需要焊工。”

“任何一行只要做到极致，都能得到社会认同。”丁澄洋被父亲的话触动，决定到宁波技师学院学习焊接技能。

去学习，仅仅是第一步。开学没多久，实操项目就给丁澄洋“上了一课”。

焊接时火花飞溅，初学者难以把控，丁澄洋的皮肤常常被烫伤，面部被灼伤蜕皮的情况也经常出现，眼睛发炎更是家常便饭。到了炎热的夏季，焊接工位气温高达40多摄氏度，训练时需要穿着厚厚的防护服，从早上7点到晚上9点半，他身上的衣服干了又湿、湿了又干，全身都是湿疹，痒得晚上难以入眠。

“这个专业太苦了”，丁澄洋心中打起了退堂鼓，他想重新选择工作环境舒适的专业，甚至羡慕起了读普通高中的同学。

暑假回家，他向父亲提出了放弃学焊接技术的想法。父亲没说话，而是带他来到自己的工作室。

丁澄洋进门就看见书架上摆满了父亲获得的浙江省“五一劳动奖章”、

浙江省劳动模范、国务院政府特殊津贴高技能人才等荣誉证书。就在那一刻，丁澄洋觉得电焊一样可以出彩，父亲就是他眼中的“电焊状元”。

暑假后回校，丁澄洋静下心来学习电焊技术，从中慢慢学会了体会焊接的乐趣。

理论学习与技能训练两不误，他白天努力学习专业知识，晚上刻苦练习焊接技术。为了加强手部肌肉力量，增强手的稳定度，他每天将砖头挂在手上站桩 15 min。功夫不负有心人，在操作中，一道道刺眼的电焊弧光从他手下迸发，一缕缕紫蓝色的轻烟在空中飘扬，一块块铁鳞片均匀整齐，每一次焊接的成功都能给他带来新的惊喜。

2017 年，宁波市“雄镇杯”焊接大赛即将举行。只训练了不到一年的丁澄洋跃跃欲试，可又心里没底。周末和家人通话时，父亲听出了他的犹豫，他鼓励儿子说：“不论对手实力有多强，不断超越自己，就是最大的胜利。”比赛的真正意义不在于得到什么名次，而是在于超越自我。丁澄洋听懂了父亲的话，开启了训练的漫漫路程，也可以说踏上了职业人生的漫漫路程。

为了获得参赛资格，需要更加严格和艰苦的训练，他常常为了焊成一条满意的焊缝，拿着焊枪，在电焊弧光中和高温炙烤下，在车间里一蹲就是十几个小时。穿着不透气的劳保鞋，在高温潮湿的环境下，他的脚掌一层层地蜕皮。

最终，苦练结出了硕果，丁澄洋获得了学校比赛的第一名，并在“雄镇杯”大赛中夺得第三名。那一年，他才 16 岁，破格成为全国最年轻的焊工技师。

如今，丁澄洋已成为绍兴技师学院的焊工实践指导教师。从拥有一技之长到投身教育事业，丁澄洋初心不变。他把全部精力和热情都投入到教学工作中，在照顾学生生活的同时，毫无保留地传授焊工技能。

（根据《学技术有前途吗？这对父子告诉你答案》一文整理）

第六讲　修炼积极心态，养成积极人格

积极心态和积极人格在工匠精神中扮演着不可或缺的角色。拥有积极心态的个体，在面对工作中的挑战和困难时，能够保持乐观向上的态度，勇于迎接挑战，不断突破自我。同时，积极人格赋予个体更加坚韧不拔的品质，使其在追求精湛技艺的道路上始终保持坚定的信念和毅力。这种心态和人格特质不仅能够推动个体成长，还能够促进工匠精神的传承与发展。

第一节　积极心态的内涵及其重要性

一、积极心态的定义与特征

“心态”是决定人们思维模式和行为方式的一种心理状态或态度，是人的心理对各种信息刺激做出反应的趋向，是由认知、情感、行为意向等因素构成的富有建设性的主观价值取向。积极心态主要是指积极的心理态度或状态，是个体对待自身、他人或事物的积极、正向、稳定的心理倾向，它是一种良性的、建设性的心理准备状态。积极心态与消极心态是相对而言的，面对生活的压力和历练，若积极心态战胜了消极心态即会促进人的进步，激发人性的优点使之为善。积极心态也是一种生活态度，把生活中的一切当作享受。积极心态，简而言之，就是面对生活和工作时持有乐观、进取和自信的心理状态。这种心态不仅能够帮助个体更好地应对挑战和困难，还能激发其潜能，使其在工作和生活中更加出色。积极心态具有以下几个显著特征。

（一）乐观向上的生活态度

拥有积极心态的人往往具备乐观向上的生活态度。他们相信生活中充满了机遇和希望，即使面临困境，也能从中发现积极的因素，并始终保持对未来的信心。这种乐观态度不仅能够使他们更加快乐地生活，还能够激发他们积极面对挑战的勇气。

（二）积极进取的工作精神

积极心态还表现为一种积极进取的工作精神。拥有积极心态的人在工作中总是充满热情和动力，他们勇于接受挑战，不断追求进步和创新。他们相信通过努力和奋斗，一定能够取得更好的成绩和更大的成功。这种积极进取的精神是推动他们不断前进的重要动力。

（三）自我激励与自我管理的意识

积极心态还体现在自我激励与自我管理的意识上。拥有积极心态的人懂得激励自己，保持高昂的斗志和持久的动力。他们善于制定目标并为之努力，同时能够有效地管理自己的情绪和行为，确保自己始终保持最佳状态。

二、积极心态对个体发展的推动作用

积极心态对个体发展的推动作用不容忽视。它不仅能够提高个体的工作效率和质量，还能增强其适应能力和创新能力，促进其职业成长与成功。

当今社会，人们面临的工作和生活压力越来越大，积极心态对于个体的成长和发展具有极其重要的意义。它有助于提高工作效率，增强抗压能力，促进个体成长和提升幸福感。

（一）积极心态在提高工作效率方面发挥着不可忽视的作用

拥有积极心态的人对工作总是充满热情和动力，他们愿意全身心地投入工作中，对每一项任务都保持着高度的专注和认真的态度。他们相信自己的能力，敢于面对困难和挑战，始终保持积极向上的心态。这种心态能够帮助他们更好地应对工作中的各种问题，进而提高工作效率和质量。在积极心态的驱使下，他们会更加注重细节，用心地完成任务，从而在工作中取得更好的表现。

（二）积极心态能够增强个体的抗压能力

在现代社会，压力已经成为人们生活中不可避免的一部分。无论工作上的压力还是生活中的压力，都会给人们带来一定的心理负担。拥有积极心态的人能够更好地应对这些压力和挑战，他们不会轻易被困难所打倒，而是保持冷静和乐观的态度，积极寻找解决问题的方法，从而更好地应对压力和挑战。这种抗压能力有助于他们更好地应对工作和生活中的复杂局面，提升心理韧性和适应能力。

（三）积极心态对于个体成长有着重要的促进作用

拥有积极心态的人总是愿意学习和尝试新事物，他们不满足于现状，不断追求进步和发展。他们相信自己的潜力，勇于面对自己的不足和缺陷，不断寻求改进和提升。这种心态能够激励他们不断挑战自己，突破自己的极限，实现个体成长和进步。同时，拥有积极心态的人还善于从失败中吸取教训，总结经验，不断完善自己。他们相信每一次失败都是成功的一部分，都是通向成功的必经之路。这种积极的思维方式能够让他们在成长的道路上更加坚定和自信。

（四）积极心态对于提升个体的幸福感也具有重要作用

幸福感是人们的一种主观感受，它源于个体对生活的满意度和内心状态的平衡。拥有积极心态的人更容易感受到生活的美好和幸福，他们能够从平凡的事物中发现乐趣和意义，保持内心的平静和满足。即使面对困难和挫折，他们也能够保持乐观的心态，积极面对生活的挑战。这种心态能够帮助他们更好地享受生活，提升他们的幸福感和生活质量。

积极心态对于个体而言是一种宝贵的品质。它如同指南针，指引着人们在工作和生活中保持正确的方向，帮助人们在逆境中坚韧不拔、在顺境中更加自信。通过培养积极心态，人们可以提高工作效率，增强抗压能力，促进个体成长，并提升幸福感。

第二节　修炼积极心态的方法

修炼积极心态并非一蹴而就，它需要个体在日常生活中不断培养和实践。要培养积极心态，首先要树立正确的价值观和人生观，相信自己的能力和潜力，勇敢面对困难和挑战。其次要学会调整自己的心态，保持乐观向上的态度，不被消极情绪所左右。最后还要注重培养自己的兴趣爱好和社交能力，丰富自己的生活体验和人际关系，从而提升幸福感和满足感。

下面详细介绍几种修炼积极心态的方法。

一、调整心态，树立正确的价值观

调整心态，树立正确的价值观，是个体在面对生活和工作挑战时所不可或缺的。积极的心态能够激发个体的潜能，帮助其更好地应对各种困难和挑战；而正确的价值观则是个体行动的指南，引导其做出符合道德和原则的选择。

（1）正确认识自我，树立自信心。这包括深入了解自己的优点和不足，并接受自己的不完美。每个人都有自己的长处和短处，要正确看待自己的不足，并努力改进。同时，也要认识到自己的优点和价值，学会欣赏自己的独特之处，并树立自信心。自信心是个体在面对挑战时保持积极心态的重要支撑，它能够使其更加坚定地迈向目标。

（2）端正工作态度，增强责任感。工作态度决定了一个人的工作质量和职业成就。个体应该以认真负责的态度对待每一项工作，努力做好每一个细节。同时，也要积极面对工作中的困难和挑战，勇于承担责任并寻求解决方案。这种积极的态度不仅能够提升工作效率和质量，还能够赢得他人的信任和尊重。

（3）树立正确的成功观，追求全面发展。成功不仅仅意味着取得物质上的成就，还包括精神上的成长和内心的满足。个体应该追求全面发展，除了在事业上取得成功，还要在人际交往、身心健康等方面取得平衡。同时，也要树立正确的竞争观念，以公平竞争和合作共赢为原则，与他人共同进步。这里所说的成功观，与培养工匠精神的价值观是相通的。培养工匠精神需要树立与之相互匹配的价值观，在思想认识上回归本真，遵循工匠成长规律，摆脱浮躁情绪、“走捷径”思想，将注意力和意志品质用于关注内在成长，对于外部评价要保有定力，要建立符合成长规律的“长期主义”价值观。

通过调整心态、树立正确的价值观，个体能够更好地面对生活中的挑战和机遇，实现个人的价值和梦想。

二、学会自我激励，保持持久动力

自我激励是保持持久动力的关键所在，它能够帮助个体在面对困难和挑战时保持高昂的斗志和坚定的信念。学会自我激励，对于提升工作效率、实现个人成长具有重要作用。

（1）设定明确的目标是自我激励的起点。个体需要根据自身的实际情况和职业发展规划，制定具有可操作性和可衡量性的目标。这些目标应该既符合长期愿景，又能够在短期内实现。通过明确目标，个体能够清晰地知道自己要追求什么，以及如何达到目标。

（2）制订可行的计划是实现目标的重要保障。个体需要将目标细化为具体的行动步骤和时间节点，确保每个阶段都有明确的任务和成果要求。同时，还要学会根据实际情况调整计划，确保计划的灵活性和适应性。

（3）在实现目标的过程中，不断挑战自我、超越自我是保持动力的关键。个体要勇于尝试新事物，接受新的挑战，通过不断学习和进步来提升自己的能力和水平。每一次挑战和超越都是对自己的一次肯定和鼓励，从而激发个体更多的潜能和动力。

（4）及时反馈和总结也是自我激励的重要环节。个体需要定期回顾自己的工作成果和不足之处，总结经验教训，明确下一步的行动方向。通过及时反馈和总结，保持清醒的头脑和敏锐的洞察力，更好地应对工作中的挑战和机遇。

（5）持续改进与提升是自我激励的最终目标。个体要保持谦虚和开放的心态，不断学习和吸收新知识、新技能，提升自己的综合素质和竞争力。同时，还要关注行业发展趋势和市场变化，及时调整自己的职业规划和发展方向。

通过学会自我激励并保持持久动力，个体能够更好地应对各种困难和挑战，实现个人成长和职业发展的目标。

三、保持良好的情绪状态，提高抗挫能力

保持良好的情绪状态对于提高抗挫能力至关重要。当个体面临挫折和困难时，积极的情绪状态能够帮助其更好地应对挑战，而消极的情绪则可能使其陷入困境无法自拔。因此，学会情绪管理，保持冷静和理智是个体在生活和工作中必须具备的能力。

（1）认识到情绪管理的重要性。情绪是影响个体行为和决策的重要因素，如果无法有效地管理情绪，就很容易被情绪所左右，做出错误的判断和决策。因此，个体需要时刻保持冷静和理智，不要让情绪控制其行为。

（2）通过一些具体的技巧来管理情绪。例如，深呼吸、放松训练等方法可以帮助个体缓解紧张和焦虑的情绪；积极思考和寻找解决问题的途径则可以使其更加乐观地面对挑战；而与他人倾诉和分享可以减轻个体的压力和负担，使其得到更多的支持和鼓励。

（3）积极应对挫折和失败也是提高抗挫能力的重要途径。当遇到挫折和失败时，不要气馁和放弃，而是要积极面对并从中吸取经验教训。通过分析失败的原因，总结经验教训，制订更加周密的计划和策略，为下一次挑战做好准备。

（4）培养乐观的心态，看到问题的积极面。乐观的心态能够使个体更加坚定地迈向目标，并在面对困难和挑战时保持积极向上的态度。从多个角度看待问题，发现其中的机遇和可能性，从而更好地应对挑战和困难。

（5）保持良好的心态和情绪状态需要长期的努力和实践。个体需要在日常生活中不断提高情绪管理能力，并学会将积极的心态和情绪状态融入工作和生活中。这样才能在面对挫折和困难时保持冷静和理智，不断提高自己的抗挫能力。

总之，通过调整心态、学会自我激励、保持良好的情绪状态和提高抗挫能力，个体能够更好地面对生活和工作中的挑战和机遇，实现自己的价值和梦想。同时，这些方法和技巧也能够帮助个体不断提升自己的综合素质和能力水平，为未来的发展奠定坚实的基础。

第三节　积极人格的内涵和价值

一、积极人格的内涵

人格是一个复杂的结构系统，它包括许多成分，主要涉及气质、性格、认知风格、自我调控等方面。自我调控是人格中的内控系统，包括自我认知、自我体验、自我控制 3 个子系统。积极人格是指个体在面对生活、工作、学习时，所展现出的积极、健康、向上的心理特质和行为模式。这种人格特质不仅体现在个体的情感、态度和价值观上，还体现在个体的思维方式和行为选择上。

积极人格来源于人本主义积极的人格观。人本主义心理学认为：①人性本善，在适当的外界环境中，个体总会朝着积极的方向发展。②人具有自主选择的能力，个体往往会主动构建自己的生活环境。③人具有自我实现的潜能，能够不断地追求自我完善和发展。积极心理学在人本主义人格观的基础上进一步发展，提出了积极人格理论，认为人格是在主体与外界环境的作用下不断完善和发展的，是生理条件、个体行为和社会文化环境三者交互作用的产物，人格的形成过程具有主动性和动态性。首先，积极人格理论关注人格形成的主动性，认为个体的人格形成是一个主动构建的过程，个体有能力和力量来获得最佳的心理平衡状态，可以有意识地对自己的行为方式、内心体验和周围环境施加积极影响，从而影响自身的人格发展。其次，积极人格理论认为个体的人格发展是一个动态的过程。人格的发展过程是遗传因素、自身行为和外部环境三者不断交互作用的过程。人格并非一成不变，外在行为和后天社会环境对人格的发展具有重大影响。最后，积极人格理论强调人格的积极方面，个体具有各种现实能力和潜在能力，这些能力是个体心理发展过程中的基础性资源，人格心理学必须研究这种积极力量，通过发展积极的力量，使个体达到最佳的幸福状态。可见，积极人格特质主要对个体的各种现实能力和潜在能力加以激发和强化。当激发和强化使某种现实能力或潜在能力变成一种习惯性的工作方式，积极人格特质便随之形成。

彼得森和塞利格曼根据人格特质理论，对个体发展过程中的积极力量进行分析归类，总结出 24 种主要的积极人格特质。随着积极心理学的发展及积极人格特质相关研究的深入，当前研究者主要关注乐观、主观幸福感和自我决定性 3 种核心特质。

积极人格是充满正能量的人格，是积极价值观和积极心态占主导地位，向上、向前、向善、求发展、谋幸福的人格；是充分发挥主观能动性，激发生命潜能、增强生命力、积极学习、顽强奋进、蓬勃发展、志在成功、愿意分享与奉献的人格。也就是说，以积极价值观和积极心态为核心，具有知识、智慧、坚韧意志和高效能行动品格的人格。积极人格的内涵包括：

（1）乐观。乐观是个体对自身及所处外部环境产生的一种积极体验。外部环境对乐观特质的形成和发展非常重要，乐观主要是后天形成的，而且可以通过学习习得这一积极特质。大量研究表明，个体的乐观水平与个体的认知决策、生活满意度和心理健康密切相关。乐观作为一种重要的心理资源能够通过影响个体的注意和决策水平等改善个体心理健康状态。

具有积极人格的人通常具有乐观的心态，他们坚信事情一天会比一天好，即使面临困难和挑战，也能积极寻找解决问题的方法，从困难中看到机会和希望。这种乐观的态度使他们能够更好地应对生活中的各种挑战。

（2）坚韧。具有积极人格的人在面对挫折和失败时，能够坚持不懈、不屈不挠地追求自己的目标。他们具有很强的毅力和韧性，不会被一时的困难和挫折击垮，而是重新振作起来，继续前行。

（3）自信。具有积极人格的人对自己充满信心，他们相信自己的能力和价值，这种自信使他们勇于尝试新事物、挑战自我，不怕失败，勇于面对未知的挑战。

（4）开放。具有积极人格的人心态开放，他们愿意接受新的思想和观念，不断拓宽自己的视野和思维。他们善于学习，不断吸收新知识，提高自己的认知水平。

（5）责任心。具有积极人格的人有着强烈的责任心，他们认真履行自己的职责和义务，不仅关注自己的发展，也关心他人的需要，愿意为社会做出贡献。这种责任心使他们成为值得信赖和依靠的人。

（6）主观幸福感。主观幸福感也称主观满意感，是积极人格的核心特质。主观幸福感是指个体对自身生活状态及适应程度的接纳和肯定态度，是一种积极的心理体验。由于个体的生活环境和文化背景不同，在同一环境下，不同人的内心体验会有所不同，其表现出来的主观幸福感也不同。研究表明，主观幸福感是个体先天的气质特征与外部生活环境相互作用的结果，个体的经济收入、人际关系、生理健康水平等均与主观幸福感的形成和发展存在紧密联系。

（7）自我决定性。自我决定性是指个体对自我的发展做出合适的选择并能加以坚持的心理特征。自我决定性能够通过个体自身的认知评价体系促进其动机、社会性发展及幸福感。积极心理学从个体先天的基础心理特质出发，研究个体自我决定特质的形成和发展机制后指出，个体以学习、好奇、创造等心理特质为基础，与其生活经历及其接受的社会价值观相互结合，进行内部整合后，发展出自我决定性。自我决定性帮助个体不断满足关系性、能力感和自主性等基本心理需求，从而带来更多的积极效应。

综上所述，积极人格所具备的这些特征可以使个体在面对困难和挑战时保持积极的心态，不断发展和进步。同时，这些特征也可以帮助个体更好地融入社会，为社会做出贡献。

二、积极人格教育的重要价值

（一）对个体成长的价值

积极人格对个体的成长和发展具有重要意义。它不仅影响着个体应对生活挑战的方式，还决定了其是否能够充分发掘自身潜力，实现个人价值，并为社会做出贡献。

1. 积极人格能够有效提高个体的适应能力

在当今快速变化的时代，面对日新月异的社会环境和不断更新的知识技术，适应能力成为衡量个体综合素质的重要标准。具有积极人格的人往往有更加开放的心态和灵活的思维，能够迅速适应新环境和新挑战。他们善于从变化中寻找机遇，保持冷静和乐观的心态，从容应对生活中的起伏变化。这种强大的适应能力有助于他们在职场上脱颖而出，并能够在人生的各个阶段都保持积极向上的状态。

2. 积极人格对于促进个体成长和进步具有重要意义

具有积极人格的人有着更强的学习能力和求知欲，他们乐于接受新鲜事物，勇于挑战自我。面对困难和挑战，他们不会轻易放弃，而是会坚持不懈地寻求解决方法，不断提升自己的能力。这种积极向上的精神状态能够激发他们不断学习和探索的动力，使他们在各个领域都能取得卓越的成就。同时，具有积极人格的人还善于反思和总结，能够及时发现自己的不足并加以改进，从而不断完善自我，实现个人成长和进步。

3. 积极人格还能显著提升个体的幸福感

幸福感是衡量个体生活质量的重要指标之一，它反映了个体对生活满意程度的感受。具有积极人格的人往往有更加乐观的心态，他们能够看到生活中的美好和阳光，感受到更多的幸福和快乐。他们善于从生活中发现乐趣和意义，保持内心的平静和满足。即使在面临困境时，他们也能够积极应对。这种幸福感不仅有助于提升个体的生活质量，还能够对周围的人产生积极的影响，传递正能量。

4. 积极人格对于提升个体的社会贡献具有重要意义

具有积极人格的人有着强烈的责任心和社会使命感，他们深知自己的行为会对社会和他人产生影响。因此，他们愿意积极参与社会活动，为他人提供帮助和支持，为社会的和谐稳定贡献力量。同时，他们也能够在各自的领域发挥专业技能和才能。这种积极的社会参与和贡献不仅能够提升个体的社会地位和声誉，还能够为社会的繁荣和发展注入新的活力和动力。

然而，需要注意的是，积极人格的培养并非一蹴而就，它需要个体在日常生活中不断努力和实践。个体要树立正确的价值观和人生观，积极面对生活中的挑战和困难，保持乐观向上的心态。同时，个体还要注重自我反思和总结，不断提升自己的能力和素质，以实现个人成长和进步。此外，个体还可以通过参与社会公益活动、与他人建立良好的人际关系等方式来培养积极人格，为社会做出更多的贡献。

（二）对国家和社会的价值

实现中华民族伟大复兴，“绝不是轻轻松松、敲锣打鼓就能实现的”，需要我们迎着挑战和困难“撸起袖子加油干”。在这一征程中，最根本的力量就是全体中国人的精神力量和生命潜能。培养充满正能量的积极人格，正是振奋中国人精神、增强学生生命力的有效途径。

（1）积极人格教育是实现素质教育、全面发展教育的阶梯和有效措施。要想实现个体的和谐发展、充分发展、特色发展、卓越发展和全面发展等一切高水平的发展，必须积极主动学习，充分开发生命潜能，离开了个体主观能动性的积极发挥，所有高水平的发展都难以实现。从心理学角度看，积极人格是德、智、体、美、劳全面发展的社会主义建设者和接班人的人格特征。积极人格教育是全面发展教育的基础工作，高效能的积极人格教育是实现全面发展教育和全面贯彻党的教育方针的有效途径。

（2）积极人格教育强调教育的时代先进性，强调用更高层次的文明统领以往的价值观、思维方式和行为模式，并特别注重生态文明和信息文明对工业文明和农业文明的引领，这有利于促进教育现代化、信息化和生态化的融合式发展。

（3）积极人格教育能够提高学生的健康水平、发展水平和幸福感，对缓解学生中普遍存在的“学习焦虑”和“习得性无助感”具有明显的积极作用。

（4）积极人格教育能够在马克思主义基本原理习近平新时代中国特色社会主义思想的指导下，汲取系统科学与复杂科学、教育科学、心理科学等科学理论的最新研究成果，面向中华民族伟大复兴的教育呼唤和人民幸福的切实需要，以积极人格培养为统领，实现积极价值教育、积极心态教育同知识与智慧教育、效能教育、坚韧意志教育、交往与合作教育、情趣特长与良好习惯培养、美感教育、数字素养教育、创造性教育、人生境界教育等教育内容的有机整合，实现积极情感、科学理性与高效行动的三维融合，为深化教育改革、提高教育质量、促进教育创新带来了新的可能和希望。

（5）积极人格教育对完成党的十九大报告提出的“培育自尊自信、理性平和、积极向上的社会心态”具有直接作用。“自尊自信、理性平和、积极向上”是积极心态的具体内容和重要组成部分，“积极向上的社会心态”是积极心态在社会领域的具体表现，是拥有积极心态的人在处理社会问题时自然而然的表现。人以人格立命，人靠积极人格成才。积极人格教育是为民族复兴和人民幸福提供人格保障的教育，是推进教育现代化、办好人民满意的教育、建设教育强国的应有选择。

当下，具有时代先进性的积极人格包含善于沟通、合作共赢、善于使用现代科学技术与工具解决问题、拥有健康与美感、具有创造性和高文明生存境界等积极品质。表现在实际生活中，具有积极人格的人就是“心中有阳光，脚下有力量”的人。

马克思主义基本原理、中国特色社会主义思想、社会主义核心价值观等先进的思想与自尊自信、富有爱心和希望、积极上进、正向思考、理性平和、负责尽责、坚忍不拔、持之以恒等积极心态就是“心中的阳光”；善用科学知识解决问题的智慧、高效能的行动力、坚韧的意志力、善于合作共赢、富有创造性、有较高生活境界等，表现在学习、工作和实际生活中就是坚定理想信念、不忘初心、牢记使命、顽强奋斗、勤奋学习、努力工作、幸福生活、“脚下有力量”。

三、修炼积极心态养成积极人格的意义

（一）有助于增强人际适应能力

人际适应是个体在社会交往过程中与他人处理好交往关系并实现自身价值的能力。人际适应能力是衡量个体心理健康的重要指标。以往研究表明，个体的人格特质与人际适应能力之间关系密切。有学者通过对人格与大学新生人际适应关系的研究发现，主动性人格倾向较高的个体具有较高的社交愿望，在新的环境下，可以更主动地发展人际关系，更加顺利地完成新生入学适应过程。具有较高乐观和自我决定性水平的学生，往往更加热情、合群、自信，能够积极与周围同学互动，更好地适应学校环境中的人际关系。相关研究表明，自我效能感、主观幸福感与人际适应能力之间存在密切联系，学生同伴关系、学校人际适应可以较好地预测其主观幸福感。具有较高主观幸福感的个体会表现出更多积极主动的社交行为，从而强化其人际适应能力，改善人际关系。可见，具有较高水平的积极人格特质的学生会表现出更多的适应性行为，更容易建立起良好的人际关系。

（二）有助于改善学业情况

互联网及智能电子设备的普及极大地改变了人们的工作和生活方式。手游、短视频及其他新兴社交软件的不断更迭也引发了大学生新的学业问题。有研究者发现，在移动互联的社会背景下，大学生学业问题与其积极的人格特质有着密切联系。具有高自我决定性的学生拥有更多学业投入；乐观对学生学业成绩也具有显著的直接预测力；主观幸福感可以预测学生的学业倦怠情况，提升学生主观幸福感可以帮助其缓解学业压力及学业倦怠情况，提升学业成绩。具有积极人格特质的学生普遍拥有充分的、积极的心理资源，能够有效处理学业挫折感，乐观、坚强且自我决定性高的学生在学习生活中能够采取主动的学习行为。可见，具有积极人格特质的学生能够从行为、情感和认知 3 个方面发挥作用，主动进行学业投入，降低学业压力和学业倦怠，从而提高学习成绩。

（三）有利于提高心理健康水平

人格是个体心理健康发展的重要中介变量，家庭教养方式、社会环境变化以及各类应激事件等均通过影响个体的人格发展，进而影响其心理健康水平。已有研究发现，乐观、外向、宜人性等积极的人格特质对心理健康具有促进作用。更加深入的研究表明，乐观与心理健康的积极指标呈显著正相关，乐观的特质有益于学生调适各类压力，有效减少抑郁、焦虑等负面情绪，显著促进心理健康水平；拥有高自我决定性特质的个体，能够积极满足自身的心理需求，其自尊水平、幸福感、生活满意度更高，从而朝着积极健康的方向发展；主观幸福感是个体心理健康的重要评价指标，拥有较高主观幸福感水平的学生能够对其生活和学习的状态做出良好的整体认知评价，从而改善认知偏差，提升心理健康水平。因此，培育大学生积极的人格特质，能够帮助他们主动且有效地应对各类应激事件，缓解负面情绪，提升整体心理健康水平。

第四节　积极人格的塑造与培养

主观幸福感（subjective well-being，SWB）是积极心理学在多种场合经常提到的一个概念，它既是一种人格特质，也是一种心理体验。积极心理学认为它是积极人格的核心特质。主观幸福感是指个体主观上对自己已有的生活状态正是自己心目中理想的生活状态的一种肯定态度，即个体在认知和情感上对现在的自我生活状态及周围环境的内在认同。尽管不同的生活在质与量的方面存在着客观上的差异，但主观幸福感是主观的、因人而异的，并不完全是由生活本身的客观质量所决定。不同的人对同一种生活会产生不同的主观幸福感，同一个人在不同的生活中可能会产生同样的主观幸福感，当然不同的生活对于不同的人既会产生不同的主观幸福感也会产生相同的主观幸福感。积极心理学研究了影响主观幸福感人格特质形成的多种因素，在内在因素方面，积极心理学认为主观幸福感既是人先天内在气质特点的发展结果，同时也是主体对外在社会生活适应的结果，而这种适应受个体的期望、目标等因素的影响较大。如一个人在一定的环境下产生了相应的主观幸福感，但随着他的成就感的提高，他不再对自己已有的一切产生主观幸福感，而变得习惯于这一切。从消极方面来看，当一个人刚碰到不幸时，他会产生不愉快感，但不久他就会习惯于所处的状态，不再产生不愉快感。心理学家布里克曼和坎贝尔认为，从长远来看，人类本身在快乐和不快乐的追求上总是存在着一种趋向中性主义的倾向。即从快乐和不快乐两个极点向中间靠近，这是人类的一种先天特性，也是主观幸福感人格特质形成的自然基础。

一、家庭教育对积极人格的影响与塑造

家庭是个体成长的初始环境，对积极人格的塑造具有深远的影响。家庭作为社会的基本细胞，承载着传递文化、价值观和道德准则的重要使命。家庭成员之间的互动、沟通方式和教育方式，会在无形中影响孩子的认知、情感和行为模式，从而塑造出他们独特的个性特征。

（一）家庭氛围的营造与价值观的引导

家庭氛围是家庭教育的基础，它潜移默化地影响着孩子的成长。温馨、和谐、充满爱的家庭氛围，能够为孩子提供安全、稳定的成长环境，有利于培养其自信心和安全感。在这样的环境中，孩子更容易形成积极向上的人生态度，敢于面对挑战，勇于追求梦想。

家庭成员应该注重价值观的引导。父母要以身作则，通过自己的言行传递正确的价值观，如诚信、尊重、责任、感恩等。这些价值观将成为孩子行为的指南，帮助他们树立正确的道德观念，形成积极的人格特质。

（二）家庭教育方式的选择与优化

家庭教育方式的选择对孩子的成长至关重要。不同的教育方式会产生不同的教育效果，因此，父母应该根据孩子的性格特点和成长需求，选择适合的家庭教育方式。

首先，父母应该尊重孩子的个性和意愿，避免过分干涉和强制，鼓励孩子独立思考、自主选择，培养他们的自主性和创造性。其次，父母应该采用积极的教育方式，如正面激励、引导发现等，激发孩子的学习兴趣和动力。此外，父母还应该关注孩子的情绪变化，及时给予关爱和支持，帮助他们建立健康的心理状态。

家庭教育并非一成不变。随着孩子的成长和时代的发展，家庭教育方式也需要不断优化和调整。父母应该保持开放的心态，不断学习新的教育理念和方法，以适应孩子成长的需求和时代的变迁。

（三）家庭教育的持续性与连贯性

家庭教育的持续性和连贯性对于积极人格的塑造同样不可或缺。孩子的成长是一个长期的过程，家庭教育应该贯穿于他们的成长始终。父母应该持续关注孩子的成长动态，及时调整教育方式，确保教育的有效性和针对性。

此外，家庭教育的连贯性也是至关重要的。家庭成员之间应该保持教育理念的一致性和连续性，避免出现教育空白或重复的情况。这样，孩子才能在稳定的教育环境中不断成长，形成积极的人格特质。

为了实现家庭教育的持续性和连贯性，父母可以定期召开家庭会议，共同讨论孩子的成长问题和教育计划。此外，还可以与其他家庭或教育机构建立联系，分享教育经验和资源，共同为孩子的成长提供有力支持。

总之，家庭教育对积极人格的塑造具有深远的影响。父母应该注重家庭氛围的营造、价值观的引导、教育方式的选择与优化以及家庭教育的持续性与连贯性等，为孩子提供良好的成长环境，帮助他们形成积极的人格特质。

二、学校教育在积极人格培养中的作用

学校作为教育体系的重要组成部分，在积极人格培养方面发挥着不可替代的作用。学校教育通过系统的课程设置、科学的教育教学方法以及独特的学校文化，为学生的全面发展提供了有力的支撑。

（一）课程设置与教学内容的选择

学校的课程设置和教学内容是培养学生积极人格的重要途径。学校应该根据学生的年龄特点和成长需求，设计丰富多样的课程，以培养学生的思维能力、创新能力、实践能力等多方面的能力。

同时，教学内容的选择应该注重积极人格的培养。除了传统的学科知识外，学校还应该加强道德教育、心理健康教育、艺术教育等方面的内容，以引导学生形成正确的道德观念、健康的心理状态和良好的审美情趣。

（二）教育教学方法的创新与实践

教育教学方法的选择直接影响到教育教学的效果。学校应该积极探索创新性的教育教学方法，以适应学生的成长特点和时代发展的需求。例如，学校可以采用启发式、讨论式、案例式等教学方法，激发学生的学习兴趣和主动性；也可以利用现代信息技术手段，如多媒体教学、网络教育等，提高教育教学的效率和质量。

此外，学校还应该注重实践教育的开展。通过组织学生参加社会实践活动、志愿服务活动等方式，让学生亲身体验社会的多样性和复杂性，培养他们的社会责任感和实践能力。

（三）学校文化的建设与传承

学校文化是学校教育的灵魂，也是培养学生积极人格的重要载体。学校应该注重校园文化建设，营造良好的校园文化氛围，以熏陶和感染学生。

（1）明确办学理念和育人目标，形成独特的学校精神。这种精神应该体现在学校的各个方面，如校训、校歌、校徽等，以增强学生的归属感和认同感。

（2）加强师生之间的交流与互动，形成和谐的人际关系。通过开展丰富多彩的

校园活动、建立师生沟通机制等方式，增强师生之间的情感联系和信任感。

（3）注重传统文化的传承与创新。通过开设传统文化课程、举办传统文化活动等方式，让学生了解和继承中华民族的优秀传统文化，培养他们的文化自信心和民族自豪感。

总之，学校教育在积极人格培养中扮演着重要角色。通过合理的课程设置、创新的教育教学方法以及独特的学校文化建设，学校可以为学生的全面发展提供有力的支持，帮助他们形成积极的人格特质。

第五节　现代工匠精神与积极心态、积极人格的融合发展

随着社会的发展，现代工匠精神已成为推动社会进步和经济发展的重要力量。工匠精神所蕴含的精益求精、勇于创新、持之以恒等优秀品质，对个体积极心态和积极人格的培养与发展起到了积极的推动作用。在现代社会，工匠精神与积极心态、积极人格的融合发展已成为一种趋势，推动着个人和社会共同进步。

一、现代工匠精神对积极心态与积极人格的要求

现代工匠精神作为一种优秀的职业精神和品质，对积极心态和积极人格的要求越来越高。具体来说，主要体现在以下几个方面。

（一）精益求精的工作态度与品质追求

精益求精是现代工匠精神的核心要求之一。它要求工匠在工作过程中始终保持严谨的态度，追求品质的卓越。这种追求卓越的心态，有助于提升工匠的专业技能和创新能力，培养他们的积极心态和积极人格。因为只有不断追求进步和卓越，才能不断突破自我，实现个人价值的最大化。

在现代社会，精益求精的工作态度与品质追求已经成为各行各业对优秀人才的共同要求。无论制造业的精密加工，还是服务业的精细服务，都需要人们具备这种追求卓越的精神。这种精神不仅有助于提升个人竞争力，更能为企业的持续发展注入强大的动力。

（二）勇于创新的精神与探索意识

勇于创新是现代工匠精神的另一个重要特征。它要求工匠敢于突破传统束缚，不断探索新的技术和方法，为行业的发展和进步贡献自己的力量。这种勇于创新的精神，有助于培养工匠的积极心态和积极人格，使他们在面对困难和挑战时保持坚定的信念和勇气。

在现代社会，创新已成为推动社会进步的核心动力。通过不断创新，在激烈的市场竞争中立于不败之地。因此，现代工匠精神对勇于创新的要求也愈发强烈。这要求工匠不仅要具备扎实的专业技能，还要具备敏锐的观察力和丰富的想象力，能够发现新的问题和需求，提出创新的解决方案。

（三）持之以恒的毅力与耐心

持之以恒是现代工匠精神的又一重要品质。它要求工匠在面对困难和挫折时，能够保持坚定的信念和毅力，坚持不懈地追求目标。这种毅力与耐心有助于工匠在技艺上取得突破，培养他们的积极心态和积极人格。因为只有经历过艰苦的磨炼和不懈的努力，才能真正体会到成功的喜悦。

在现代社会，持之以恒的毅力与耐心对于个人的成长和事业的发展至关重要。无论学习新知识、掌握新技能，还是面对工作中的挑战和困难，都需要人们保持坚定的信念和持久的毅力。这样，才能在竞争激烈的市场中实现个人价值的最大化。

二、积极心态与积极人格在现代工匠精神中的体现

积极心态与积极人格在现代工匠精神中得到了充分的体现和传承，不仅表现在工匠对待工作的态度和方式上，更体现在他们对待生活和自我发展的认知和理解上。

（一）乐观向上的生活态度推动工匠精神的传承与发展

乐观向上的生活态度使工匠在面对困难和挑战时能够保持积极的心态和情绪，从而更好地应对各种挑战和困难。同时，这种生活态度也有助于工匠更好地传承和发展工匠精神，将其作为一种优秀的职业精神和品质传递给后人。

在现代社会，人们面临着越来越大的压力和挑战。保持乐观向上的心态，利于在生活中不断寻找和发现新的机遇和可能性。这种乐观向上的生活态度有助于个人的成长和发展。

（二）积极进取的工作精神提升工匠技能与创新能力

积极进取的工作精神使工匠不断探索新的技术和方法，不断提升自己的专业技能和创新能力。他们敢于挑战自我、超越自我，追求更高的技艺水平和更卓越的成就。

在现代社会，积极进取的工作精神对于个人的职业发展和企业的竞争力至关重要。具备这种精神的人会在不断变化的市场环境中保持敏锐的洞察力和快速的反应能力，抓住机遇、应对挑战。同时，这种精神也有助于推动行业的创新和发展。

（三）自我激励与自我管理的意识助力工匠精神的持久发展

自我激励与自我管理的意识使工匠能够保持持久的热情和动力，在追求卓越的道路上不断前进。他们懂得调整自己的心态和情绪，制订和执行工作计划，保持高效的工作状态和积极的生活态度。

在现代社会，自我激励与自我管理的意识对于个人的成长和发展至关重要。具备这种意识的人，会在不断变化的环境中保持稳定的情绪和状态，实现个人价值的最大化。同时，这种意识也有助于工匠精神的持久发展，使其能够在社会的变迁中传承下去。

综上所述，现代工匠精神与积极心态、积极人格的融合发展是一个相互促进、相互提升的过程。它们共同构成了现代社会中优秀人才的必备素质，为推动社会的进步和发展注入了强大的动力。因此，我们应该积极培养和传承现代工匠精神，同时注重培养个人的积极心态和积极人格，以实现个人和社会的共同进步。

案例一　从东北姑娘到日本国宝级清洁匠人

新津春子出生于中国东北，中文名叫郭春艳，如今成为日本“第一清洁匠人”。她初到日本时以清扫为生计，不曾想将清扫做成了一份极致的事业。东京羽田机场在 2013 年、2014 年、2016 年、2017 年被评为“全世界最清洁机场”，客观地说，这份成就是她带领 700 多名清扫工精心“扫”出来的。她用“心”去扫，并荣获“日本劳动大臣奖”。

1987 年，17 岁的新津春子和父母举家到东京。由于不懂日语不会与人交流，所以春子就做了唯一肯雇佣她的保洁工作，这工作一干就是几十年。她的保洁工作做得非常细致和周到，很快春子就得到了这样的评价：“她的工作已经远远超越了保洁工的范围，而是在干技术活。”春子凭借自己的努力，取得了日本“国家建筑物清洁技能士”的资格证书，这背后是她几十年如一日的不懈努力。

虽说保洁是个体力活，但春子如同工程师般对待她的保洁工作。她对 80 多种清洁剂的使用方法倒背如流，也能快速分析各种污渍产生的原因和组成成分。有一次，她应邀去一户家庭解决浴室地砖勾缝里一直都除不掉的灰色霉迹。她看后，将水与醋按照 3∶1 的比例兑好，放进喷雾瓶喷湿地面，然后铺上纸巾再喷一次，浸泡 10 min 后，用硬刷配合市面上出售的浴室洗涤剂洗刷，最后将地砖和勾缝果然一起恢复了原色。

春子勤学苦干，进公司仅一年就取得了日本“国家建筑物清洁技能士”资格证书，继而又拿到了清扫指导员资格证书。27 岁那年，她参加了在东京举行的“清扫工技能预选赛”，获得银奖，但她并不满足。

领她入门的师父铃木优说，“心态不够从容的人，很难与人为善；时刻为他人着想，充满爱心地工作，才是清扫的本质”。这句话成了春子一生的座右铭，原来清扫要用“心”。

懂得了清扫的真谛，春子更加努力，终于拿到了日本“全国清扫工技能大赛”冠军，获得“日本劳动大臣奖”。羽田机场大楼因为她与700多名清扫员工的努力，数次荣获全世界最清洁机场的称号，很多客人称其“比家里都干净”“孩子们趴在地上都放心”，春子也成为羽田机场唯一的“环保清扫最高指导教官”。

NHK电视台专门为新津春子拍摄工作纪录片，记录她处理不锈钢饮水台的过程：先用强酸洗液去除饮水台上黏着的漂白粉，如果强酸停留的时间过长，可能导致不锈钢饮水台腐蚀，反而使不锈钢失去光泽。她能掌握最佳的时间，在溶解漂白粉的同时，迅速冲掉强酸洗液，让饮水台恢复以往的锃亮光泽。

春子的清洁功夫不仅仅是把设施表面看得见的东西清洁干净，平时看不见的部分也是她的清洁范围：除菌、除臭、烘干……越小的细节她越认真对待。洗手间的干手机在使用后会产生很多细菌和很大的异味，必须要彻底清理干手机底下的排水沟，哪怕每个槽缝只有1 cm，她也绝不留下任何灰尘，因为那样会给过敏的人和儿童留下隐患。

工作中的春子异常较真，比如在小孩可能会碰到的地方绝不使用刺激试剂。因为她太能干了，所以被换到了技术监督管理岗位，负责培训机场700名清扫工队伍，有时候也会应邀去解决公共设施或家庭的顽固污迹，因此成了日本家喻户晓的保洁明星。

她的成就得到了广泛认可，NHK电视台的《PROFESSIONAL工作流派》为她做了专辑；当红综艺节目《全世界最想上的课》邀请她做开课嘉宾；日本主流新闻节目《NEWS SERO》采访了她；出席演讲会，她亲自演示打扫技巧，参与开发清洁用品；出书，并成为畅销书作家。

最让春子感到欣慰的是，因为自己用心工作，越来越多人甚至专程跑到机场跟她说：“您辛苦了。”NHK电视台的节目在采访春子时，这样评论她的工作：清扫工也是“职人”。从事技能工作的人在日本统称“职人”，如厨师、美容师、工匠等，社会地位未必高，但各行都是“金字塔”体制，顶端受社会尊敬，出类拔萃者还可能被日本政府指定为“国宝”。春子不觉得自己做的事情有多么了不起，她认为：“我只是把这里当成自己的家，所以要好好招待客人，用尽心思，为了让这里的人感受到理所当然的日常环境，拼尽全力。”

案例二　新中国石油战线的“铁人”王进喜

王进喜是黑龙江省大庆油田的石油工人，是我国石油工人的杰出代表。因用自己身体制伏井喷而家喻户晓，被誉为“铁人”。他的事迹和精神在新中国建设史上具有重要影响。新中国成立初期，我国石油产量不足(1949年全年仅12万t)，被称为“贫油国”，主要依赖苏联和东欧进口。当时虽然有玉门油田和稍后的克拉玛依油田，但产量远低于国家建设需要，国家对于石油的需要非常迫切。

1959年，王进喜作为石油战线的劳动模范到北京参加群英会，看到大街上的公共汽车没有汽油，烧的是煤气，车顶上背个大煤气包。王进喜后来说：“北京汽车上的煤气包把我压醒了，真真切切地感到国家的压力、民族的压力，呼地一下子都落到了自己肩上。”他曾多次向工友们说：“一个人没有血液，心脏就停止跳动。工业没有石油，天上飞的，地上跑的，海上行的，都要瘫痪。没有石油，国家有压力，我们要自觉地替国家承担这个压力，这是我们石油工人的责任啊。”

1960年发现了大庆油田，当时的开采条件和生活条件非常艰苦，王进喜说：“咱们一刻也不能等，就是人拉肩扛也要把钻机运到井场。有条件要上，没有条件创造条件也要上。”“宁可少活二十年，拼命也要拿下大油田。”“这困难，那困难，国家缺油是最大困难；这矛盾，那矛盾，国家建设等油用是最主要矛盾。”靠人拉肩扛运、破冰取水，仅用五天零四个小时就钻完了大庆油田的第一口生产井。一次严重井喷，由于没有压井的重晶石，只能用水泥替代，为搅拌水泥，当时受伤的王进喜扔掉抖落拐杖，跳进泥浆池用身体搅拌水泥。井喷终于被制服，可是王进喜累得站不起来了。房东大娘心疼地说：“王队长你可真是铁人啊!”“铁人”的名字就是这样传开的。在第一次油田技术座谈会上，时任石油工业部部长余秋里号召4万会战职工“学铁人、做铁人，为会战立功，高速度、高水平拿下大油田”。1960年4月29日，“五一”万人誓师大会上，王进喜成为大会战树立的第一个典型，也是大会战的一面旗帜。号召一出，群情振奋，迅速掀起了“学铁人、做铁人，为会战立功”的热潮。1960年，王进喜带领1205钻井队连续创出了月“四开四完”“五开五完”的好成绩，到年底，共打井19口，完成进尺21 258 m，接连创造了6项高纪录的石油大会战很快取得了显著成果。1960年6月1日，大庆油田首车原油外运。1960年年底，大庆油田生产原油97万t。

王进喜为我国的石油事业日夜操劳，终致身心交瘁，积劳成疾，于1970年患胃癌病逝，年仅47岁。

王进喜留下的“铁人精神”和“大庆经验”，成为我国进行社会主义建设的宝贵财富，激励了一代代的石油工人。“铁人”不仅是工人阶级的先锋战士、共产党人的楷模，更是为国家分忧解难、为民族争光争气、顶天立地的人民英雄。

2009 年 9 月 10 日，王进喜在中央宣传部、中央组织部、中央统战部、中央文献研究室、中央党史研究室、民政部、人力资源社会保障部、全国总工会、共青团中央、全国妇联、中国人民解放军总政治部等 11 个部门联合组织开展的“100 位新中国成立以来感动中国人物”评选活动中被授予该荣誉称号；2019 年 9 月 25 日，为庆祝新中国成立 70 周年，表彰在社会主义建设、改革和发展中做出突出贡献的先进模范人物，王进喜被中共中央宣传部、中央组织部等九部门联合授予“最美奋斗者”荣誉称号。

第七讲　科学精神与科技赋能

第一节　科学精神和科技赋能的内涵

一、科学精神的内涵

科学精神是指科学实现其社会文化职能的重要形式，也是科学文化的主要内容之一。它涵盖了自然科学发展所形成的优良传统、认知方式、行为规范和价值取向。具体来说，科学精神包括以下方面。

（一）理性与实证性

科学精神强调通过理性的思维和实证的方法来认识世界，即尊重客观世界发展变化的规律，这是科学研究的前提，也是科学精神产生的前提条件。科学研究的对象包括自然界、人类社会及思维，它认为科学认识来源于实践，实践是检验科学认识真理性的标准和认识发展的动力。科学认知源于实践，科学结论的验证也源于实践，这就是科学精神的理性与实证性。工匠精神与科学精神具有相通性，工匠精神是工匠在生产实践过程中产生的，工匠的成长、工匠精神的培养也必须基于尊重客观规律，长期静心坚守，秉持一丝不苟的严谨态度。

（二）探索与创新

科学精神鼓励人们不断探索新的领域，勇于创新，不满足于现有的知识和理论。工匠精神是不满足于现有程度或成就，不断向更高的高度攀登。工匠精神与科学精神都是不断发展的开放体系。

（三）平等与宽容

科学精神主张在真理面前一律平等，基于对客观规律的共同认识和事物内部本质属性的把握。它鼓励科学家之间的自由交流和合作，共同推动科学的进步。工匠精神也具有这一特性。工匠在客观事物面前、在生产流程面前较常人把握了更深层的规律并投入了大量的精力，用自己的技能与加工对象进行交流，使劳动成果富含精神韵味。

（四）坚持与勇敢

科学精神具有真理性，决定了它具有较为广泛的普遍性，不怕困难、敢于坚持、挑战权威、服务于人是科学精神最宝贵也最为本质的的品质。工匠精神也饱含工匠的科学精神，静心坚守、不畏艰辛、追求卓越的勇敢与坚持，构成了工匠的优秀人格特质。

科学精神是一种追求真理、探索未知、勇于创新、理性实证、平权宽容、坚持勇敢的精神状态。它是推动自然科学和社会科学不断进步的重要动力，也是人类文化的重要组成部分。科学精神在工匠精神中扮演着重要角色，它不仅是工匠追求卓越、精益求精的基石，也是推动技艺创新、持续发展的动力源泉。

二、科技赋能的内涵

科技赋能，顾名思义，是指通过科技手段和技术创新，为传统行业或领域注入新的活力和动力，提升其核心竞争力。在工匠精神的培养中，科技赋能意味着将现代科技知识与传统手工艺相结合，通过技术创新和工艺改进，实现产品质量和工艺效率的提升。随着科技的快速发展，越来越多的新技术、新材料、新工艺被引入传统的手工艺和制造业中，极大地提升了产品的质量和生产效率。科技赋能不仅是对传统工艺的革新，更是对工匠精神的传承和发扬。现在主要是通过人工智能技术，制作各种数据大模型和三维全景虚拟现实，实现知识和技术跨领域的相互融合和相互作用，将事物发展的内在规律以显性的方式展现出来，将过去需要大量时间进行认知感悟的过程简明扼要地展示出来，非常形象、直观和立体，便于在工匠培养过程中进行效仿，缩短了工匠精神培育的认知感悟过程，有利于提高工匠精神培养效率。

科技赋能的内涵包括以下方面。

（一）技术创新

科技赋能的核心是技术创新。通过引进新技术、新设备、新工艺，对传统手工艺进行改造升级，提高产品的技术含量和附加值。同时，技术创新还为工匠提供更多的创作灵感和实现手段，促进工匠精神的发挥。

（二）智能化生产

随着人工智能、物联网等技术的不断发展，智能化生产已经成为现代制造业的重要趋势。科技赋能通过智能化生产实现生产过程的自动化、数字化和智能化，提高生产效率和产品质量，利用人工智能技术，在常规和线性工作方面取代一部分人的劳动，客观上减轻工匠的劳动强度，让他们有更多的时间和精力专注于工艺创新和品质提升。

（三）精细化管理

科技赋能推动企业实现精细化管理。通过引入先进的管理系统和技术手段，实现对生产过程的实时监控和数据分析，及时发现和解决问题，提高管理效率和生产效益。同时，精细化管理还能为工匠提供更加科学、规范的指导和支持，促进工匠精神的传承和发展。

（四）跨界融合

科技赋能促进不同行业之间的跨界融合。通过引入新技术、新思维和新模式，打破传统行业的界限和壁垒，实现不同行业之间的资源共享和优势互补。这种跨界融合不仅为工匠提供了更多的创作素材和灵感来源，还可推动了工匠精神的创新和发展。从纵向上看，科技赋能还实现了本行业的跨时空性，运用数据大模型及三维全景虚拟现实，行业的发展历程、工匠的艰苦努力以及工作原理都能够呈现出来，使学习者产生身临其境的效果。

科技赋能是现代工匠精神培养中不可或缺的一部分。通过技术创新、智能化生产、精细化管理和跨界融合等手段，为传统手工艺和制造业注入新的活力和动力，提升其核心竞争力和品牌价值。同时，科技赋能通过促进工匠精神的传承和发展，让更多的人了解和认识到工匠精神的重要性和价值。

第二节　科学精神在实践中的具体体现

一、理性分析与精准把握

工匠在从事技艺工作时，需要运用科学精神中的理性思维来进行分析和判断。他们会对技艺的每一个环节进行深入研究，理解其背后的科学原理，从而精准把握技艺的要点和难点。这种理性分析的能力使工匠在技艺上不断精进，追求更高的技艺水平。

在科学实践中，工匠对于技艺的追求没有停留在表面的熟练与模仿，他们更注重运用科学精神中的理性分析与精准把握，不断提升技艺水平。

（一）理性分析是工匠技艺精进的基础

当工匠面对一个技艺项目时，他们不会急于动手，而是先进行深入的分析。他们会仔细研究项目的需求和目标，了解所使用的材料和工具的特性，以及可能遇到的挑战和问题。通过逻辑思维和推理能力，找出问题的关键所在，并制定出科学合理的解决方案。

在理性分析的过程中，工匠还会运用科学知识和原理来指导自己的实践。通过查阅相关的技术资料，了解最新的研究成果和工艺进展，学习和借鉴前人的经验，从而站在更高的起点上，避免重复劳动和走弯路。

（二）精准把握是工匠技艺水平提升的关键

在技艺实践中，工匠注重细节，追求精益求精。他们会通过精确的测量和观察，确保每个步骤都符合设计要求和技术规范。对于关键的操作和参数，他们会进行反复的试验和调整，以找到最佳的解决方案。

精准把握不仅体现在对技艺细节的把握上，还体现在对整个工艺流程的控制上。工匠会对整个项目进行全面的规划和组织，确保各个环节之间的衔接和配合。通过合理安排时间和资源，确保项目能够按时按质完成。

通过理性分析与精准把握，工匠能够在技艺实践中不断提升自己的水平。他们在面对复杂的技艺问题时能够保持冷静和理性，通过科学的方法找到解决方案。通过在实践中不断积累经验，形成自己独特的技艺风格和特色。

同时，理性分析与精准把握也为工匠的技艺传承和创新提供了有力支持。通过科学的方法对技艺进行深入研究和精准把握，工匠能够将自己的技艺和经验传承给后人。他们还通过不断探索新的技艺领域，推动技艺的创新与发展。

综上，理性分析与精准把握是工匠在实践中体现科学精神的重要方面，有助于工匠提升技艺水平，促进技艺的传承与创新，并为技艺的发展注入源源不断的动力。

二、实证精神与精细操作

实证精神与精细操作是既科学研究、学术探索及专业实践中相辅相成的重要理念和方法论，也是生产劳动、产品加工领域的基本原则，二者共同推动着工匠对客观规律的认知深化和实际问题的精准解决。我国哲学特别是道家哲学倡导道法自然、天人合一，也就是充分尊重自然规律。工匠的实证精神在本质上就是以自然规律的客观性来验证作品，有些大师级的作品出神入化，是因为作品本身的形态已经远远超出了应用范畴，而渗透出天人合一的神韵，既符合器物的实用性要求，也符合人们审美标准。因而实证精神并不局限于客观上的逻辑论证，也包括基于人对世界认知的哲学论证。精细操作是指在以精准性为导向的实践准则下，在实践中追求流程标准化、参数精确化、执行精细化，确保每个环节的可控性与可重复性。精细操作的自动化是工匠经过长期细致的工作与训练，形成了精准的动力模式、肌肉记忆主导的动力定型。

工匠注重实证验证，他们会通过实验和观察来验证技艺的可行性和效果。在技艺的实践中，通过精细的操作，确保每一个步骤都符合科学原理和规范。这种实证精神使工匠能够在技艺上不断探索和进步，形成独特的技艺风格。

（一）工匠具备强烈的实证精神

实践是检验真理的唯一标准。在进行技艺实践时，工匠不会盲目地相信传统经验或理论，而是亲自动手进行尝试和验证。这种实证精神促使他们在技艺上不断探索和进步，从而发现新的技艺方法和技巧。

在实证过程中，工匠会记录每一个实验和观察的结果，并对数据进行仔细分析和比对。他们通过对比不同条件下的实验结果，找出影响技艺效果的关键因素，并据此进行技艺的改进和优化。这种严谨的实验方法和数据分析能力，使他们能够准确地把握技艺的规律和趋势，为技艺的传承和发展提供有力支持。

（二）工匠在技艺实践中注重精细操作

技艺的精湛程度往往取决于操作的精细程度。在进行技艺实践时，工匠会对工具和材料进行精心挑选和准备，确保它们的质量和性能符合技艺的要求。同时，他们还会对每个步骤进行仔细琢磨和反复练习，以确保操作的准确性和稳定性。

在精细操作的过程中，工匠会注重细节和精益求精。通过不断挑战自己的技艺极限，追求更高的技艺水平。通过精细操作，将自己的技艺发挥到极致，形成独特的技艺风格和特色。这种精细操作的能力体现了他们技艺的精湛和出色，也为技艺的传承和发展注入了新的活力。

综上，实证精神与精细操作不仅体现了工匠对技艺的严谨态度和追求，也是科学精神在技艺领域的具体体现。通过实证验证与精细操作，工匠在技艺上不断探索和进步，形成独特的技艺风格和特色，为技艺的传承和发展贡献自己的力量。

三、客观态度与严格标准

工匠在从事技艺工作时，始终保持客观的态度，不受主观情感和偏见的影响。他们会以客观的标准来评价技艺的优劣和成果的好坏，不断追求技艺的提高和完善。这种客观态度使工匠在技艺上保持清醒的头脑，不断挑战自我，追求卓越。

在现代社会，工匠精神不仅仅是对技艺的追求，更是一种生活态度、一种职业信仰。工匠在实践中会保持客观态度，并设定严格标准，以确保技艺的传承。

（一）客观态度

客观态度是指工匠在面对技艺、材料和创作过程时，始终保持中立、无偏见的态度。这种态度要求工匠不被个人情感、经验或他人的评价所左右，而是基于技艺本身和事实进行评判和决策。

客观态度的重要性在于，它确保了技艺的纯粹性和真实性。在技艺传承和创新的道路上，保持客观才能看清技艺的本质，发现其中的不足，进而改进和提高。同时，客观态度也是工匠自我修养的体现，它让工匠在技艺面前保持敬畏之心，不断追求技艺的极致。

客观态度的培养体现在以下方面：

（1）学习与实践相结合。工匠需要不断学习新的知识和技能，并应用到实践中，逐渐培养对技艺的深刻理解和客观评价能力。

（2）接受批评与建议。工匠应该具备开放的心态，接受来自他人的批评和建议。这些批评和建议可以帮助工匠发现自身的不足，从而改进和提高。

（3）保持冷静与理性。在面对技艺和创作过程中出现的问题时，工匠需要保持冷静和理性，基于事实和逻辑进行分析和判断，而不是被情绪所左右。

（二）严格标准

严格标准是指工匠在技艺创作和传承过程中，所遵循的一系列规范和准则。这些标准不仅涵盖了技艺的各个方面，还包括对材料、工具、环境等要素的要求。

（1）制定标准。工匠要根据技艺的特点和要求，制定出科学合理的标准。这些标准应该具有可衡量性、可操作性和可持续性，以确保技艺的传承和发展。

（2）执行标准。在制定好标准之后，工匠要严格执行这些标准，并在创作和传承过程中不断检查自己的作品和行为是否符合标准。

（3）持续改进。工匠还要根据实践经验和市场需求的变化，对标准进行持续改进和完善。这种持续改进的精神是工匠精神的重要组成部分，也是工匠技艺能够不断发展和创新的关键所在。

（三）客观态度与严格标准的关系

客观态度与严格标准是相辅相成的。客观态度为工匠提供了清晰的认识和准确的判断，使他们能够制定出科学合理的标准；而严格标准则是工匠客观态度的体现和保障，确保他们在技艺传承过程中始终保持高度的专注和严谨。这种相互促进的关系使工匠在技艺上不断追求卓越和创新，为现代社会注入更多的活力和创造力。

四、创新精神与创业精神

创新精神鼓励人们不断探索新的领域和方法，勇于挑战传统观念和权威。具体表现为工匠在技艺上的持续改进和创新，不断尝试新的技术、新的材料和新的方法，以推动技艺的进步和发展。同时，注重将科技成果转化为实际应用，为技艺的发展注入新的活力。对于工匠来说，创新精神和创业精神是相辅相成的。创新精神为工匠提供了源源不断的创新动力，而创业精神则将这种创新成果转化为实际应用。这种融合使工匠在技艺传承与发展中展现出强大的生命力和创造力。

青年学生也可以将创新精神和创业精神相结合。在学习过程中，不断尝试新的方法和技术，挖掘自己的创造潜能；关注实际应用场景，思考将所学知识转化为实际应用。这样，他们不仅会在学术上取得优异成绩，还会在未来的职业生涯中展现出强大的竞争力。创新精神与创业精神这两种精神不仅是工匠精神的灵魂，也是推动社会进步和个人发展的关键因素。其中，创业精神在工匠精神中的重要性体现在以下方面：

（1） 技艺传承与转化的桥梁。在工匠精神中，创业精神是技艺传承与转化的桥梁。工匠掌握着精湛的技艺，要将这些技艺转化为实际的产品或服务，为社会创造价值。创业精神使工匠不满足于技艺的传承，积极寻找市场机会，将技艺与市场需求相结合，推动技艺的创新与发展。

（2）推动个人与社会的进步。创业精神鼓励工匠勇于冒险、敢于尝试，不断追求自己的梦想和目标。这种精神不仅推动了工匠个人的成长和成功，也带动了社会的进步和发展。通过创业，工匠将自己的创新成果转化为实际应用，为社会创造更多的就业机会和经济价值，进而推动社会的繁荣和发展。

（3）培养综合能力与素质。创业精神的培养过程也是工匠综合能力和素质提升的过程。在创业过程中，他们要不断学习新知识、掌握新技能，以适应不断变化的市场环境；还要具备良好的团队协作能力、领导力和风险意识等综合素质，以应对创业过程中的各种挑战和困难。这些能力的培养和提升，不仅为他们未来的职业生涯打下了坚实的基础，也有助于他们在创业道路上的成功。

（4）塑造独特的工匠文化创业精神还有助于塑造独特的工匠文化。对于工匠来说，创业精神表现为对技艺的热爱与追求，对创新的执着与坚持。这种精神激励着他们不断追求技艺的精湛与完美，也促进了工匠文化的传承与发展。工匠通过创业，让更多的人了解工匠文化，推动工匠文化的繁荣和发展。

综上所述，创新精神和创业精神在工匠精神中具有重要的作用。它们是技艺传承与转化的桥梁，有助于培养工匠的综合能力和素质，塑造独特的工匠文化，推动个人和社会的进步。

五、团队合作与知识共享

科学精神强调团队合作和知识共享的重要性。工匠也注重与同行、科学家等各界人士的合作与交流，通过分享经验、交流技艺、共同研究等方式，不断推动技艺的发展和进步。这种团队合作和知识共享的精神使工匠在技艺上不断突破自我，实现更高的成就。

团队合作与知识共享体现了工匠之间的互助与协作，更展现了一种开放、包容、共享的文化氛围，为其技艺的发展和进步注入了源源不断的动力。

（一）团队合作的重要性

在工匠精神中，团队合作的重要性不言而喻。一个人的力量是有限的，而团队的力量则是无穷的。通过团队合作，工匠们可以汇聚各自的专业知识和技能，形成强大的合力，共同面对和解决技艺发展中的难题。

团队合作能够带来以下优势：

（1）集思广益。团队成员来自不同的领域和背景，他们拥有独特的见解和经验。通过团队合作，可以汇聚这些智慧，形成更加全面、深入的解决方案。

（2）分工协作。团队成员可以根据各自的专业特长进行分工，负责一部分任务。这样不仅可以提高工作效率，还能确保每个环节都得到专业的处理。

（3）互相支持。在团队合作中，成员之间互相鼓励、互相支持，这种积极的氛围能够激发工匠们的创造力和潜能，推动技艺的发展。

（二）知识共享的意义

知识共享是团队合作的重要基础。在工匠精神的传承中，工匠非常注重知识的传承和分享。他们通过口头传授、书面记录、现场演示等方式，将自己的技艺和经验传授给下一代工匠。同时，他们也积极向同行、科学家等各界人士学习，吸收新的知识和技术。

知识共享的意义在于：

（1）传承技艺。工匠通过知识共享，将自己的技艺和经验传承给下一代工匠，确保了技艺的延续性，并为技艺的发展提供源源不断的人才支持。

（2）拓宽视野。通过向同行、科学家等各界人士学习，工匠拓宽自己的视野，了解最新的科技动态和行业趋势，这有助于他们在技艺上不断创新和突破。

（3）推动创新。知识共享能够促进不同领域之间的交流和融合，从而产生新的思想和创意。这些创意可以为技艺的发展提供新的方向和动力。

（三）团队合作与知识共享的实践

许多工匠和企业都意识到了团队合作和知识共享的重要性，并积极推动相关工作的开展。例如，一些工匠协会和工坊会定期组织交流活动，让工匠们有机会互相学习和交流。一些企业也建立了知识共享平台，鼓励员工分享自己的经验和知识。这些举措不仅促进了技艺的发展和进步，还为企业带来了更多的创新成果和经济效益。

综上，团队合作与知识共享是现代工匠精神的重要推动力。通过团队合作，工匠们可以汇聚智慧和力量，共同面对和解决技艺发展中的难题；通过知识共享，工匠们可以传承技艺、拓宽视野、推动创新。

案例一　罗阳——中国歼击机设计专家

2011 年，罗阳被评为海军“优秀共产党员”，他所在的沈阳飞机工业（集团）有限公司是中国重要的歼击机研制生产基地，他本人也是飞机设计专家。2012 年 11 月 25 日上午，随中国首艘航母辽宁舰参与舰载机起降训练的罗阳，在大连执行任务时突发急性心肌梗死、心源性猝死，经抢救无效，于 12 时 48 分在工作岗位上殉职。

罗阳 1982 年毕业于北京航空航天大学高空设计专业。他担任中航工业沈飞董事长、总经理的 5 年，是沈飞新型号飞机任务最多、最重的 5 年。罗阳善于解决问题，采取多种措施推动研制进度，创造了新机研制提前 18 天总装下线，从设计发图到成功首飞仅用 10 个半月的奇迹。

2012 年 1 月，罗阳担任中国第一艘航空母舰舰载机歼-15 研制现场总指挥。没有经验，也没有现成的关键技术可以借鉴，航空制造大国对技术的封锁，迫使航空人只有自主创新一条路可以走。

在航母上，罗阳坚持亲力亲为，与科研人员一起整理试验数据，观看每次起降过程，记录和分析飞机状态，出现身体不适也没有中途下舰，甚至都没有找医护人员检查。难度高，任务重，时间短。重重考验摆在罗阳面前，可是他就有这么一股不服输、不懈怠的劲头。他曾说，外国人能干成的事情，中国人同样能干成，而且还能干得更好。在生命的最后一个月里，他不知疲倦，劳心劳力，直至生命的最后一刻。

案例二　擦亮高端装备新名片

讲述人：中国铁建重工集团股份有限公司正高级工程师　张帅坤

2008 年大学毕业后，我进入盾构机行业，从事设备的使用和监管工作。当时国内施工所用的盾构机全部依靠进口，成本昂贵且存在“水土不服”

现象，带来巨大的安全风险以及不可预估的经济损失。

张帅坤在车间查看生产情况

“必须做中国人自己的盾构机！”这样的信念在我心里生根发芽。2010年，我加入了中国铁建重工集团股份有限公司。从此，我和团队一起从零开始，边摸索边学习，走上了自主研发盾构机之路。

2016 年 9 月 29 日，我和团队研发的国产首台高铁大直径盾构机“望京号”、国产首台铁路双线超大直径盾构机“中原一号”同时下线，结束了大直径盾构机施工领域“洋盾构”的垄断局面。“望京号”开挖直径 10. 87 m，用于京沈客专京冀段望京隧道施工，连续掘进 3 168 m，下穿重要建筑物时地面沉降仅 0. 68 mm，达到世界领先水平。“中原一号”开挖直径 12. 81 m，用于豫机城际铁路施工，仓内机器人、开挖仓气压掘进新技术的应用，确保设备一次性连续高效掘进 3 800 m，有效解决了一系列难题。

此后，经过多年努力，我们的研究成果有效推动超大直径盾构机零部件国产化率从最初的 60%左右上升到目前的 90%以上，并带动上下游企业累计实现配套产值 50 亿元以上。这些年，我们团队研制的国产盾构机不但占据了国内 40%的市场份额，还出口到新加坡、韩国等国家。

今后，我和团队将继续瞄准世界科技前沿和国家重大需求，致力于填补行业空白，攻破关键科学技术难题，在世界舞台上擦亮更多中国高端装备新名片。

案例三　林俊德——中国工程院院士、爆炸力学与核试验工程专家

林俊德入伍 52 年，参加了中国全部核试验任务，为国防科技和武器装备发展倾尽心血，在癌症晚期，仍以超常的意志工作到生命的最后一刻。

林俊德的中学和大学都是靠政府助学金完成的。大学毕业后，他被分配从事核试验研究。由于核爆炸具有极大的破坏性，测量仪器研制一直存在很大难度。林俊德根据当时的实际情况，独立创新制作了钟表式压力自记仪，为测量核爆炸冲击波参数提供了完整可靠的数据。在之后40多年的科研旅途中，他先后获得30多项科技成果。

2012年5月4日，他被确诊为胆管癌晚期。为了不影响工作，他拒绝手术和化疗。5月26日，因病情突然恶化，他被送进重症监护室。醒来后，他强烈要求转回普通病房，他说："我是搞核试验的，一不怕苦，二不怕死，现在最需要的是时间。"

林俊德住院期间，整理移交了一生积累的全部科研试验技术资料，多次打电话到实验室指导科研工作。5月31日上午，已极度虚弱的林俊德，先后9次向家人和医护人员提出要下床工作。于是，病房中便出现了震撼人心的一幕：病危的林俊德，在众人的搀扶下，向数步之外的办公桌，开始了一生最艰难也是最后的冲锋……5小时后，心电仪上波动的生命曲线从屏幕上永远地消失了。这位军人，完成了生命中最后的冲锋。

临终前，林俊德交代：把我埋在马兰。马兰，一种在"死亡之海"罗布泊大漠中仍能扎根绽放的野花。坐落在那里的中国核试验基地，就是以这种野花来命名的。

案例四　第一位获得诺贝尔奖的中国本土科学家——屠呦呦

屠呦呦是我国著名药学家，现任中国中医科学院首席研究员，因发现抗疟疾药物青蒿素并成功提取而享誉全球，是首位获得诺贝尔生理学或医学奖的中国科学家。

20世纪60年代，越南战争期间疟疾肆虐，传统抗疟药氯喹失效。1967年，我国启动代号"523"的紧急科研项目，旨在研发新型抗疟药物。1969年1月，屠呦呦加入该项目组接受了国家523抗疟药物研究的艰巨任务，并被任命为中药抗疟科研组组长，开始了抗疟药的研制。

屠呦呦和她的团队筛选了2 000余个中草药方，整理出640种抗疟药方集。他们以鼠疟原虫为模型检测了200多种中草药方和380多个中草药提取物。这其中，青蒿引起了屠呦呦的注意，它能有效抑制寄生虫在动物体内的生长，但疗效却不持续。为了找到答案，屠呦呦又一头扎进了文献堆。在东晋葛洪《肘后备急方》中记载"青蒿一握，以水两升渍，绞取汁，尽服之，治疗寒热诸疟"的启示下，屠呦呦创建了低沸点溶剂提取的方法，1971年10月4日获得了对鼠疟原虫抑制率达100%的青蒿乙醚提取物，这是青蒿素发现最为关键的一步。

为了保证患者的用药安全，1972 年屠呦呦与课题组的两位同志不顾安危亲自试服该提取物，证明了其安全性。当年在海南昌江县疟区临床试用于间日疟 11 例，恶性疟 9 例，混合感染 1 例，共 21 例病人，结果用药后 40℃高烧很快降至正常，血疟原虫被大幅度杀灭到转阴，药效明显优于氯喹，高效低毒，尤其对恶性疟疾有效。以上结果在 523 内部会议上报告，开创了中药抗疟药物发现之先河，并促进了全国对青蒿提取物的抗疟研究。

20 世纪 80 年代，青蒿素的研究成果通过国际学术会议公开，引起世界关注。世界卫生组织（WHO）于 2005 年将青蒿素联合疗法列为抗疟一线方案，拯救全球数百万人生命。

青蒿素发现是“523 项目”的集体成果，而屠呦呦的低温提取法和以身试药被认为是关键突破，国际科学界认可她的主导作用。2011 年，屠呦呦获拉斯克临床医学研究奖；2015 年，屠呦呦与威廉·坎贝尔、大村智共获诺贝尔生理学或医学奖，以表彰她在寄生虫疾病治疗领域的突出贡献。

屠呦呦的工作不仅改写了疟疾治疗史，更展现了中医药的现代科学价值。她的故事激励着全球科研工作者。青蒿素研究推动了我国中医药的国际化进程，成为中西医结合的典范。

第八讲　专业意识与专业人士

谈到“专业意识”，并不是人人都了解的。我们要把职业看成一门专业，员工是一种专业人才，就像律师、医生、工程师一样，是受过专业训练的人。他们从事的工作究竟是一项职业还是一项专业？从理论上讲似乎容易明白：“职业”的本质在于“重复”某一个行业的基本操作行为，并不需要过多的心智劳动；而“专业”的本质在于不断改进、完善和创造。“职业”与“专业”的关系可以说“职业”是“专业”的载体，没有离开“职业”的“专业”；“专业”是“职业”的内涵，决定了“职业”的高度和广度，同样不可能存在没有“专业”的“职业”，二者是互为表里的相互依存关系。因此，“专业”是一种创造性劳动，需要专业技巧、专业理论和专业精神。而实际情况是员工往往把自己的劳动自觉或不自觉地变成一种机械重复的劳动。其原因是复杂的，但最主要的可能是员工缺乏“专业意识”或者“专业素养”。员工无法养成“专业意识”还有一个更重要的原因，就是外部的干扰。

澳大利亚学者凯米斯从员工自主角度提出“专门职业”有 3 个显著性：①其成员采用的方法与程序，有系统的理论知识和研究作为支持；②其成员以顾客的利益为压倒一切的任务；③其成员不受专业外势力的控制和限定，有权做出“自主的”职业判断。

如何增强员工的“专业意识”？本书认为，专业意识来源于专业素养、专业能力。

第一节　专业意识的内涵与核心要素

首先要进一步厘清职业、专业、专业意识三者的关系与区别。职业是社会分工的一个岗位或门类，如教师、军人、医生、机械工人等等，这是形式，其内容是专业，如服务的对象、服务的环节、服务的流程、服务的产品、服务的质量以及对服务质量的评价等，二者互为表里。专业意识是指从事专业活动的人对于专业的领会与实施能力。职业、专业以及从事专业的人员缺一不可，三者在生产实践活动中统一起来，从而体现三者整体及各自的价值。这是一个在动态发展变化中相互依存、相互促进、共同提高的过程。

就工匠而言，如果说职业是载体、是基础，那么专业意识是指工匠个体对特定专业领域的认识、理解、追求及自我要求，是工匠精神实践的基础，是对工匠行为的规范及要求，进而可以衍生为工匠前进的强大动力，即工匠精神。在现代社会，专业意识不仅是个人职业发展的基础，更是推动社会进步的重要动力。深入探讨专业意识的内涵与核心要素，对于培养高素质的专业人才、推动社会的和谐发展具有重要意义。

一、专业意识的内涵

（一）专业意识的基本概念

专业意识是指个体在从事某一专业领域时，对该领域的知识、技能、价值观等方面所持有的自觉认知与追求。它涵盖了个体对自己所从事专业的认识、理解、尊重以及不断追求卓越的精神。专业意识的形成是一个长期的过程，需要个体在实践中不断积累经验、反思总结，并逐步形成独特的专业视角和思维方式。专业意识离不开专业实践，专业意识只有通过专业实践活动才能提高，最终达到工匠标准。例如，一个熟练的印染工人能够用肉眼分辨出 40 多种黑色；一个专业的乒乓球运动员能够通过球拍击打，感知 1%的乒乓球重量的变化。专业人员在专业意识的支撑下，有远高于常人的专业敏感度，也就是感知、判断和解决问题的能力。我国古代《扁鹊见蔡桓公》的故事就反映了名医扁鹊的高度专业意识。

（二）专业意识在工匠精神中的体现

工匠精神是一种追求卓越、精益求精的精神品质，它强调对技艺的热爱、对工作的敬业以及不断创新的精神。专业意识是工匠精神的基石，它为工匠精神提供了深厚的理论基础和实践指导。具有专业意识的工匠能够深刻理解自己的工作内容和职责，以高度的责任感和使命感投入工作中，不断追求技艺的精进。同时，他们能够保持敏锐的洞察力和创新精神，不断发现问题、解决问题，推动工作的持续改进和升级。工匠精神是专业意识的升华，工匠只有不断地把专业意识用于专业实践中，去指导专业实践和自我检验，专业意识才会在实践中获得发展，进而上升为工匠精神，体现专业意识的价值。

二、专业意识的核心要素

（一）专注与深入的探索精神

专注是专业意识的首要要素。在专业领域，个体需要全身心地投入到学习和实践中，保持高度的专注力和耐心。通过长期的深入探索，积累丰富的经验和知识，形成对专业的深刻理解和独到见解。这种专注与深入探索精神是专业意识的核心体现，也是个人在专业领域不断成长的关键。

（二）精准与细致的工作态度

精准与细致是专业意识的又一重要因素。在工作中，个体要注重细节、追求精确，以严谨的态度对待每一个工作环节。这种工作态度有助于提高个体的工作效率和质量，培养其耐心和毅力。同时，精准与细致的工作态度也是个人专业形象的重要体现，能够赢得他人的信任和尊重。

（三）创新与超越的职业追求

创新与超越是专业意识的最高境界。在专业领域，个体需要不断追求创新和突破，勇于挑战传统观念和既有成果。创新与超越的职业追求能够激发个体的潜能和创造力，实现个人价值的最大化。同时，通过不断创新和超越，推动个人在专业领域的进步和发展，为社会的进步做出贡献。

三、专业意识与现代社会的关联

（一）社会发展对专业意识的需求

专业是社会分工的产物。随着社会生产力的不断发展，专业分工会越来越细，专业之间的联系也会越来越紧密。专业承担的主体是代表社会需要的人，他们的专业意识就是社会对专业的要求在个体身上的反映。因而，从本质上讲，人们的专业意识是社会意识的个体体现，通过个体落实在专业的生产劳动过程中，产出满足社会需要的劳动产品。专业意识事实上代表的是社会对于专业生产的要求。如果从社会生产力的发展对专业意识的整体要求来看，它应包括专业内涵建设、专业目标建设、专业发展规律研究、专业发展趋势的预判、专业技术人员的培养培训等。随着现代社会的快速发展和科技的不断进步，各行各业对专业人才的需求日益旺盛。这些专业人才不仅要具备扎实的专业知识和技能，更要具备高度的专业意识。具备专业意识的个体能够深刻理解行业发展的规律和趋势，把握时代发展的脉搏，紧跟国家建设发展需要，为社会的进步和发展做出贡献。

现代社会的多元化和复杂化也对专业意识提出了更高的要求。在这个快速变化的时代，个体需要不断适应新的环境和挑战，在思想上、行动上与党中央保持高度一致，站在专业发展的前沿，保持敏锐的洞察力和创新精神，摆脱单纯的工具主义、技术至上的思想，在工匠精神中注入服从国家大局的情怀，做行业领军型工匠。这就需要个体具备更加全面和深入的专业意识，以应对各种复杂的问题和挑战。

此外，现代社会对专业人才的职业道德和素养也提出了更高的要求，不仅关注个体的技能和能力，更强调个体的道德品质和职业素养。具备高尚职业道德和良好职业素养的个体将赢得他人的信任和尊重。

（二）专业意识对个人职业发展的意义

专业意识对个人职业发展具有深远的影响。首先，专业意识能够提升个体的职业竞争力。在竞争激烈的职场中，具备专业意识的个体往往能够脱颖而出，获得更好的职业机会和发展空间。其次，专业意识能够促进个体的职业成长。通过不断学习和实践，个体能够提升自己的专业水平和能力，实现个人价值的最大化。最后，专业意识还能够增强个体的职业幸福感。当个体对自己的工作充满热爱和追求时，他们会更加投入地工作，享受工作带来的成就感和满足感。

第二节　专业人士的职业素养与行为规范

在现代社会，职业素养与行为规范是专业人士都应具备的核心要素。它们不仅是专业人士职业发展的基石，更是其在职场中取得信任、展现价值的重要保障。深入探讨专业人士的职业素养与行为规范，对于提升整个行业的水平、推动社会的进步具有重要意义。

一、专业人士的职业素养

（一）扎实的专业知识与技能

专业人士的首先要具备扎实的专业知识与技能，包括对所从事领域的基本理论、实践技能以及前沿动态的全面掌握。通过系统的学习和实践经验的积累，专业人士能够形成独特的专业视角和解决问题的能力，为行业的发展提供有力的支持。

（二）良好的职业道德与责任感

职业道德是专业人士不可或缺的品质。它要求专业人士在工作中保持诚实、公正、廉洁的态度，始终将公共利益放在首位。同时，专业人士还应具备强烈的责任感，对自己的工作负责、对客户负责、对社会负责。通过恪守职业道德和履行责任，赢得他人的信任和尊重，为行业的健康发展贡献力量。

（三）高效的沟通与协作能力

在现代社会，沟通与协作能力已成为专业人士必备的基本素养。专业人士要与不同背景、不同领域的人进行沟通和协作，以解决复杂的问题和应对挑战。通过提高沟通效率和加强团队协作，专业人士能够更好地发挥个人优势，实现资源共享和优势互补，推动工作的顺利开展。

二、专业人士行为规范的构建

（一）遵守行业规范与标准

行业规范与标准是各领域在长期实践中经过积累、总结、反思、反复检验形成的人员执行的行为准则与技术要求，具有权威性和专业性特质。它既是行业秩序的维护者，也是行业可持续发展的保障。遵守行业规范与标准也是遵守职业伦理的基本要求，更是专业人士实现自我价值、规避风险的核心意识与核心能力。专业人士在职业生涯中要严格遵守行业的法律法规、规章制度和道德规范，确保其行为符合行业的标准和要求，通过维护行业的秩序和形象，提升整个行业的水平。

（二）维护职业声誉与形象

专业人士的形象和声誉是其职业发展的重要资本。因此，专业人士应时刻保持高度的自律和谨慎，避免任何可能损害职业声誉和形象的行为。同时，还应积极参与行业交流和公益活动，提升自己的知名度和影响力，为行业的发展贡献自己的力量。此外，还要掌握同破坏职业声誉与形象的人与事做坚决的斗争的道德和法律武器，如打击假冒伪劣问题，在舆论上维护专业形象、争取多数人了解和支持自身专业问题。

（三）不断学习与提升自我

在现代社会，知识更新速度日新月异，专业人士需要保持持续学习的态度，不断提升自己的专业素养和综合能力。通过参加培训、阅读专业书籍、参与行业交流等方式，不断更新自己的知识库和技能库，适应行业的发展需求。同时，专业人士还应具备自我反思和持续改进的能力，不断挖掘自己的潜力和提升空间。一方面，在专业层面自我提升，如教师、医师、会计师、律师和编辑资格证书考试制度等科学划定了行业资格和专业标准。另一方面，在日常工作中，还应因时因地以问题为内容、以自我和周围人为导师，加强自主学习、自我挖潜，提升自我发展的空间。

三、专业人士在工匠精神中的引领作用

专业人士与工匠既有区别，又有联系。专业人士强调规范、严谨，工匠讲究灵活传神；专业人士突出理论，工匠突出技能；专业人士强调技艺的普遍性，工匠突出技艺的特殊性。这是他们的区别。而二者之间的联系体现为如果专业人士是一幅漂亮的织锦，那么工匠就是织锦上的锦上添花；如果专业人士是基础，那么工匠是在这一基础上的楼、台、庭、榭。总之，先得成为专业人士，之后才能成为工匠，进而培育出工匠精神。

（一）榜样示范与激励作用

专业人士发挥着重要的榜样示范和激励作用，他们凭借扎实的专业知识、精湛的技能和高尚的职业道德，成为行业的佼佼者和领军人物，在行业中具有权威性和公信力。工匠精神首先表现为专业精神。工匠的成功经验和职业精神能够激励更多的年轻人投身于专业学习和实践中，不断追求卓越。同时，专业人士的榜样作用还能够维护整个行业的良好风气，形成崇尚专业、尊重技能的良好氛围。

（二）推动行业创新与发展

专业人士不仅是行业的执行者和传承者，更是行业的创新者和引领者。他们站在专业的前沿，具备敏锐的洞察力和前瞻性思维，能够发现行业中的潜在问题和机遇，提出创新的解决方案和发展策略。通过推动技术创新、管理创新和服务创新等方式，专业人士能够引领行业的发展方向，推动整个行业的转型和升级。此外，他们还通过积极参与国际交流与合作，借鉴先进的经验和做法，提升行业的国际竞争力。

综上所述，专业人士的职业素养与行为规范是其职业生涯中不可或缺的重要组成部分。通过不断提升个人的专业素养和综合能力、遵守行业规范与标准、维护职业声誉与形象以及发挥榜样示范和引领作用等方式，专业人士能够不断提升自己在行业中的知名度和影响力，为行业的发展和社会的进步贡献自己的力量。

第三节　专业意识与专业人士协同发展

在当代社会，随着科技的快速发展和产业的不断升级，工匠精神得到了前所未有的重视和推崇。在工匠精神的引领下，专业意识与专业人士协同发展，对行业的进步和社会的发展具有深远意义。

一、专业意识在工匠实践中的体现

专业意识是现代工匠精神的重要组成部分，它在实践中具体表现为专注细节、追求卓越品质，深入钻研、推动技艺创新，以及长期积累、形成独特风格等方面。

（1）专注细节、追求卓越品质是专业意识在工匠实践中的基本体现。工匠深知，产品的品质往往取决于对细节的把控。因此，他们始终保持高度的专注力，对每个环节都进行精细化的操作和管理。这种对细节的极致追求，使他们能够不断提升产品的品质，满足客户的期望，赢得市场的认可。工匠的本职是以"造物"为核心，将技术、标准通过细节凝聚于器物之上，但不止于此，专业技术与专业标准已转化为他们头脑中专业意识的中枢，如同隐藏在榫卯结构中的精神轴线，既支撑着器物的物理形态，更赋予其文化与时代的灵魂。这就是工匠精神。从传统手工业到现代人工智能，专业意识在工匠身上体现为对技艺的极致追求、对责任的自觉担当，以及对行业文化的传承、对行业生态的深度思考与精神呈现。

（2）深入钻研、推动技艺创新是专业意识在工匠实践中的高级表现。工匠具备强烈的求知欲和创新精神，他们不断深入研究产品的制作工艺和市场需求，探索新的技术方法和设计理念。通过不断地尝试和改进，提升个人的技艺水平，并推动整个行业的技术创新和发展。

（3）长期积累、形成独特风格是专业意识在工匠实践中的最终体现。工匠通过长期的实践和积累，逐渐形成为自己独特的工作风格和技艺特色。这种独特的风格使得他们在行业中独树一帜，并吸引更多的客户和合作伙伴，为个人的职业发展和行业的进步奠定坚实的基础。

二、专业人士在工匠团队中的作用

专业人士作为工匠团队中的核心力量，其作用主要体现在引领团队发展方向、提升团队整体素质以及营造良好团队氛围等方面。

（1）专业人士能够引领团队的发展方向。他们具备丰富的专业知识和实践经验，能够准确把握行业的发展趋势和市场需求。在团队决策和规划过程中，他们通过提出有针对性的建议和方案，引导团队朝着正确的方向前进。

（2）专业人士能够提升团队的整体素质。他们通过分享自己的经验和技能，帮助团队成员提升个人的业务水平和综合能力。同时，他们还能够带领团队开展技术攻关和创新实践，推动团队的整体水平不断提升。

（3）专业人士还能够营造良好的团队氛围。他们具备高度的责任心和敬业精神，能够以身作则，为团队成员树立榜样。同时，他们还注重与团队成员的沟通和协作，建立和谐的工作关系，使整个团队能够形成合力，共同推动工作的顺利开展。

三、专业意识与专业人士相互促进、共同发展

在工匠精神的引领下，专业意识与专业人士是相互促进、共同发展的。一方面，专业意识能够激发专业人士的积极性和创新精神，推动他们在专业实践中不断提升个人的专业素养和技能水平；另一方面，专业人士在实践中不断磨砺自己的专业意识，使这种意识更加符合实际需求。

在协同发展的过程中，专业意识与专业人士相互支撑、相互补充。专业意识为专业人士提供了明确的方向和目标，使他们能够更加有针对性地开展工作和学习；而专业人士则通过自己的实践和探索，不断丰富和完善专业意识的内涵和外延。这种相互促进的关系促使个体在职业道路上不断前行、不断成长，并推动整个行业的进步和发展。

此外，专业意识与专业人士的协同发展还体现在跨领域合作和拓展发展空间方面。在现代社会，不同领域之间的交叉融合已成为常态，工匠精神的实践应用也不再局限于某一特定领域。专业人士可以凭借自己的专业素养和技能水平，与其他领域的专家和团队进行合作，共同推动相关技术的创新和应用。这种跨领域的合作不仅能够拓宽专业人士的发展空间，还能够促进不同领域之间的交流和融合，推动整个社会的创新和进步。

综上所述，专业意识与专业人士的协同发展不仅推动着个体的职业发展和技艺提升，还推动着团队的成长和行业的进步。因此，我们应该重视专业意识和专业人士的培养与发展，提供更多的实践机会和成长空间，让他们在现代工匠精神的引领下，不断追求卓越、创造价值，为社会的繁荣和进步做出更大的贡献。

第四节　培养和提升专业意识及专业素养的方法

在现代社会，专业意识与专业素养已经成为个人职业发展的核心要素，也是推动行业进步和社会发展的重要力量。培养和提升个人的专业意识及专业素养，需要采取多种途径与方法，以实现全面、深入、系统的提升。

一、加强专业教育与培训

专业教育与培训是培养专业意识及专业素养的重要途径。通过系统的教育培训，可以帮助学生或从业人员全面了解行业的基础知识、前沿动态和发展趋势，掌握专业技能和操作方法，为未来的职业发展奠定坚实的基础。

（1）完善课程体系是提升职前专业教育与培训质量的关键，一般由学校教育来完成。在课程设置方面，一方面，应紧密结合行业需求，注重理论与实践相结合，突出实用性和创新性；要不断更新课程内容，及时引入新的研究成果和前沿技术，保持课程的时代性和前瞻性。另一方面，要结合学生的知识结构特点，特别是应用型本科高校的学生，他们是未来生产一线的操作、技术及管理的骨干人员，科技成果转化与技术创新是他们直面的问题。因而，在校期间进行专业教育，找到专业基础理论学习与专业实践能力提升的平衡点，是对他们进行职前教育的重要课题。

（2）开展实践活动是提升应用能力的重要手段。通过实践活动，帮助学生或从业人员将理论知识转化为实际操作能力，加深对专业知识的理解和掌握。因此，学校或培训机构应积极组织各种形式的实践活动，如实验、实训、实习等，为学生提供更多的实践机会和平台。

（3）加强师资队伍建设也是提升专业教育与培训质量的重要保障。优秀的师资队伍具备深厚的专业知识和丰富的实践经验，能够为学生提供良好的指导。因此，学校或培训机构应加强对教师的培训和引进力度，建立激励机制，鼓励教师积极参与教育改革和创新实践。一般来说，要建立学校与企业双向轮岗的师资队伍，保证学校专职教师在企业中能够积累职后培训经验，在学校职前教育过程中能够与职后的培训有机结合越来；也能够通过职后培训活动促使教师掌握岗位实践技能，解决与学校的职前教育有机衔接问题。

二、注重个人自我修养的提升

除了外部的教育与培训外，个人自我修养的提升也是培养专业意识及专业素养的重要途径。通过自我学习和实践，不断提升个人的专业素养和综合能力，实现自我价值的不断提升。

（1）树立终身学习的理念是提升个人专业素养的基础。随着社会的发展和技术的进步，新的知识和技能不断涌现，需要个体不断学习和更新自己的知识体系。因此，个体应秉持终身学习的理念，时刻保持开放的心态和学习的热情，积极参与各种学习活动和交流会议，不断提升自己的专业素养和综合能力。

（2）不断反思与总结是完善自我的重要手段。在工作和学习中，难免会遇到各种问题和挑战，需要个体及时反思和总结其经验和教训，从中发现自己的不足之处和需要改进的地方，制订有针对性的提升计划，不断完善其专业素养和综合能力。

（3）积极参与行业交流和合作也是提升个人专业素养的有效途径。通过与其他专业人士的交流和合作，个体可以了解行业的最新动态和发展趋势，分享经验和心得，共同解决问题。这种交流和合作有助于提升个体的专业素养和综合能力，拓展其人脉和资源，为未来的职业发展打下坚实的基础。

三、营造良好的社会氛围与文化环境

良好的社会氛围与文化环境对于培养个体的专业意识及专业素养同样具有重要意义。一个崇尚专业精神、尊重专业技能的社会氛围和文化环境，能够激发人们的学习热情和创造活力，推动整个行业的进步和发展。

（1）弘扬工匠精神是提升社会认同感的重要途径。工匠精神代表着精益求精、追求卓越的品质和精神，是专业意识及专业素养的重要体现。通过宣传和弘扬工匠精神，提高社会对专业技能和职业的认可和尊重，激发更多年轻人投身于专业学习和实践中。

（2）加强行业交流与合作是促进共同发展的重要手段。不同行业之间应加强交流和合作，通过搭建行业交流平台、举办行业会议等方式，促进不同领域之间的信息共享和资源整合，推动整个行业的共同进步和发展。

（3）建立健全激励机制也是营造良好社会氛围和文化环境的重要保障。政府、企业和社会各界应加大对专业技能人才的奖励和支持力度，建立健全激励机制，鼓励更多人投身专业领域的学习和创新实践。

综上所述，培养和提升专业意识及专业素养是一个系统工程，需要多方面的共同努力。通过加强专业教育与培训、注重个人自我修养与提升以及营造良好的社会氛围与文化环境等途径与方法，提升个体的专业素养和综合能力，推动行业的进步和社会的发展。

案例一　王伟——上海飞机制造有限公司高级钣金工

在中国自主制造大飞机的制造者行列中，钣金工王伟的经历颇有些传奇。20 世纪 80 年代，包括运-10 在内的一系列民用飞机生产线陆续下马，大部分产业工人转岗，王伟也告别了上海飞机制造厂。临走时，他带上了一块废弃的金属板。

离开制造厂后，王伟干过许多工种，最后开起了货运出租车。但闲暇的时候，他还是会用木槌不停地敲击那块当初从厂里带走的金属板。日复一日，王伟的钣金手艺也越发精湛。2006 年，自主设计制造大飞机列入政府制定的增强国家核心竞争力的战略规划中。王伟得知中国已经重启大飞机项目一事后，第一时间联系上了自己当年的师傅。离开飞机制造厂十年之后，王伟终于回来了。每天清晨，王伟几乎总是第一个来到钣金车间。这个习惯从他回到厂里，就雷打不动。

中国自主制造的大飞机 C919 的零部件，有 80%是第一次设计生产的。除了舱体型材更加坚硬外，舱门下部还有一道轻微的弧线变化，这个用肉眼几乎看不出来的变化，要用手工敲打出来，难度可想而知。而舱门的加工误差要求在 0. 25 mm 以内，这对机械加工来说是无法完成的任务，即便美国的波音、欧洲的空客飞机制造，也都是靠手工来实现。王伟凭借过人的技艺，敲击的舱体与工装之间的缝隙让九丝的量尺都无法通过，证明了他已经将公差缩小到了接近标准公差的 1/3。

2015 年 11 月，中国自主制造的大飞机 C919 下线，接受批量投产前的系列检验。大飞机自主制造的成功是国家制造业水平的系统化高标准体现，是中国制造业全面腾飞的象征。这个腾飞的实现依托于千百万中国工匠的坚守、钻研、勤奋和所达到的技艺境界。

案例二　张樾丞——给新中国治“开国大印”的篆刻泰斗

中国国家博物馆珍藏着一枚开国大印，它是新中国成立后的第一枚国印，也是国家一级文物。它是铜制、方形、圆柄，颜色柔和，制作精细。印面边长 9 cm，印体厚 2. 5 cm，柄长 10. 9 cm，正面镌刻着 15 个宋体大字“中华人民共和国中央人民政府之印”，阳文宋体，字迹娟秀，庄严大气。与封建皇权的宝玺相比，这方材质普通的铜制印章，正好体现了人民当家作主的理念。

这枚国印是由谁镌刻的呢？

1949 年，由著名国学大师齐燕铭引荐，开国大印的镌刻任务交给了张樾丞。

张樾丞从小家境贫寒，14 岁在北京琉璃厂一间刻字铺当学徒。他利用干完店里杂活的空余时间勤奋读书和钻研篆艺，面对前人印谱朝夕揣摩，大有所得，练就了一手非常了得的篆刻本领。

1901 年，18 岁的张樾丞学成出师，自立门户取名“同古堂”，销售图章墨盒等用品，并揽接治印生意。一次，隔壁的同行接到一笔生意，客户是大名鼎鼎的梁启超，老板对自己的手艺拿不准，就请张樾丞帮忙，张樾丞很快就刻出一枚“龙飞虎卧”印章，被梁启超大为赞赏，从此他名声大噪，赢得了“铁笔圣手”的美誉。张樾丞虽然文化程度不高，但是虚心好学，勤下苦功研习篆刻，加上他为人诚笃，又善于交际，记忆力特好，一面之后再见就能叫上名字，稍熟一些的多年不见还能记得年龄、籍贯，因此文人朋友特多，同古堂的客厅经常是高朋满座、盛友如云。有的书画家专门写了书法小稿送来，有的在茶酣耳热之暇，伙计们把笔墨端出，喊声“请您给写个样儿吧”，就能把字样拿到手。这样，张樾丞所出的铜墨盒，个个出自名家手笔，再加上他行神毕肖的刀法笔意，颇得时人喜爱，成为全国各地文人案头的清供。他曾给清朝末代皇帝溥仪刻过“定统御笔”等

8 枚印章。康有为、梁启超、鲁迅、张大千都曾多次找他治印，齐白石经常找他切磋交流，当时北京大学的学业证书以及民国银行纸币上所用的印鉴，都出自张樾丞之手，可以说他是响当当的泰斗级大师。

1949 年，张樾丞已经 66 岁了，接到治新中国开国国印的神圣任务后，他非常谨慎，立即开始了紧张的筹备，翻资料、查印谱，认真地画出了隶、宋、汉篆、秦篆 4 种字体的印样。呈送审阅之后，最终由毛泽东同志选定了宋体印样。张樾丞听后激动万分，连声说“好极了！好极了”。他对家人说：“主席真了不起，历朝历代的国印都是篆书字体，他却定为宋体。宋体字好哇，老百姓都能看得懂，容易认。共产党的心里果然是念着老百姓的。”篆书字体优美，形式奇古，取法多样，刻制印章，尤其是防伪要求极高的官方印章，通常采用篆体字。而新中国的第一枚国印，首先考虑的是人民群众看得懂，所以采用了宋体字。这是我国历史上第一枚采用宋体字的国印，意义非常重大。随后，张樾丞开始刻制国印，他先进行化铜、浇铸、打磨等工序制作铜印章胚，接着在铜印胚上画样，再细心篆刻，最后精心修饰。1949 年 10 月 31 日，国印正式镌刻完成并且启用。工作人员准备了高额的报酬，送到了张樾丞家，他坚决分文不取。1954 年，第一届全国人民代表大会召开，开国大印完成历史使命，停止使用，后作为国家一级文物被妥善保存。1959 年 5 月，开国大印被送到中国国家博物馆永久珍藏。

这枚国印从 1949 年用到 1954 年，毛泽东、刘少奇、周恩来等党和国家第一代领导人的任命书，以及《中华人民共和国土地改革法》等均钤有此印。如今这枚国印已不再履行它的职责，静静地陈列在展厅中，这枚独一无二的印章，在中国印信史上占据着崇高神圣的地位，它见证了那段不平凡的峥嵘岁月，见证了一个有着几千年封建历史的国家实现了最广泛的人民民主，人民真正当家作主。

第九讲　做中学，做中练，做中创，做中奉献

在现代社会，工匠精神已经成为一种重要的价值观念。它强调工匠要有高超的技艺和严谨的态度，以及勇于创新、敢于挑战的职业态度和精神风貌。现代工匠精神要求工匠在实践中不断学习、精进，以追求更高的技艺水平和更完美的产品品质。而“做中学，做中练，做中创，做中奉献”的理念则是对现代工匠精神的进一步诠释和实践。

第一节　做中学：知识的获取与建构

“做中学”是指在工作中不断学习，通过实践来提高自己的能力和素质。这种理念要求人们在完成任务的同时，关注新的问题和挑战，寻求新的解决方案，以不断提高自己的工作水平。“做中学”是一种学习的理念。它要求人们在工作中不断积累经验，通过实践来提高自己的能力和素质。这种学习精神对于个人的成长和发展具有重要意义。“做中学”也是一种创新的理念。它要求人们在工作中不断尝试新的方法和技术，以解决实际问题。这种创新理念对于推动科技进步和社会发展具有重要意义。

在工匠精神中，“做中学”这一理念凸显了实践操作在学习过程中的重要性，揭示了知识获取与建构的本质。这一理念鼓励人们在实际操作中主动学习、积极思考，不断提升其专业技能和创新能力。

理论学习与实践相结合的重要性不言而喻。理论知识是指导人们进行实践操作的基础，它为人们提供了解决问题的基本思路和方向。然而，单纯的理论学习往往难以深入理解和掌握知识的精髓。只有将理论知识与实践操作相结合，人们才能在实践中不断检验和完善理论，使其更加符合实际需求。

实际操作是获取直观经验和知识的有效途径。在操作过程中，人们可以通过亲

身感受、观察和分析，直接获取与任务相关的直观经验和知识。这种经验和知识往往比单纯的理论学习更加生动、具体，也更容易被人们理解和记忆。同时，实际操作中的每一次成功和失败，都能为人们提供宝贵的经验教训，促使其不断调整和完善自己的操作方法和思路。

此外，优秀工匠的实践学习经历为人们提供了宝贵的启示。优秀工匠通过长期的实践操作和不断的学习探索，积累了丰富的经验和知识。他们善于从实践中发现问题、解决问题，并将实践经验进行总结和提炼，形成具有个人特色的技能和知识体系。这些工匠的成功经历启示人们，“做中学”是一种有效的学习方式，它有助于人们获取知识，激发创新精神和创造力。

“做中学”的重要性体现在：第一，提高工作效率和质量。通过“做中学”，可以不断改进工作方法和流程，提高工作效率和质量。这有助于企业降低成本、提高竞争力。第二，推动科技进步和社会发展。“做中学”的精神鼓励人们不断学习，寻求新的解决方案，这对于推动科技进步和社会发展具有重要意义。第三，增强个人职业素养和能力水平。通过“做中学”，个人可以不断提高自己的能力和素质，提升自己的职业素养和能力水平。

在企业层面，员工应该积极参与企业的实践活动，为企业发展提供新的思路。企业也应该倡导“做中学”的精神，鼓励员工关注客户需求和社会公益事业。

在教育领域，学校应该加强实践教育，培养学生的“做中学”精神。教师也应该具备“做中学”的精神，关注学生的全面发展，为学生的成长提供支持。

随着科技的快速发展和产业的不断升级，对工匠的技能和知识要求也越来越高。因此，人们要更加注重“做中学”的理念，将实践操作与理论学习相结合，不断提升专业技能和创新能力。同时，还要学会借鉴优秀工匠的实践经验，将其运用到学习和工作中，不断提高综合素质和竞争力。

总之，“做中学”作为一种高效的学习方式和成长途径，在新时代背景下，人们应该深入挖掘其内涵，将其融入个人成长、企业发展和社会进步的各个方面，通过实际操作中的学习和探索，不断获取新的知识和经验，提升专业技能和创新能力，为未来的职业发展奠定坚实的基础。

案例一　挺起装备制造业坚实脊梁

讲述人：哈电集团汽轮机公司数控铣工、特级技师　董礼涛

1986 年初中毕业后，我进入哈尔滨汽轮机厂技工学校。三年后毕业参加工作，成为一名铣工。当时，虽然每天的工作很辛苦，但我心中却慢慢升腾起一股信念：一定要精益求精，做这个行当里的状元。

为此，只要有空闲时间，我就找来专业书籍仔细研读。上班的时候，我会早早到车间，围着机床边干边琢磨。凭着这股劲儿，我的技艺水平不断提高。2007 年，首个以我个人名字命名的“董礼涛——汽轮机百万机组

主汽阀阀杆键槽加工法”在公司推广。

2009年，公司派我赴德国学习五轴联动车铣复合加工中心的操作技术。后来，我根据在德国学习期间掌握的新机床特点，自行设计了成套系列化夹具，创造性地制定独特加工方案。必须自立自强，挺起装备制造业的脊梁，经过这件事，我的内心更加坚定。

2010年，一项重任落到了我的肩上，那就是国家西气东输长输管道燃气增压设备国产化重要部件的生产攻关。以前这些设备都依赖进口，而且维护费用十分昂贵。这种关系到国民经济和国家安全的制造技术，必须掌握在我们自己手里。我每天扑在车间里十几个小时，经过数月努力，终于成功实现了整套增压设备重要部件的国产化。

经过多年苦心钻研，我已有120余项技术攻关应用到生产实践中。2013年，“董礼涛国家级技能大师工作室”正式启用。11年来，取得了国家专利40余项，推广创新成果245项，命名操作法3项，创造了巨大效益。

30多年来，我从一线工人到技能专家，从攻克技术瓶颈到步入行业领先水平，离不开工匠精神的支撑。今后，我还要不断学习新知识、掌握新技能，认真做好每项工作，在制造强国新征程上阔步前行。

第二节 做中练：技艺的锤炼与精进

在现代工匠精神中，“做中练”强调通过不断的实践练习来锤炼和提升技艺水平。这一过程不仅是对个人技能的一种锻炼，更是工匠精神中精益求精、追求卓越态度的具体体现。“做中练”即在实践中学习，是一种注重实际操作、强调经验积累的教育方法。自古以来，中国就有“读万卷书，行万里路”的说法，强调实践对于知识的重要性。

练，就是重复做同一套动作，以达到自动化地操作程度。反复练习会使人的手、眼及大脑达到协调一致。对于工匠而言，通过反复练习，渐渐地能够使自身、使用的工具和预加工完成的作品合而为一，即能够“读懂”工具、“读懂”材料，使自己的技能达到出神入化的程度，这是工匠的与众不同之处。练习的过程，就是抓住事物的本质、掌握事物运行规律的过程。一个熟练的焊工，经过反复练习，能够根据焊枪的弧光判断出焊接时的温度，掌握焊接的火候，通过抚摸焊接材料，能够判断出材料的成分，以选用适宜的焊接材料、工具和焊法。整个焊接过程中，仿佛在与焊接工具、焊接材料对话。

持续练习对于技艺的提升具有显著的作用。无论哪一行哪一业，技艺的精湛都离不开长期的积累和磨炼。通过反复实践和练习，才能熟练掌握技艺的精髓，进而在工作中做到游刃有余。这种练习不仅是对技能的反复训练，更是对技艺的深刻理解和体悟。在练习的过程中，人们会不断发现新的问题和挑战，进而去寻找解决方案，不断提升技艺水平。

面对挑战和困难时，人们需要采取积极的应对策略。在技艺锤炼的过程中，难免会遇到各种困难和挑战。这时，需要保持冷静和耐心，认真分析问题产生的原因，并尝试寻找解决问题的方法和途径。同时，还需要保持积极的心态，相信通过自己的努力一定能够克服困难。这种积极的态度有助于人们更好地应对挑战，激发其创造力和创新精神。

此外，精益求精、追求卓越的态度是技艺锤炼与精进的重要前提。工匠精神的核心就是追求极致和完美，这种追求不仅体现在产品的品质上，更体现在对技艺的不断追求和提升上。人们需要时刻保持对技艺的敬畏之心，不断挑战自己的极限，努力追求更高的技艺水平。这种追求卓越的态度推动着人们不断向前，使其在行业中脱颖而出，成为优秀工匠。

“做中练”有助于提高个人能力。通过实践操作，人们可以更好地理解理论知识，掌握实际技能，提高自己的综合素质。“做中练”有助于培养创新意识。在实践中，人们需要不断探索新的方法和技术，以解决实际问题。这种创新意识对于推动科技进步和社会发展具有重要意义。“做中练”有助于培养团队协作能力。在实践中，人们需要与他人合作，共同完成任务。这种团队协作能力对于提高工作效率和实现共同目标具有重要作用。

“做中练”与工匠精神必须实现融合发展。在教育领域，学校应该加强实践教学，培养学生的动手能力和创新意识；教师也应该严谨治学，为学生树立榜样。在企业中，员工应该积极参与实践活动，提高自己的业务能力；企业也应该鼓励员工追求卓越，提高产品质量和服务水平。在社会层面，政府和社会各界应该重视“做中练”与工匠精神的融合发展，通过各种途径进行宣传和推广，为社会的全面发展提供有力支持。

在具体实践中，人们可以采用多种方式来进行技艺的锤炼与精进。例如，通过定期参加行业内的技能培训和交流活动，了解最新的技术动态和发展趋势；积极参与各类技能竞赛和挑战活动，通过竞赛来检验和提升自己的技能水平；在日常工作中注重总结和反思，不断总结经验教训，优化工作流程和方法。

当然，技艺的锤炼与精进并非一蹴而就，它需要人们付出大量的时间和精力，坚持下去，不断努力和追求。这种进步和成就也会给其带来更大的自信和动力，推动其不断向前发展。

综上所述，“做中练”与工匠精神的融合发展是现代社会发展的重要动力。通过持续练习、积极应对挑战和困难以及培养精益求精的态度，人们不断锤炼和提升自己的技艺水平。在新时代背景下，我们应该深入挖掘“做中练”与工匠精神的内涵，将其融入个人成长、企业发展和社会进步的各个方面，为行业的发展和社会的进步、为实现中华民族伟大复兴的中国梦贡献力量。

案例二 刻苦训练 绽放风采

“试着把颜色阈值上限调到135。”河南省漯河技师学院实训大楼，电气工程系青年教师侯坤鹏和唐高远正在耐心地指导学生调整移动机器人的程序参数。

2022年10月，法国波尔多，侯坤鹏和唐高远以优异成绩获得世界技能大赛特别赛移动机器人（双人）项目金牌。如今，被聘为教师的他们转换角色，往返于三尺讲台和实训基地，讲编程、教建模、传经验，指导更多学生参加技能比赛。

移动机器人是集环境感知、路径规划、动作控制等多种功能于一体的综合系统，操作者要掌握机械设计等多学科知识。面对繁重的学习训练压力，有的学生打起退堂鼓。对此，唐高远总是用自身的经历鼓励他们坚持下去。

刚入学时，对照电路图给灯泡接线，唐高远经常是一头雾水。为了补上短板，他把床铺搬到实训基地，刻苦学习知识和技能。“从一名学生成长为世界冠军，我们靠的就是坚持不懈的努力和对技能精益求精的追求。”侯坤鹏说。

眼下，二人指导学生设计方案、编写程序、模拟调试，为他们走向更广阔的平台夯实基础。“传承工匠精神很重要的一个方面就是勇于挑战自我。”侯坤鹏说。一旁的唐高远补充道：“希望带领更多学生走上技能大赛的舞台，绽放青春风采。”

案例三 传承中华文明，再现古人智慧

——记“2022年大国工匠年度人物”郭汉中

郭汉中是四川广汉三星堆博物馆文物修复师，经他妙手修复，使沉睡地下三千年的文物一醒惊天下。走进三星堆博物馆，仿佛进入一个奇幻的世界。在三星堆博物馆众多精美的器物中，一号青铜神树最为引人注目。它通高396 cm，是迄今为止我国发现的体型最大的青铜文物。令人如此惊叹的青铜神树在郭汉中眼里却曾是另外一番样貌。“我们在修的时候就发现了有200多件那样断了的管状物。”20世纪80年代，考古工作者对三星堆遗址展开大规模考古发掘，发现出土的器物在掩埋前都曾遭受砸击和焚烧，破损严重。尤其是一号神树出土时，更是一堆残损碎片。由于修复难度极大，专家们经过长时间论证，直到1989年才决定着手修复。当时年仅20多岁的郭汉中就是这个动手的人。“开始也不知道它有多高有多少，就从下往上一点一点，一个断茬口一个断茬口地拼装修复和修复拼装，每

一个接口，就跟拼图一样，一点一点地来。”对郭汉中来说，要将200多块碎片一一拼接对应起来，那可是对心性极大的磨炼。日复一日地拼接、摸索，在郭汉中眼前渐渐浮现出一棵神树的形象。“拼完以后才知道它是什么一个情况。原来有这么大，这么精湛。”然而找到每一块碎片的准确位置，仅仅是修复的开始。固定住这些碎片，则是对技艺的考验。实际上真正用的功在里面，就是隐藏的那种技术。通过内加固的结构，让文物自身体现它的原貌。为了让这尊精美的神树站立起来，郭汉中苦心钻研，在传统的锡焊法之外，他又研发（创新）了铆接灌注等办法。前后花费了5年时间才将这株近4 m高的青铜神树恢复了三千年前的风采。手心眼合一是郭汉中不断追求和至高境界。几十年来，他始终浸润在三星堆的世界中，不仅对方物的器形、材质、功能烂熟于心，更是掌握了雕刻、冶炼、钣金等多门手工技艺。经郭汉中手中修复的文物达6 000多件。2019年，三星堆在时隔30年后又启动了，对6个新发现的祭祀坑的发掘，已经54岁的郭汉中依然坚守在发掘一线。“因为文物修复没有固定模式。平常的心，平常的工作态度，平常地去做事，有多少依据，我们就复原多少。要尊重古人的历史。”郭汉中被评为“2022年大国工匠年度人物”。有人问他：“每一天您的双手触摸的都是这些跨越了千年的文物，您每次修复的过程都是只能成功不能失败的，您心里紧不紧张？”他乐观地说：“不紧张，因为古人那么好的智慧能够设计出三星堆这么好的东西，经过几千年，我们能够根据它的依据去重新复原，这也是一种荣幸。”

在郭汉中团队修复好的文物中有一个叫作三星堆纵目面具的文物。它在出土的时候是倒扣着的，面具下颚部分有一部分小残缺。侧面还有其他的变形，于是郭汉中通过雕塑的手法去还原和修复。

还有一个文物是黄金面具，它只有零点零几毫米的厚度，它在埋藏的时候，被压成了扁扁的。黄金有很好的韧性，通过对它的纹理的调整，借助一些工具，复原到现在，它大概就是古人的原貌。每件文物在修复的过程中，都要根据它的器物形式、材质、细节采用不同的修复手段，因为每个需要修复之处都是不同的。比如三星堆出土的青铜大立人，1986年出土于三星堆二号祭祀坑，由基座、人像分铸组成，主体保存较完整，中间部分已断为两截，还存在断裂、变形和锈蚀的问题。青铜大立人体型巨大（我国迄今最大青铜人像），通高达2. 62 m，重量应该在200 kg以上，对于结构的稳定性要求高。它的表面纹饰复杂（龙纹、鸟纹等），需保留原始铸造痕迹，而青铜成分为铜锡铅合金，青铜大立人锈蚀产物（如绿松石锈）需区别处理。郭汉中团队以“最小干预”“可逆性”和“原工艺复原”为核心原则，结合传统技艺与现代科技，完成了多项关键修复，包括结构稳定性修复、表面纹饰复原、锈蚀控制等。团队运用了独创的技艺，比如针对青铜大立人像的空心铸造结构，用自制“气囊支撑矫形器”（特制耐热硅胶内胆充气支撑），避免矫形时内壁塌陷；通过显微镜观察原始范线痕迹，补配部分严格按“三段式范铸接缝”工艺处理，确保修复处与原物工艺一致。在修复工具的运用方面也是细致入微、匠心独运，沿用商周时期的“挑刀”“剔针”等修复工具，避免金属残留污染文物，工具则改用钛合金材质。通过科学检测与分析、清洁与除锈、矫形与拼接、补配与做旧、加固与保护等一系列关键性专业步骤，最终将青铜大立人修复成功。

“文物修复就像文物医生一样，让这些破损的文物，通过我们的修复复原。别人觉得我们的工作很难很神秘，其实对自己而言，是不断地总结经验，从易到难。尽力去复原古人的智慧。我希望我能修复更多的文物，让穿越历史的古物重放光彩。”郭汉中感慨地说。

（根据视频《2022 年大国工匠年度人物发布仪式 郭汉中：掌握多门手工技艺修复几千件文物》整理）

第三节　做中创：创新思维的激发与实践

“做中创”是指在工作中不断创新，为实现共同目标而努力。这种理念要求人们在完成任务的同时，关注新的需求和问题，寻求新的解决方案，以提高工作效率和质量。在现代工匠精神中，“做中创”这一理念凸显了创新思维与实践紧密结合的重要性。它强调工匠不仅要具备扎实的技艺基础，还要能够在实践中积极发现问题、解决问题，并在工作中不断尝试新的方法和技术，通过创新实践推动工艺技术的不断进步，这种创新精神对于推动科技进步和社会发展具有重要意义。“做中创”也是一种责任的理念。它要求人们把个人的利益放在次要位置，把集体的利益和社会的责任放在首位。这种责任精神有助于提高团队凝聚力和社会和谐度。

创新意识是现代工匠精神的重要体现。随着科技的不断进步和市场的不断变化，传统的工艺技术和产品已难以满足现代社会的需求。人们必须具备创新意识，敢于挑战传统，勇于尝试新的思路和方法。这种创新意识不仅能够推动工艺技术的创新，还能够为工匠带来新的发展机遇。

从实践中发现问题、解决问题的思维方式是创新的重要源泉。在实践操作中，人们往往会遇到各种问题和挑战。这些问题和挑战正是创新的契机。人们应该善于观察、分析和总结实践经验，从中发现问题的根源，并提出有效的解决方案。这种从实践中发现问题、解决问题的思维方式，能够提升其创新能力，还能够推动工艺技术的持续改进。

此外，创新实践的案例分析与讨论是提升创新思维的有效途径。通过分析成功的创新实践案例，人们可以深入了解创新的过程和方法，学习创新者的思维方式和解决问题的策略。同时，通过讨论创新实践中的问题和挑战，可以激发创新思维，拓展解决问题的思路和方法。这种案例分析与讨论的方式，有助于人们提升创新能力，并在实际工作中应用创新思维。

在现代社会，创新已经成为推动社会进步和发展的重要动力。因此，人们应该更加注重培养创新意识和实践能力。一方面，通过提供培训和教育机会，使人们掌握创新的方法和技能；另一方面，可以提供实践创新的平台和资源，鼓励人们积极尝试新的工艺技术和产品。

创新并不是一蹴而就的，它需要人们付出大量的时间和精力，保持耐心和毅力，持续不断地学习和实践，逐步提升自己的创新能力。

案例四　把核心技术牢牢攥在自己手中

讲述人：金川集团铜贵有限公司贵金属冶炼工、特级技师　潘从明

1996 年，我从技校毕业后，来到金川公司工作。当时总听师傅们讲，贵金属冶炼技术难以突破。提高我国铂族贵金属提炼的技术水平，对于守护国家安全极为必要。

2009 年，我依托自己总结的“颜色判断法”，带领团队开始进行铂族贵金属精炼工艺的革新。经过 1 200 多个日夜和近万次实验，我和团队最终研发了以“精确分离”“深度除杂”“快速提取”为核心的“镍阳极泥中铂钯铑铱绿色高效提取技术”，解决了沿用 38 年的传统工艺原料适应性差、资源利用率低、清洁环保性不高等问题。这一创新成果将铂钯产能由 400 kg/年提升至 4 500 kg/年以上。

回忆起实验研发阶段，当时我选出 60 多种化学性质符合的试剂，在不同温度、酸度、浓度等参数条件下逐一验证。每天下班后，我就一项一项做实验，排除掉一种试剂往往需要一个多月，大量的实验做下来，还是没有达到预期的效果。一次偶然的机会，让我找到了灵感。经过反复论证，一种从没有用于贵金属提纯工艺的试剂竟然产生了意想不到的分离效果，突破了技术瓶颈。以此为支撑，我们集团新建了一套更为高效的贵金属一、二次资源综合回收利用生产线，将铂族贵金属年产量提升到了 8 000 kg 以上，目前已达 10 000 kg 以上。

这些年，我常常在思索，国内大量汽车、电子产品、石油催化剂等已面临报废高峰期，各类废旧物品中的贵金属就是一座座有待开掘的“城市矿山”。我和我的团队要通过技术创新研发出更加适用于二次资源中贵金属绿色高效提取的新技术，把关键核心技术牢牢攥在自己手中。

第四节　做中奉献：社会价值的实现与担当

在现代社会，工匠精神已然成为一种重要的价值观念。它强调追求卓越、精益求精、严谨务实的职业态度和精神风貌。然而，在工匠精神中，有一种精神往往被忽视，那就是“做中奉献”。

“做中奉献”是指在工作中不断付出，为实现共同目标而努力。这种精神要求人们在完成任务的同时，关注他人的需求和利益，为团队和社会做出贡献。它要求人们把个人的利益放在次要位置，把集体的利益和社会责任放在首位。这种精神有助于提高团队凝聚力和社会和谐度。

在现代工匠精神中，“做中奉献”不仅是人们追求职业卓越的重要体现，更是他们实现社会价值、展现社会责任与担当的必由之路。这种奉献精神强调人们应将个人的技艺与智慧融入社会发展的大潮中，为社会进步贡献自己的力量。

工匠精神中的社会责任与担当是其核心价值所在。工匠不仅具备精湛的技艺和高超的技能，更重要的是他们深知自己的职业使命，愿意为社会的发展贡献自己的力量。每一项工作的完成，每一次技能的精进，不仅是个人成长的一部分，更是推动社会进步的重要一环。因此，他们始终以高度的责任感和使命感投身于工作中，努力为社会创造更多的价值。

通过工作为社会创造价值是工匠精神中奉献精神的直接体现。工匠通过不断学习、实践和创新，提升自己的技艺水平，为社会提供更高质量、更具创新性的产品和服务。他们的每一次努力，都为社会的发展注入了新的动力。同时，他们还将自己的经验和知识传授给后人，培养更多的工匠人才，为社会的可持续发展贡献力量。

此外，奉献精神的意义在于它能够激发工匠的内在动力，推动他们不断追求卓越。奉献精神使工匠将个人的理想与社会的需求相结合，将个人的发展与社会的进步相统一。他们深知，只有不断地为社会创造价值，才能真正实现自己的职业价值和个人价值。这种内在动力促使他们不断地超越自我，挑战极限，追求更高的技艺水平和更大的社会价值。

“做中奉献”在现代工匠精神中的重要性体现在：第一，增强团队凝聚力。“做中奉献”的精神有助于增强团队成员之间的信任和合作，提高团队的整体执行力。第二，提升个人价值。通过“做中奉献”，个人可以更好地发挥自己的才能和潜力，提升自己的职业素养和能力水平。第三，促进社会和谐。“做中奉献”的精神有助于缩小贫富差距，提高社会公平正义，促进社会的和谐稳定。

在现实生活中，许多优秀工匠用自己的行动诠释着“做中奉献”的精神。他们在自己的岗位上默默奉献，为社会创造着无尽的财富，还在公益事业中发挥着积极作用，为社会的发展和进步贡献自己的力量。他们的奉献精神不仅赢得了社会的尊重和认可，更激励着更多的人加入工匠的队伍中，共同为社会的发展贡献力量。

同时，我们也应该看到，“做中奉献”不仅是工匠的责任与担当，更是全社会的共同追求。我们要营造一个尊重工匠、崇尚技艺的社会氛围，让更多的人了解工匠精神、传承工匠精神。同时，为工匠提供更好的工作环境和发展机会，让他们能够充分发挥自己的才华和创造力，为社会创造更多的价值。

第十讲　追求质量，追求卓越

在现代社会，工匠精神已经不再局限于传统的手工艺领域，而是扩展到了各行各业。它代表的是一种追求卓越、不断创新的职业精神，是劳动者不可或缺的基本素质。

第一节　专注质量，追求极致

在探讨企业成功的关键因素时，质量意识的重要性不容忽视。质量意识不仅是企业追求卓越的一种理念，更是其生存和发展的基石。具备强烈质量意识的企业，往往能够在激烈的市场竞争中脱颖而出，赢得客户的信任和忠诚。

质量意识的提升有助于企业提高市场竞争力。在当今市场环境中，产品质量成为消费者选择的关键因素。高质量的产品和服务才能赢得消费者的青睐。通过强化质量意识，企业能够确保产品和服务的质量稳定可靠，从而在市场竞争中占据有利地位。

质量意识有助于企业降低生产成本和售后维修成本，促使企业建立以目标导向和问题导向为原则的企业管理制度，树立全员的质量意识，科学规划生产流程和各技术环节，进行科学化、化管理，降低从生产材料采购到产品售后服务各环节成本，严抓落实。当企业注重产品质量时，会减少产品缺陷和不良品率，从而降低生产成本。同时，优质的产品能够减少售后维修的频率和成本，为企业节省大量的资源和费用。

质量意识推动企业不断追求卓越，持续改进产品和服务。企业的质量意识以适应市场对产品的变化和需求为前提，随着市场环境和消费者需求的变化，企业要不断创新和改进才能保持竞争优势。具备质量意识的企业会积极寻求改进空间，不断提升产品和服务的品质，以满足市场和客户不断变化的需求。

质量意识在企业发展中发挥着重要作用，它不仅是企业追求卓越的重要体现，更是企业实现可持续发展的关键所在。因此，企业要高度重视质量意识的培养和提升，将其贯穿于生产经营的各个环节，形成以质量意识为核心的企业文化，使质量意识成为企业发展的“软实力”，从而在激烈的市场竞争中立于不败之地。

工匠精神的核心理念在于追求质量，不断挑战自我，实现技艺的极致。专注质量意味着人们要在工作中始终保持高度的责任心和敬业精神，将工作视为对技艺的锤炼和提升；关注每一个细节，确保每一项任务都达到甚至超越预期的标准。这种对质量的执着追求，不仅有助于提升个人的职业素养，还能够为企业带来更高的竞争力。

2016 年，时任总理李克强对第二届中国质量奖颁奖大会做出重要批示强调：“质量发展是强国之基、立业之本和转型之要。各地区、各部门要大力实施质量强国战略，坚持改革创新，加强政策引导，把提升质量作为推动供给结构、需求结构升级的重要抓手，为加快发展新经济、培育壮大新动能、改造提升传统动能提供有力支撑；同时，要强化监督管理，健全质量标准，严厉打击各类质量违法行为，维护群众健康安全和合法权益。各行各业要向获奖组织和个人学习，弘扬工匠精神，勇攀质量高峰，打造更多消费者满意的知名品牌，让追求卓越、崇尚质量成为全社会、全民族的价值导向和时代精神，为促进经济‘双中高’、全面建成小康社会做出更大贡献！”

在生活中，我们的周围有许多平凡的工匠，如厨师、画家、裁缝、船工等，他们用自己非凡的技艺使人们的生活更加美好，推动了社会的发展。在大国重器的背后，是无数默默无闻的优秀工匠挺举起当今的中华盛事，如在科技领域的王选、刘永坦、袁隆平、屠呦呦，在生产一线的丁澄洋、郑志中，在文化领域的郭汉中、张樾丞，等等，还有那些为数众多的无名工匠。从他们身上可以感受到，工匠精神不仅是一种精神品质、文化力量，更重要的是它给人带来心灵的静化、泰然的坚守、超然的定力，最后转化为巨大的能量。

精益求精就是追求质量无止境、服务无止境、努力无止境，以追求完美的工作态度，肯下苦功夫，讲求慢工出细活，不断推出更高质量的产品和服务；就是要干一行专一行，重细节、追求完美，通过高标准的工作模式和严格科学的工作方法，致力于生产质量过硬、口碑出色的产品。

中国实现高质量发展，意味着各行各业都要把生产高精尖产品和提供精细化服务作为重要的价值追求。实现这样的目标，必须秉持追求完美的工作态度，弘扬精益求精的工匠精神，生产出质量过硬的产品，提供口碑出色的服务，不断提高国内产品和服务的国际竞争力。

雄厚的专业技术技能是实现精益求精的基础，而劳动力素质的提高是各行各业精益求精、不断进步的前提。2019 年，习近平总书记对中国选手在世界技能大赛取得佳绩做出重要指示强调：“劳动者素质对一个国家、一个民族发展至关重要。技术工人队伍是支撑中国制造、中国创造的重要基础，对推动经济高质量发展具有重要作用。”践行精益求精的工匠精神，各行各业的劳动者都应致力于自我提升，以严谨认真、追求完美的态度，不断提高专业能力，努力成为推动高质量发展的合格建设者。

追求质量是现代社会发展的必然要求。当下，随着科技进步和经济发展，人们对生活水平和产品质量的要求越来越高。只有不断追求质量，才能满足人们日益增长的物质文化需求，推动经济社会持续健康发展。

追求质量体现在各个方面，包括：

（1）产品质量。产品质量是企业的生命线。只有生产出高质量的产品，才能赢得消费者的信赖，在市场竞争中立于不败之地。企业要树立质量意识，严格执行产品质量标准，不断提高产品质量。

（2）服务质量。服务质量是企业竞争力的重要体现。优质的服务可以提高客户满意度，增强客户忠诚度。企业要加强服务意识，不断提高服务质量，为客户提供优质的服务。

（3）工作质量。工作质量是个人能力的体现。高质量的工作可以提高工作效率，创造更大的价值。企业员工要树立质量意识，精心做好每一项工作，不断提高工作质量。

追求质量需要付出艰苦的努力，需要：

（1）树立质量意识。质量意识是追求质量的基础。只有树立了质量意识，才能自觉地追求质量。企业员工要树立质量意识，把追求质量作为自己的行为准则。

（2）掌握质量知识。质量知识是追求质量的前提。只有掌握了质量知识，才能科学地追求质量。企业员工要加强质量知识学习，不断提高质量水平。

（3）建立质量制度。质量制度是追求质量的保障。企业要建立健全质量制度，严格执行质量标准，规范生产经营活动。

丰田汽车以其精益生产方式和精益制造理念闻名于世，致力于追求质量，不断提高产品质量。丰田汽车的质量管理体系非常完善，从原材料采购到产品销售，每个环节都有严格的质量控制措施。正是因为对质量的孜孜追求，丰田汽车赢得了全球消费者的信赖，成为世界上最受欢迎的汽车品牌之一。

海尔集团是中国著名的家电企业。海尔集团一直坚持“零缺陷”质量管理理念，建立了完善的质量管理体系，并实施严格的质量控制措施。正是因为对质量的严格追求，海尔集团成为中国家电行业的领军企业，产品畅销全球。

以上事例表明，追求质量是企业发展的重要战略，也是个人取得成功的关键因素。只有不断追求质量，才能创造更大的价值，实现更大的成功。

第二节　锐意创新，追求卓越

工匠精神的另一个重要特征是不断追求卓越，通过创新实现技艺的突破和升级。

企业员工要具备强烈的创新意识，勇于挑战传统，敢于尝试新的方法和思路；要善于从问题中寻找机会，从挑战中寻找动力，不断提升自己的专业素养和综合能力。通过不断学习和实践，成为所在领域的佼佼者，为企业的发展贡献更多的力量。

追求卓越是工匠精神的灵魂。要实现“更上一层楼”，意味着在一丝不苟、脚踏实地工作的同时不甘于平庸，树立远大目标，希望通过努力实现登峰造极；意味着勇于尝试、敢于挑战，致力于通过不断革新、不断突破，追求精益求精的目标。追求卓越，关键在于不断创新，通过创新获得新的技艺、生产更好的产品。大力倡导追求卓越的工匠精神，就是要广泛培养各行业劳动者的创新意识，最大限度地激发人们的创新才能，在各领域不断取得技术突破和整体提升。

中华人民共和国成立以来尤其是改革开放以来，不断创新、追求卓越已成为建设社会主义现代化强国、实现中华民族伟大复兴中国梦的关键推动力。运用新质生产力，实现高质量发展，更需要面向世界、面向未来，坚定追求卓越的目标，倡导勇于探索的创新精神，全方位培养创新意识，激发广大人民群众的创新才能，为“中国智造”打下坚实的基础。这需要推进形成有利于激发劳动者创新活力的制度环境，充分释放人民群众的创造潜能；营造公平有序的竞争环境，维护公平竞争、鼓励创新，实现竞争和创新的良性互动；培养全社会人才的创新意识，进一步提高创新能力。

卓越质量标准是现代企业追求可持续发展不可或缺的核心要素。其核心内涵在于企业通过建立严格的质量管理体系和控制流程，确保产品质量的卓越与稳定。这不仅是企业对产品质量的承诺，更是对市场和消费者的责任体现。

卓越质量标准能够有效提升产品质量水平，降低产品故障率和不良率，从而提高客户的满意度和忠诚度。卓越质量标准有助于企业树立独特的品牌形象，展现企业在产品质量方面的专业性和可信度。这种形象一旦树立，将为企业赢得更多市场份额和竞争优势。

卓越质量标准在企业可持续发展中发挥着关键作用。通过持续改进和优化质量管理体系，企业能够减少资源浪费和环境污染，提高资源利用效率，实现经济效益和社会效益的双重提升。卓越质量标准还能够激励企业员工不断提升技能和素质，形成企业内部的良性竞争和学习氛围，推动企业不断向前发展。

在实践中，企业应结合自身特点和行业要求，制定符合自身发展的卓越质量标准体系，包括明确质量目标、建立质量流程、制定质量控制措施等。企业还应加强对质量标准的宣传和培训，确保员工能够充分理解和执行质量标准要求。

卓越质量标准是企业提升产品质量、树立品牌形象、增强市场竞争力以及实现可持续发展的重要保障。企业应积极应用和推广卓越质量标准，不断提升质量管理水平，为自身长远发展奠定坚实基础。

第三节　树立严谨细致的工作作风

工匠精神还体现在严谨细致的工作作风上。企业员工应该具备高度的自律性和责任心，对待工作要严谨认真、一丝不苟，注重工作流程的规范化和标准化，确保每一个环节都符合既定的标准和要求。

一丝不苟是对工作作风的重要评价标准。俗话说“差之毫厘，谬以千里”，小小的疏忽有可能导致巨大的损失，甚至造成不可挽回的局面。步入高质量发展阶段，中国发展前景整体向好，但也面临一些困难和挑战。各行各业的劳动者一丝不苟地开展工作，才能把干事创业的风险降到最低、效益做到最大，推动社会主义现代化事业扎实走好每一步，为建设质量强国奠定坚实基础。

做到一丝不苟，应树立高度的责任意识。大国工匠在自己的本职岗位上把一件事反复做、用心做，做到极致精准，做到“零误差”“零次品”，离不开对事业的尊重、对工作的负责。把责任看得重于泰山，才能在工作中“战战兢兢，如履薄冰”，尽全力做好每一个细节。做到一丝不苟，在工作中必须按照规则、标准和制度办事，制定长短期目标和阶段性规划，有条不紊地付诸实施，让一丝不苟融入血液，形成习惯。

一丝不苟不是刻板固守，其重点是发现问题和解决问题。各行各业的劳动者要善于在工作中发现问题，挖掘问题的根源，并积极提出解决问题的好办法，尽全力做到“无偏差”，才能创造出经得起实践、人民、历史检验的实绩。

一、　严谨细致对职场发展的影响

严谨细致的工作态度是职业精神的体现，也是职场竞争力的源泉。

严谨细致的工作态度有助于提升工作效率。在工作中，企业员工如果能够保持高度的专注和精细的操作，更加准确地把握工作细节，就会减少因疏忽而导致的错误和遗漏。这样，任务完成的质量将得到显著提升，同时也能够缩短完成任务的时间，提高工作效率。

严谨细致的工作态度有助于增强职业竞争力。在竞争激烈的职场环境中，企业员工若想脱颖而出，不仅要具备扎实的专业知识，更要展现出卓越的职业素养。严谨细致的工作态度便是其职业素养的重要体现之一。具备这种态度的员工，在工作中能够展现出高度的责任心和敬业精神，从而赢得同事和领导的信任，获得更大的发展机会和晋升空间。

严谨细致的工作态度还能够促进个人成长。在工作中，企业员工通过不断实践和积累经验，提升自己的专业能力和技能水平。而严谨细致的工作态度能够帮助员工更加深入地理解和把握工作内容，发现工作中存在的问题和不足，从而有针对性地进行改进和提升。这种持续改进和提升的过程，将助力员工不断积累经验和技能，为未来的职业发展奠定坚实基础。

严谨细致的工作态度对于职场发展具有深远的影响。它能够提升企业员工的工作效率，提高职业竞争力，促进个人成长。因此，员工应该在日常工作中时刻保持这种态度，不断提升自己的职业素养和能力水平，为职场发展创造更多的机会和价值。

二、如何培养严谨细致工作习惯

在树立严谨细致的工作作风过程中，培养科学的工作习惯尤为关键。一个高效、精准的工作流程对于确保项目的顺利进行和提升最终的工作成果质量有着决定性的作用。对于参与项目工作的企业员工而言，制订详细且切实可行的工作计划是首要任务。

在工作计划中，必须明确各项任务的具体目标、时间节点和实施步骤。这不仅有助于员工清晰地了解自己的工作重点和进度要求，更为其在实际执行过程中提供明确的指导，确保工作能够有条不紊地进行。此外，还应强调复核习惯的重要性。在完成工作后，员工应自觉进行检查和核对，确保所有细节都得到妥善处理，避免因疏忽而导致的错误或遗漏。

为了应对工作中可能出现的各种变化和挑战，员工还应不断学习和提升自己的专业知识和技能。通过参加行业内的培训、研讨会以及与专家交流，不断拓宽自己的视野，增强解决问题的能力，从而更好地应对工作中的各种复杂情况。

培养严谨细致的工作习惯是一个持续不断的过程，需要员工在日常工作中不断总结经验、提升能力，从而逐步提升工作效率，为企业创造更大的价值。

三、持续改进思维在工作中的运用

在树立严谨细致的工作作风过程中，持续改进思维的重要性不言而喻。对于企业员工而言，具备敏锐的问题发现能力显得尤为重要。这要求员工在日常工作中时刻保持警觉，对工作流程中的每一个环节进行仔细审查，及时发现并识别可能存在的问题。当问题出现时，员工应积极主动寻求解决方案，而不是逃避或推诿责任。

为了实现持续改进，员工需要不断优化工作方法和流程。这意味着员工要不断反思自己的工作方式，探索更加高效、便捷的工作路径。通过改进工作流程、优化操作细节，提升工作效率和质量，从而为企业创造更大的价值。

勇于尝试新的工作方法和工具也是持续改进思维的重要体现。随着科技的不断进步和市场的快速发展，新的工作方法和工具层出不穷。员工应保持开放的心态，勇于尝试并学习使用新的方法和工具，以适应不断变化的工作需求，提升自己的能力。

善于总结工作中的经验教训也是实现持续改进的关键步骤。员工应对自己的工作进行定期回顾和总结，分析成功经验和失败原因，提炼出可复用的方法和策略。通过不断总结经验教训，员工可以不断完善个人的工作方法和思路，形成独特的工作风格和体系。

综上所述，追求质量、追求卓越是现代工匠精神对员工的基本要求。专注质量、追求极致，能够帮助员工不断提升自身的专业素养和技能水平；锐意创新、追求卓越，能够激发员工的创造力和进取心，推动企业不断向前发展；树立严谨细致的工作作风，则是员工在工作中必须遵循的基本准则，有助于其提高工作效率和质量。

在现代社会，各行各业都需要具备工匠精神的劳动者来推动其发展。因此，企业应该重视员工工匠精神的培养和传承，通过提供培训、搭建平台等方式，激励员工不断追求卓越、提升自我。同时，员工自身也应该树立正确的职业观念和价值观，将工匠精神融入工作中，不断提升自己的职业素养和综合能力。

案例一　贾岩——为导弹安装“眼睛”

贾岩在一根直径 2 mm 的不锈钢管壁上加工一个 0.17 mm 的小孔

导引头是导弹的关键部位，它一般安装在导弹的前端，确定打击位置，也被形象地称为导弹的“眼睛”。航天科工二院二十五所（以下简称二十五所）贾岩的工作，就是负责为导弹装配导引头，加工相关零件。入行 30 多年，他加工过的零件覆盖了中国防御导弹的大多数型号。

如今，数控机床已经广泛普及，许多超精密零件的加工仍然只有技艺高超的钳工师傅手工才能做到。有一次，贾岩所在的钳工组接到一个任务，在直径 2 mm 的不锈钢管壁上加工一个 0.17 mm 的小孔，也就是说，要在一个小钢针上面打一个头发丝粗细的洞，困难程度可想而知。据二十五所的工艺员回忆："当时这个任务的操作难度非常大，而且必须在放大镜下完成，由于钻头非常细，稍不注意就可能造成钻头折断。即便完成了，小孔的尺寸和椭圆率也经常不达标，产品的废品率也一直在50%左右。"贾岩接手后，并没有急于上手打孔，他针对这项任务设计制作了一个小工装完成定位，先在管壁上钻出0. 15 mm的底孔，再采用手工一点一点研磨的方式，研磨拓宽0. 02 mm，完成任务。

这件产品从早期加工到现在，已经经过了2 000多次的加工、验证，全部符合技术要求。而这只是贾岩诸多辉煌战绩的一部分，在近40年的国防军工产品生产加工历程中，他以高超的手艺解决了多个型号产品装配难题，经手的产品多达10万件，始终保持"零废品"的记录。

随着科技的进步，中国军工企业技术也在飞速发展。企业机械化程度越来越高，对产品的要求也越加精密。导弹导引头里的零件大多形状复杂，价格昂贵。要把几百种超精密的零件经过加工和研磨，装配在一起，使它们配合有效，彼此运转自如，非心思缜密、手指灵巧、经验丰富的老钳工不可。这几年，贾岩承担的产品装配任务难度不断加大，装配零件之间的间隙要求在几道范围内（1道相当于0. 01 mm），几百个零件的装配，只有靠试装才能发现问题，然后进行零件的修整。他在长期的工作实践中练成了耳听、手摸就能知道产品装配状态的硬功夫。在磨合的过程中，他常常用双手一晃，就知道间隙有几道，有时用耳朵听一下，就知道哪里配合有问题。只有经过不断重复磨合，才能保障各个环节的齿轮啮合情况和启动电压完全满足要求，这种精密的工作是机器和普通钳工无法完成的。

2010年，贾岩被评为全国技术能手。如今，二十五所成立了"贾岩工作室"，贾岩作为工作室负责人，主要负责教授徒弟、攻克完成高难度零件加工和新产品试装等工作。在他的带领下，他的6个徒弟，每个人都能独当一面。他们用灵巧的双手，弥补了机械生产不能企及的部分，献身航天事业，亲手为中国护国导弹安装明亮的"眼睛"。

案例二　刘佑年——中国编钟调音第一人

刘佑年，武汉工控艺术制造有限公司的编钟制造师、调音师，高级操作工程师，全国劳动模范。他用双手打造了为迎接新世纪到来的千禧钟，他用耳朵将北京奥运鸟巢的几百只编钟的音色调理得分毫不差，惊艳世界。

刘佑年原来是学习机械制造专业的，由于对音乐非常感兴趣，1986年入行，这一干就是30多年。他一直在生产一线从事艺术铸造和编钟室管理工作，先后在炉前、雕刻、调音、打磨、着色等岗位上历练，为编钟的研制、生产、创新等做出了突出贡献。

刘佑年在现场指导徒弟工作

他被称为“金耳朵”，能够准确地听出“哆”与“来”之间的1/20。刘佑年说：“编钟调音，是一个找回失传技艺的过程。现在的编钟调音，主要依靠的是调音师的经验，在调音的时候必须全神贯注，更要耐得住寂寞。调音是一件很痛苦的事情，每个钟体轻则两三千克，重则几百千克，打磨过程中，需要不停地翻面，找准位置。调音的过程一坐就是好几个小时，有时候要连续调音好几个月，直到磨出符合标准的乐音。操作车间里，铜粉四处飞散，粘在身上，奇痒无比，和汗水混合在一起，皮肤上就长满红疙瘩。”刘佑年说，钟体的大小、打磨的位置和时间等，都会影响音高、音色，调音师必须心里有数，不能出现任何差错，哪怕多磨了几秒，都会导致前功尽弃。最开始调音的时候，到了最关键的时刻，他也经常心发慌、手发抖，如果打磨过了，就废掉了，再新做一个至少需要两个月。

编钟是中国的“国宝”，古人用陶范法铸造了编钟的外形，它的内在音符是工匠用耳朵听出来、用石头磨出的。遗憾的是，古人没把“怎么磨”这项技术用文字记录，传承后世。刘佑年说，我做了这么多年，就是希望能够将传统文化传承和弘扬，让更多的人享用。当谈到工匠精神时，他说：“我们的团队里面都是默默无闻的工匠，我们工作的每一个细节都需要工匠精神，在我的理解，就是踏实做事，专注做事，把事情做得越来越好。”

由工业和信息化部正式发布的中国第一部青铜打击乐器的国家标准，上面仅允许5位个人的署名，刘佑年被排在了第一位。近年来，由刘佑年主持制作的代表作品有仿制8件套清代金编钟、仿制16件套罄钟、国韵系列青铜打击乐器——国韵荟萃，清脆明亮的韵律将奏响中国传统文化传承发展的新乐章。

案例三　在精雕细琢中追求极致

讲述人：东方电气集团东方电机有限公司水轮机装配特级技师　崔兴国

1991年，我进入东方电机，从事水轮机装配工作。30多年的工作经历让我明白了一件事——技术创新，永无止境。

2019年1月2日，我和团队奔赴白鹤滩工地，开展世界首台百万千瓦巨型机组转轮静平衡工作。白鹤滩转轮设计标准残余不平衡力矩为183 kg·m，我和团队仅用三天时间就完成转轮粗平衡、装焊打磨和精平衡工作，最终转轮残余不平衡力矩只有21 kg·m。

正当大家松一口气时，一个近似苛刻的新要求摆在了我们面前：能否实现首台转轮“零残余”的终极目标？

什么是“零残余”？水轮发电机组运行时，转轮不平衡力矩越大，高速转动时的摆动就越大。通过叶片自身的精密装配，将不平衡力矩压缩到最小，实现不平衡力矩为零。但是，“零残余”是静平衡的一个理论存在值，现实中几乎不可能实现。

经过仔细讨论，我和团队决定拼一把。当时，为了消除风吹对平衡的微影响，我们把厂房的大门和窗户都关闭了，然后对平衡底座重新进行近乎苛刻的零偏差水平调整。终于，平衡仪器显示屏上的“两通道”数据变为0∶0。成功了！那一刻，我和团队成员兴奋得跳了起来。

扎根水电一线30多年，我和团队先后攻克了抽水蓄能机组核心部件球阀金属密封渗漏行业难题，实现了球阀零渗漏的常态化；开展了导水机构同心度偏差等22个创新攻关项目，获得专利授权62项；创造了全球单机容量最大功率百万千瓦水电机组白鹤滩转轮平衡的零配重，让设备运行更加平稳。

我还记得刚进厂时，一位姓徐的老师傅经常对我说，要趁着年轻，不懂时多学多问。如今，我也常常和团队里的年轻人交流，要珍惜眼前时光，不断学习知识、完善技能。只有凭着专注和坚守，数十年如一日地追求极致，才能在产品的精雕细琢中实现对关键技术的创新与应用。

案例四　我是如何成为大国工匠的

郑志明是广西汽车集团有限公司（原柳州五菱汽车有限责任公司）首席技能专家，2010年成为国务院政府特殊津贴专家，2013年获得“国家级技能大师”称号，2014年5月成立了“郑志明国家级技能大师工作室”。

郑志明是2022年“大国工匠年度人物”和“中华技能大奖”两项国家

级荣誉获得者。他是一名职高毕业生，却有这么多发明创造，成为五菱顶级的技能专家，靠的是什么呢？

他说他不是比别人聪明，也不是悟性高，主要靠的是坚守一线，在实践中不断积累经验；靠的是坚持理论学习不断提升技能；靠的是师徒传承、匠心精神，团队合作、相互激励。其实他走的就是一般的成才道路，只是在这个过程中他虚心学习，勤学积累，注重革新，认真合作，贵在坚持，克骄戒躁。他曾经婉言谢绝了一些企业的高薪盛邀，因为“我生在柳州，长在柳州，家人都在柳州，特别是我的技术都是五菱给我的，我对五菱太有感情了”。

多年来，郑志明团队共完成自主革新项目 1 202 项，交付自动化装备 2 291 台（套），为企业直接创造经济效益超亿元，减少生产一线的操作岗位 320 个，每年节约人工成本 1 600 万元。正因为有郑志明这样的“五菱工匠”不断开拓创新，才使五菱宏光、五菱宏光 MINI 等电动车成为全球销量第一的新能源车。

2014 年，郑志明带领工作室的同志们设计制作了一套 10 个轴的自动化点焊设备，将过去由人工一个点一个点地焊汽车前轴的上百个焊点，改进为自动化点焊，工作效率提高了 83%，节省了 6 个人工，并且大大改善了工作环境。

后桥板簧装配时，要使用的 U 形螺栓都是人工先用风枪拧紧，再用扭力扳手拧到规定扭力，这一过程需要两个人协同工作，劳动强度很大。2016 年，郑志明带领工作室成员设计制作了一台 8 颗螺栓自动拧紧设备，一次就可以拧紧 8 颗螺栓，而且拧紧后能准确达到规定扭力，大大降低了工人的劳动强度，还节省了两个人工。

2017 年，老的后桥焊接生产线需要改造成自动化生产线。接下这个任务后，郑志明基于多年的经验积累和理论学习，带领工作室团队设计制作了 4 套行走搬运机器人、多个抓料机器人，多套机器人焊接工作站、一台自动环焊设备，还革新了一台整圆专机、一台自动化镗孔设备、一台漏气检测设备、两套调直设备、多套桥壳总拼焊具等。该项目实施后可以基本实现自动化生产后桥焊接总成。项目投产后节省一半的人力，节约成本 300 万元。

郑志明的钻空技术堪称一绝，达到了大师级水准。钻孔，很多人都会，但是用普通台钻手工钻出两个孔，并能将孔距控制在 0. 05 mm 以内，恐怕没有几个人能做到，但是他可以做到±0. 01 mm。锉削，很多人可能连 0. 02 mm 的精度都达不到，但他可以达到 0. 002 mm 以内，进入全国一流水平。

这就是郑志明，千千万万工匠里的一员，他用追求质量、追求卓越将平凡人生装扮得异常精彩！

第十一讲　合 作 成 事

在新时代背景下，弘扬工匠精神已成为提升国家竞争力、促进社会进步的重要途径。协作作为现代工匠精神的重要组成部分，体现了劳动者在追求个人发展的过程中，注重团队合作、携手共进的价值观。

第一节　合作成事的内涵及价值体现

一、合作成事的内涵

合作成事是指人们为了实现共同的目标，通过相互协作、共同努力而取得成功的一种行为模式。它是现代社会发展的重要理念之一，也是组织和个人取得成功的关键因素之一。

合作成事理念的核心是强调协作、共赢。在当今社会，任何组织或个人都无法孤立地取得成功，必须与他人合作，才能实现自己的目标。合作成事理念主张通过优势互补、资源共享、共同努力，取得比单打独斗更大的成果。

在现代工匠精神中，协作扮演着重要角色。它不仅要求劳动者个人拥有出色的专业技能，更强调团队成员间的信息共享、资源整合与协同合作，以实现更高效、更高质量的工作成果。

合作成事的内涵体现在以下方面。

（一）信息共享

信息共享是合作成事的核心要素之一。在团队中，每个成员都拥有各自的知识和经验，通过共享这些知识和经验，打破信息壁垒，避免重复劳动，从而更加高效地解决问题和推进工作。这种信息共享的过程也有助于促进团队成员间的相互学习和成长，不断提升整个团队的专业素养和能力水平。

（二）资源整合

资源整合是合作成事的另一个重要方面。资源整合是指在共同的目标下，对于不同来源、不同层次、不同结构、不同内容的资源进行识别与选择、汲取与配置、激活与有机融合，使其具有较强的柔性、条理性和系统性，从而形成新的更具优势的资源统一体，发挥资源的整体效力，以实现价值最大化。团队成员各自拥有不同的资源和优势，通过整合这些资源，实现资源的优化配置，从而提高资源利用效率。合作成事理念强调从整体出发，统筹兼顾，注重各方利益的协调一致。这不仅可以降低工作成本，还可以提高工作质量和效率，推动团队的整体发展。通过信息共享和资源整合，团队成员紧密地联系在一起，形成一个高效、协作的整体。这种合作精神不仅有助于提升个人和团队的能力，更有助于推动整个行业的进步和发展。

（三）协同创新

协同创新的主体为多元化主体。合作成事理念强调创新的主体在创新目标下，共享资源、知识、技术和能力，形成优势互补的协同协作体，共同突破难关，实现价值创造的优化过程。其本质是通过“跨界协作”解决单一主体难以攻克的复杂问题，加速创新成果在实践中的转化，在合作中不断创造新的价值。在团队合作的基础上，团队成员要勇于突破传统思维，发挥创新精神，实现个人与团队的共同成长。团队成员在合作过程中不断激发创新思维，碰撞出新的火花，共同探索解决问题的新方法，从而创造出更高质量的成果。

（四）沟通交流

现代工匠精神要求劳动者具备良好的沟通能力，善于倾听他人意见，促进团队间的信息传递和资源共享。沟通交流有助于增进团队凝聚力、提高工作效率和实现共同目标。

（五）互补优势

合作成事理念强调合作双方或多方互利共赢，共同发展。团队成员要充分发挥个人特长，形成互补优势，共同推动团队发展。互补优势可以使团队成员发挥各自的优势，取长补短，形成合力，有助于提高团队整体实力，实现个人与团队的共同成长和促进社会和谐发展。

（六）共同价值

合作成事理念强调合作双方或多方共同分享合作成果，实现共同繁荣。合作成事必须建立在共同的价值观和目标导向基础上，团队成员在共同的目标和价值观的引领下，形成强大的凝聚力和向心力，推动团队向更高目标迈进。

二、合作成事的价值体现

合作成事的价值在于其能够显著提高整体工作效率和质量。当团队成员间实现充分的信息共享时，大家可以在更短的时间内获取更多有用的知识和信息，避免在摸索和试错中浪费时间和精力。同时，资源整合能够使团队将有限的资源集中投入最关键、最需要的环节，实现资源的最大化利用。此外，合作成事还有助于培养团队成员的责任感和团队精神，形成强大的凝聚力。在合作过程中，每个成员都需要明确自己的角色和责任，通过共同努力实现团队目标。这有助于增强个人对团队的归属感和忠诚度，有效地强化团队建设，提高团队凝聚力和向心力。

合作成事在现代工匠精神中具有重要的价值。首先，合作成事有助于提升工作效率和质量。通过团队合作，可以充分发挥每个成员的优势，实现资源的优化配置，从而提高工作效率；同时，团队成员间的相互监督和帮助，也利于减少错误，提高工作质量。其次，合作成事有助于培养团队成员的责任感和团队精神。在合作过程中，每个成员都需要承担自己的责任和义务，为团队的共同目标贡献力量；同时，团队成员间的相互支持和信任也有助于增强团队的凝聚力和向心力。最后，合作成事有助于实现个人与团队的共同发展。通过团队合作，个人可以在实践中不断学习和成长，提升自己的能力和水平；同时，团队的进步和成功也会为个人的发展提供更多的机会和平台。

在现代社会，合作的规模呈现出扩大趋势，体现为跨国集团、跨国公司、跨国研究领域等。例如，我国倡议主导的“一带一路”建设就是典型的国际合作项目。“一带一路”建设项目涵盖基础设施、能源、农业等多个领域，在全球范围内取得了丰硕成果，有力地推动了“一带一路”沿线国家的经济发展和民生改善。其中较大型项目主要有：交通基础设施方面的项目，如中老铁路、蒙内铁路、匈塞铁路诺苏段、希腊比雷埃夫斯港；能源建设项目，如阿根廷高查瑞 300 MW 光伏发电项目、巴基斯坦卡拉奇核电站、俄罗斯亚马尔液化天然气项目等。这些都是“一带一路”合作项目的成功范例。

第二节　合作成事的实践

在现代产业环境中，团队合作和良好的沟通是取得成功的关键因素。工匠精神强调工匠之间的互相支持和合作，鼓励他们相互学习和帮助，共同追求卓越。这种团队合作和沟通能力不仅能够提高个人的工作效率和质量，还能够增强团队的凝聚力和协作能力，推动整个产业的发展。

奖励机制和激励措施是弘扬工匠精神的重要途径之一。通过奖励和激励，激发产业工人发扬工匠精神的积极性和热情，促进其在工作中的创新表现。例如，设立工匠精神奖，表彰那些在工作中表现出色、具有创新精神和团队合作精神的工人，并通过公开评选和颁奖活动，将他们的先进事迹宣传出去，激励其他工人向他们学习。

在实际工作中，可以通过以下方式来实现合作成事：

（1）建立有效的沟通机制。团队成员应该保持开放、坦诚的沟通态度，定期召开会议或进行线上交流，分享工作进展、问题和想法。通过及时沟通，消除误解和隔阂，促进团队间的相互理解和支持。

（2）明确团队成员的职责和分工。每个成员都应该清楚自己的职责范围和工作内容，避免出现工作重叠或遗漏的情况。同时，团队成员之间也应该保持一定的协作和配合，共同应对挑战和解决问题。

（3）利用现代科技手段推动合作成事。例如，使用项目管理软件跟踪项目进度和资源使用情况，利用云计算、大数据技术分析和处理数据等。这些科技手段可以提高工作效率和质量，促进团队成员间的信息共享和资源整合。

在合作成事的实践过程中，需要遵循以下 4 个原则：

（1）加强团队沟通与协作。有效的沟通是团队合作的基础。团队成员应该保持开放、诚实的沟通态度，及时分享工作进展、问题和想法，以便及时发现和解决问题。同时，团队成员之间应该建立相互信任的关系，尊重彼此的观点和建议，共同寻求最佳的解决方案。

（2）明确个人责任与贡献。团队中每个成员都应该明确自己的职责和任务，并积极主动地承担自己的责任，发挥自己的专业特长和技能优势，为团队整体目标的实现贡献力量。此外，团队成员还应该关注团队的整体利益，避免个人主义和短视行为。

（3）程极面对挑战。在工作中，难免会遇到各种挑战和困难。面对这些挑战，团队成员应该保持积极的心态和乐观的情绪，勇于迎接挑战并寻求解决问题的办法。通过共同努力和合作，克服各种困难并取得成功。

（4）分享与提升成果。在团队合作的过程中，团队成员应该注重成果的分享和提升。当团队取得阶段性成果时，应该及时总结经验教训并进行分享交流，以便更好地指导后续工作。同时，团队成员还应该不断提升自己的能力和素质，以适应不断变化的工作环境和市场需求。

推动合作成事的传播和实践应主要从以下方面入手：

（1）在企业层面，企业要积极营造良好的团队氛围，树立合作共赢的理念，加强员工培训，提高团队协作能力。例如，某互联网企业通过实施团队合作培训项目，员工合作意识明显提升，团队协作能力显著增强，从而提高了产品质量和企业竞争力。

（2）在教育层面，教育部门要加强对学生的团队合作教育，培养具有现代工匠精神的青年人才。例如，某高校开展团队合作竞赛，引导学生积极参与，提高团队合作意识和能力，为未来职业生涯做好准备。

（3）在社会层面，社会各界要关注劳动者素质提升，倡导合作共赢的价值观念，营造有利于合作成事的社会环境。例如，通过宣传报道优秀团队合作案例，弘扬合作精神，营造尊重劳动、崇尚合作的良好社会氛围。

总之，合作成事对于提升工作效率和质量具有重要意义。它不仅体现了劳动者在追求个人发展过程中的价值观，也为企业和组织的持续发展注入了新的活力。通过加强团队沟通与协作、明确个人责任与贡献、积极面对挑战以及分享与提升成果，更好地践行现代工匠精神，推动个人和团队的共同进步与发展。

案例 港珠澳大桥——合作共建的成功典范

港珠澳大桥是我国桥梁建设史上的丰碑，是由我国自主设计、自主建设的超级跨海通道工程。它在建设过程中克服了难以想象的困难，彰显了我国在科技创新、环境保护、工程建设等方面的强大实力，也展现了中国人民战胜困难的高超智慧和巨大勇气，极大地提高了民族自豪感和增强了凝聚力，也极大地提升了我国在工程建设领域的国际影响力和话语权。

在管理机制方面，2003 年，国务院同意成立由香港特别行政区政府为召集人，粤港澳三方组成“港珠澳大桥前期工作协调小组”。2006 年 12 月，国务院批准由国家发展和改革委员会负责牵头成立“港珠澳大桥专责小组”。在“港珠澳大桥前期工作协调小组”和“港珠澳大桥前期工作协调小组”领导下，协调小组办公室协调粤港澳三地政府逐项解决了登陆地点、桥位方案、投融资等多个重大问题。2010 年 7 月，正式成立“港珠澳大桥管理局”为管理法人，负责主体工程的具体实施和运营管理。大桥管理局由粤港澳三方共同组建，承担大桥建设的主体部分，在建设过程中，负责统筹协调各方，解决建设中的难题，制定相关标准和规范，确保工程顺利进行，以及运营、维护和管理的组织实施工作。由广东方提名管理局局长和总工程师，三地政府各提名一位副局长，在大桥建设期间，各项重大方案均需由三地共同审定、协商一致才能通过，在运行机制上为合作共赢提供了保障。粤港澳三地紧密合作，在近 9 年的建设过程中，成功协调解决了在不同法律体系、不同建设管理机制下的诸多困难。大桥的成功建设堪称合作的典范。

在参加大桥建设的设计单位方面，上海市隧道工程轨道交通设计研究院承担了港珠澳大桥海底隧道等相关设计工作。由陈鸿副总工程师带领平均年龄不到 35 岁的年轻设计师团队，在 3 年多的时间里日夜驻扎在现场。

面对港珠澳大桥海底隧道这一当今世界上最复杂的海底隧道工程，单单就沉管断面形式和隧道基础形式这两项内容，团队成员就提出十多个方案，通过设计计算、图纸修改，连续工作一个月，每天工作到凌晨2点之后。最终提出了一套适应工程特点，满足大桥整个工程主体结构120年使用寿命的设计、验收等全过程的质量安全体系文件。中交第一航务工程勘察设计院有限公司参与了大桥的总体设计以及相关水工结构的设计，为大桥在复杂海洋环境下的建设提供了专业的设计支持。林同棪国际集团参与了港珠澳大桥部分桥梁结构的设计工作，为大桥的造型美观和结构安全提供了设计保障。

在参加大桥建设的施工单位方面，中国交通建设股份有限公司（中国交建）承建了港珠澳大桥70%以上的工程，其联合体承建的岛隧工程是大桥的施工控制性工程，包括沉管隧道、东西人工岛三大部分。中国中铁承担了大桥钢结构项目最大标段18万t钢结构的制造，旗下中铁山桥负责CB01标段钢结构制造，中铁宝桥承担了4万多t钢梁、钢塔的生产制造任务，中铁科工为大桥专门研制了工程专用运输设备，负责钢箱梁的脱胎、转运、调运装船。中国能建旗下广东火电承建了珠海110 kV人工岛输变电工程，为大桥建设提供了电力保障。中国铁塔完成跨海大桥、海底隧道、人工岛及连接线等不同主体网络建设，高标准提供了全专业一体化综合解决方案。华润集团旗下华润水泥控股有限公司根据工程要求，设计出满足项目特定要求的高性能海工水泥，供应了港珠澳大桥大陆段大量水泥产品，确保混凝土构件满足120年使用寿命的要求。南方电网广东珠海供电局在人工岛上布局建设110 kV输变电工程，形成“双保险”供电模式，还在人工岛上建设了充电桩，为往来车辆提供绿色能源。

平潭企业正力海洋工程有限公司的“正力2200”起重工程船与“长大海升”起重船等密切配合，完成了多个高难度吊装任务。ABB（Asea Brown Boveri）公司为港珠澳大桥人工岛海下变电站提供电容器成套装置，确保了大桥电力“心脏”的持续跳动。新华三集团（H3C）承担了大桥90%以上的IT基础架构建设，打造了连接港珠澳三地的智能数字化平台。银江股份承建的港珠澳大桥珠海口岸综合安防系统工程，实现了各种安全数据在各部门之间的即时交换，助力珠澳“合作查验、一次放行”通关模式的实现，使每人通关时间缩短至3～5 s。广东耀南建筑工程有限公司承包了港珠澳大桥珠海口岸（IV标段）口岸联检非现场办公用房及综合报关报检厅工程，施工内容涵盖塔楼、地下室的基础工程等多个方面。江门市政集团承包了澳门口岸管理区市政及外围承包工程中的道路及管线工程，在人工岛气候复杂多变、台风天气频繁的不利条件下，安全、有序地施工，确保了项目按期保质完成。

在环境保护合作方面，大桥管理局设置了专门的安全环保部，引入环保顾问咨询团队，定期评估工程对生态环境和中华白海豚的影响。

在“港珠澳大桥专责小组”“港珠澳大桥前期工作协调小组”“港珠澳大桥管理局”“港珠澳大桥三地联合工作委员会”及三地海关、边检、检疫部门的有效管理和协调下，大桥的设计、建设、环保各单位积极参与，从 2003 年 8 月国务院批准开展港珠澳大桥前期研究工作，到 2009 年 12 月 15 日大桥主体工程正式动工建设，再到 2018 年 10 月 24 日正式通车运营，港珠澳大桥成为世界上最长的跨海大桥之一，也是世界建设史上合作共赢的典范。

此外，来自丹麦、美国、荷兰、英国、日本、德国、瑞士、土耳其等多个国家的桥梁专家也参与其中，为大桥建设提供技术支持和经验分享。

总之，在大桥施工建设过程中，在管理、项目实施与运营、工程建设、资金保障、环境保护层面，建立了多层次沟通机制，明确各建设单位责任与分工，构建了清晰的项目组织架构，通过加强技术交流与协作、技术培训与交流活动，强化文化融合与团队建设。

第十二讲　勇于创新，善于创造

第一节　工匠精神与创新精神并行不悖

在现代社会，工匠精神与创新精神已成为推动社会进步和企业发展的重要力量。工匠精神强调精益求精、追求卓越，创新精神则注重突破传统、探索未知。二者在表面上看似有所矛盾，实际上却能够相互融合、相互促进，共同推动社会不断向前发展。

一、工匠精神以创新精神为动力

工匠精神是一种追求卓越、精益求精的精神状态，它要求工匠对每一个细节都进行深入研究，不断提升自己的技艺水平。这种追求卓越的过程并非一成不变，而是需要不断创新和突破。创新精神为工匠提供了源源不断的动力，使他们能够在传统技艺的基础上，不断探索新的工艺、新的技术和新的应用领域，从而推动技艺的进步和发展。从这个意义上讲，工匠精神与创新精神是不可分割的统一体，互为基础、彼此促进，创新精神是推动人们不断进取的不竭动力，是工匠精神的动力源泉。

例如，在现代制造业中，许多工匠通过引入先进的生产技术和设备，对传统工艺进行改造和创新，不仅提高了生产效率，还使产品质量得到了大幅提升。这种创新精神与工匠精神的结合，使现代制造业在保持传统工艺精髓的同时，能够适应时代发展的需要，不断提升自身的竞争力。在创新精神的驱动下，中华大地一批批大国工匠涌现出来。我国目前 GDP 稳居全球第二位，我国工业不但有全球最为完整的工业门类和全产业链，工业产值也连续十几年稳居全球第一位，并且在基建工程、高铁技术、航空航天、造船、低纳米芯片等众多工业及高科技领域中位列前茅，正是大国工匠们撑起了这片蓝天。

二、创新精神需要工匠精神作为支撑

创新精神是推动社会进步的重要力量，但它并非空中楼阁，而是建立在坚实的工匠精神基础之上。创新精神强调的是探索未知和突破传统，这并不意味着可以忽视对技艺的深入研究和精湛掌握。工匠精神为创新精神提供了扎实的技艺支撑，使工匠能够在掌握传统技艺的基础上，进行有针对性的创新尝试。

以科技领域为例，许多科技创新成果都是在工匠精神的指导下得以实现的。工程师们在深入研究传统技术的基础上，通过引入新的理论和方法，进行技术创新和突破，从而推动科技的快速发展。这种以工匠精神为基础的创新精神，使科技创新能够更加贴近实际需求，更加具有实用性和可行性。

综上所述，工匠精神与创新精神在现代社会中并行不悖，二者相互促进、相互支撑。工匠精神为创新精神提供了坚实的基础和动力源泉，创新精神则推动着工匠精神不断向前发展。在现代社会中，我们应该积极倡导和培育这种并行不悖的精神状态，鼓励更多的人投身于创新和创造的事业中，共同推动社会不断向前发展。

案例一　改变大世界的小发明

科学技术发展到现在，已经使人类摆脱茹毛饮血、风餐露宿的生活，住进设施现代化的住宅，使用自来水龙头中的水。一般水龙头只能向下出水，人们仍然用捧水的方式来洗脸，而且只要打开水龙头，龙头里的水就自然而然地冲向下水道，在捧水洗脸的过程中，少部分水被捧到脸上，另有大量的水白白被浪费。一次洗脸大约用水 6 kg——这是因为欧洲人发明的洗脸盆水龙头是向下出水的，而且一直以来人们都认为这很正常。

昆明的机械工程师老姜在注意到这个问题后，经过反复的设计、试验和改进完善，终于研发出一种向上喷水洗面龙头。当人们打开这种水龙头时，水向上喷出形成一个喷泉，向上喷出的水流有 20 cm 高，出水量只是向下出水量的 1/4，洗脸时略微低头水便可直接喷在面部，不仅舒适方便，还省去了来回用手捧水的时间。经实际测量，用这种水龙头洗脸，每次洗脸用水量在量杯中显示只有 1 kg 左右，节水效果特别显著，甚至刷牙漱口也不需要用杯子盛水。

老姜发明的“上喷水”节水龙头，已获得包括发明专利在内的 13 项中国专利，产品已实现产业化。拥有自主知识产权的向上喷水的水龙头已出口美国、印度尼西亚等 10 多个国家和地区。有关专业人士论证认为，在全球水资源日益紧缺的今天，若能广泛普及和推广节水洗脸龙头这一专利技术产品，全世界每年可节约上百亿吨的水资源。由此可以看到小发明所产生的巨大价值。

第二节 现代工匠精神创新路径探索

一、创新思维引导与实践举措

创新思维是创新能力的核心，它使思维具有流畅性、变通性、独特性，产生新认识。创新思维能力主要包括敏锐独特的观察力、高度集中的注意力、高效持久的记忆力和灵活自如的操作力。

在现代工匠精神创新路径的探索中，跨界融合思维成为推动创新的重要动力源泉。通过鼓励工匠跳出传统行业的框架，积极寻求与其他领域的深度融合，在跨界碰撞中激发出更多创新的火花。这种跨界合作拓宽了工匠的视野，让他们有机会从其他领域汲取灵感，进而创造出更具创新性和实用性的产品。

逆向思维也是引导工匠创新的重要策略。逆向思维强调从用户需求和痛点出发，让工匠从用户的角度反向思考问题。通过深入了解市场需求和用户体验，更精准地把握产品改进的方向，从而有效提升产品的市场竞争力。

高度重视团队协作与知识共享是推动现代工匠精神发展的重要动力。通过建立有效的团队协作机制，鼓励工匠加强交流与合作，共同解决技术难题和工艺挑战。同时，注重知识共享，通过定期举办经验交流会、技术研讨会等活动，让工匠能够相互学习、共同进步。

这些举措的实施，不仅有助于激发工匠的创新思维，也为现代工匠精神的发展注入了新的活力。在跨界融合思维、逆向思维以及团队协作与知识共享的共同推动下，工匠能够不断创新、追求卓越，为行业的发展贡献更多的智慧和力量。

二、技艺传承与创新结合策略

技艺传承是技术的延续，更是文化基因的承载、民族认同的纽带和创新发展的根基。例如，我国传统茶叶制作技艺、安徽宣纸制作技艺、传统戏剧等，都蕴含着特定历史时期的审美观念和生活智慧，并且带着时代烙印向未来延展。传统的技艺在科技加持下，将产生新的样态。在现代工匠精神创新路径的探索过程中，需要注重技艺传承与创新的深度结合。传统技艺作为人类文明的瑰宝，其挖掘、整理和保护工作至关重要。通过系统性的记录和整理，确保这些经典技艺得以传承，并在新的时代背景下焕发新的生机。

与此同时，还应积极探索传统技艺与现代科技的融合之道。通过将传统工艺与现代技术手段相结合，极大地提升技艺的实用价值和审美水平。例如，借助数字化技术对传统技艺进行精确复制和广泛传播，从而扩大其影响力；新材料和新工艺的应用则可以为传统技艺带来新的创作空间和表现形式。同济大学用BIM技术重建应县木塔结构，发现斗拱节点的“柔性抗震”机制，据此研发碳纤维榫卯连接件，应用于现代木结构建筑抗震加固；中国科技大学团队通过PIV技术分析抄纸帘床运动轨迹，设计仿人手运动的机器人抄纸系统，能复制传统宣纸“云纹”纤维分布，日产量提升10倍。传统的技艺与现代科技相结合，构成了一套完美的创新组合体，为弘扬传统技艺找到了新的契合点。

因此，我们要重视新一代工匠的培养和选拔工作。通过加强教育和培训，提高工匠们的技艺水平和创新能力，为现代工匠精神的发展注入源源不断的动力。在这个过程中，应注重理论与实践的结合，鼓励工匠在实际操作中不断摸索和创新，形成具有个人特色的技艺风格。

同时，要建立完善的激励机制和评价体系，以激发工匠的创新热情。通过设立奖项、举办展览等方式，对优秀工匠和作品进行表彰和推广，树立行业榜样，推动整个行业的进步和发展。

案例二　大国工匠赵正义的创新之路

2012年农民工出身的赵正义以他的发明“赵氏塔基”获得中国科技进步奖二等奖。“赵氏塔基”解决了80多年来困扰建筑业的一个大难题，而赵正义是唯一的获奖人，也是历年来获得国家科技进步奖的唯一农民工。

他是如何做的？

让我们回溯他的创新历程，看看他是怎样创造奇迹的？

赵正义1946年出生，初中毕业后回乡务农，他30岁时进入乡镇建筑企业，成为一名瓦工。入行后他从砌砖开始学起，上班时向同行老师傅学习，每天晚饭后他会在自家院中挑灯夜战自我操练，每天砌300块砖，坚持上了3年的砌砖“自习课”。不仅如此，他每天晚上一定要读书两小时，学习专业书籍中他人的操作技巧，并在自己的实践应用中形成了独有的砌砖操作程序。3年后他的技术水平就超过了从业十几年的师傅，成为一名优秀的瓦工。

经过持续不断地学习，从瓦工、班组长、质检员到项目负责人，1982年赵正义成长为建筑企业的经理。

1997年6月，赵正义在工作中发现国内外固定式塔机无一例外地配置了少则几十吨、重则200 t的整体现浇混凝土基础，施工结束后整体塔基永久遗留在施工工地上，形成永久的地下障碍物，既浪费资源，也影响建筑物室外管线工程的施工和维护，甚至影响室外的绿化。

他向50多个国内塔机厂家的技术部门发出询问“有没有变革这种传统基础的可能性，使之可以反复使用”。得到的答复是国内外都无人能解决。

赵正义决心自己试一试，设计可移动的新型塔基。

从此，他废寝忘食，先后十余次修改设计方案，终于第一套可拆卸分解、可组合、可移动的“赵氏塔基”诞生了，在建筑工地试用2个月后，工程顺利完工，塔基被拆卸转运到另一个工地，再次组装投入使用，效果良好。他看到了希望，一个困扰建筑领域80多年的难题被他攻克了。

“赵氏塔基”破解了有80年历史的桅杆式机械设备传统整体混凝土基础的严重资源浪费、环境污染的世界性技术难题，不仅用于建筑领域，也适用于所有需要建设高塔地基的领域。

赵正义多次拒绝了国外的高薪转让请求，“赵氏塔基”已经在中国成功实现产业化，作为“中国节能减排发明项目”在全国推广应用。

以“赵氏塔基”为规范对象，以清华大学、同济大学、中国建筑科学研究院等专业院校专家组成的编制组完成为国家行业标准的编制，由赵正义担纲主编。

为什么赵正义能做到？

首先，他热爱学习并养成为学习习惯。

几十年来，每天不管白天有多忙，晚上赵正义一定要读书两小时。历时15年的自主创新中，在高校和科研院所业内专家的帮助下，赵正义先后自学了工程力学、材料力学、土力学地基基础、预应力装备、钢结构等多个领域中多个学科的知识。

2006年，已经60岁的赵正义又上了中央党校研究生班，他要学习科学技术哲学专业，他要掌握最先进的世界观和方法论，把塔基研发的过程中遇到的技术难题上升到哲学层面思考，他要占领塔基技术领域的制高点。2009年他研究生毕业，经过研究生班学习，他的思维更加敏捷、更加系统，能够科学合理地认识问题，申请专利的质量和层次也比以前提高很多，对以后的创造确实起了很好的指导作用。

其次，他不怕困难、敢于挑战并形成自己创新的方法论。

直面世界上从未有人解决的问题，赵正义没有任何畏惧，不懂就学，不会就问，废寝忘食，殚精竭虑，并主动学习科学技术哲学，掌握先进的世界观和方法论。“赵氏塔基”零部件设计更是跨界综合7个领域多个学科的相关知识。

最后，他求优求变，追求卓越。

1997年，赵正义完成移动式可拆卸塔基的设计后，并没有满足于他的发明，他进一步思索改进的可能，能否降低成本？能否改善性能？能否增加寿命……1997—2012年，经过9次升级换代，他设计了塔基的1 000多个部件、40多个整体结构的技术方案，撰写115万字的专利申请文件，绘制1 200幅专利的指图，申请102项专利，直至“赵氏塔基”臻于完善。

案例三　钻研工艺　创新技法——铆工周晶辉

“781 mm，782 mm……”走进中车长客国铁事业部制造中心铝车体产线组，银白色的“复兴号”智能动车组车体已组焊完成，周晶辉手持卷尺，仔细测量着列车司机室的侧墙数据。

一列“复兴号”动车组车体往往由许多大小不一、形状各异的铝合金板材组成，周晶辉的工作便是将这些零部件精准组装成动车骨架，为下一步焊接做好准备。2023年以来，为实现轻量化目标、减少行驶风阻，动车组侧墙等部件型材外表面厚度从3 mm减少到约2 mm。“铝合金热传导速度快，焊接时如果稍有偏差，就可能导致车体出现轻微凹陷。”周晶辉说。

为攻克技术难题，周晶辉不断试验，探索出更适合当前型材的焊接工艺，尽可能让焊接时各个零部件受热均匀，以减少变形。“目前，这一技术难题基本得到解决。”他说。

“不但要把活干完，更要把活干好”，这是周晶辉始终秉持的工作理念。2007年，组装时速200 km的动车组车体时，周晶辉发现，司机室小侧墙板材用传统方式切割十分烦琐。在没有技术参考的情况下，周晶辉用一个多月时间琢磨出一套新切割法，实现半小时内完成精准切割。截至目前，周晶辉共总结优秀操作法30余项，获国家专利11项。

第三节　工匠精神与“大众创业、万众创新”

工匠精神是一种在设计上追求独具匠心、在质量上追求精益求精、在技艺上追求尽善尽美的精神，蕴含着严谨、耐心、踏实、专注、敬业、创新、拼搏等可贵品质。工匠精神体现在各行各业、企业家和劳动者的价值追求和综合素质上，落实在产品的质量和生产的各个环节上。

一、明确强调工匠精神有利于准确把握“大众创业、万众创新”的价值理念

随着“大众创业、万众创新”（以下简称“双创”）理念的深入人心，其作为

重要施政理念和推动中国经济改革发展的重大举措，是具体落实国家创新驱动战略，建设创新型国家的中国表达和实现途径。

“双创”需要创新理念和创新精神的引领。然而，仅有创新精神、创新理念是不够的。创新中要有一以贯之的东西，有衔接过去和未来的东西，这就是工匠精神。倡导工匠精神，相当于为“双创”注入了灵魂，也解答了“双创”如何具体落实的问题。工匠精神具有历史传承性，“双创”不能忽视传统技艺，那些有代表性的传统技艺都是几代工匠始终如一地灌注心血的成果，这是创业者首先要继承的精神，也是创新者必不可缺的精神品质。

工匠精神与创新精神并行不悖，既相互联系、相互统一，又相互平衡、互为补充。一方面，创新精神需要工匠精神作为支撑；另一方面，工匠精神以创新精神为动力。创新精神强调思想的灵动、瑰丽的奇想和义无反顾的态度。而工匠精神更强调细节、锲而不舍和永不满足。就商业价值而言，创新精神更多体现在商品的跨越式发展上，工匠精神更强调产品的质量、稳定和完美。在“双创”浪潮下，工匠精神既能很好地矫正其中的非理性、运动式的行为，又能促进新经济实现跨越式创新发展，并促进传统经济增质、提效和转型。

工匠精神与创新精神最终统一于具体的产品之中。在产品的制造过程中，工匠精神是基础，创新精神是引领。一件质量上乘的产品既是抓住市场的新需求而不断创新的产物，也是工匠追求细节完美而精致创造的结果。“大众创业、万众创新”带来了社会生产力水平的提升，为中国新一代劳动者注入了全新的精神风貌。

二、明确强调工匠精神有利于纠正“大众创业、万众创新”在操作中的一些误区

当前“双创”在全国各地取得了卓有成效的进展，但在具体执行中也存在一些误区。有些地方在“双创”中过于偏重新点子、新颠覆、新状态、新包装，甚至认为“双创”就是“头脑风暴+互联网”。有些地方过分追捧新经济，认为传统产业毫无希望，盲目淘汰传统产业。还有些地方把“双创”当成一场运动，而不是实实在在的产业升级或产业革命，在实际操作中流于形式。这些做法极有可能引起产业、就业结构性失衡，导致空喊口号而无实效，最终反而危及整体经济。

在“双创”中注入工匠精神，要求既不能简单否定传统，也不能把“双创”异化成一场急功近利的运动。正如现代创新理论的提出者熊彼特指出的，“有必要努力把一场混乱变成有秩序的撤退”。这实际上是批判在创新中不顾传统和承继关系的武断行为。工匠精神恰恰有这种纠偏功能。

三、明确强调工匠精神有利于培育“大众创业、万众创新”合格主体

“双创”的灵魂是“创”，而基础和主体是“众”。“众”由一个个劳动者组成，有什么样的劳动者，就有什么样的“众”，有什么样的“众”就有什么样的“创”和产品。从这个意义上来说，工匠精神是决定“双创”成败的重要因素，它与创新精神一道，构成“双创”的车之两轮、鸟之两翼。

工匠精神理应贯穿“双创”的始终。就创业者而言，要有坚守信仰、不忘梦想的初心，顽强执着、拼搏进取的决心，坚韧不拔、锲而不舍的耐心，更要精益求精、追求卓越的匠心。就创新者而言，既要摈弃浮躁、潜心钻研，又要敏锐创意、精雕细琢，不断精进、永不自满。工匠精神能够使人们更加注重创新创业的细节和风险，养成踏实、勤劳、严谨，不浮夸、不浮躁的工作态度，更加脚踏实地地走在创新创业的征途上。

案例四　刘香兰——黎族传统纺染织绣技艺国家级代表性传承人

席地而坐，腰间系带，双腿伸直，紧踩木棍……作为黎族传统纺染织绣技艺国家级代表性传承人，刘香兰致力于黎锦技艺的传承与创新、普及与推广，如今已是第四十二个年头。

黎锦技艺是较为古老的棉纺染织绣技艺之一，过去技艺的传承只在黎族女性之间代代相传。13岁那年，刘香兰从母亲手中接过了自己的第一架踞腰织机，开始学习织锦，15岁独立完成为第一件作品。没有图纸参考，便从模仿过去的作品开始，逐渐创新和改进图案、载体，不断钻研黎锦技艺。2008年，海南启动“黎锦技艺国家级非物质文化遗产传承人”申报工作，刘香兰第一个报了名。

“黎锦技艺需要我们不断地创新、推广。”刘香兰不仅将织锦技艺传给了儿子和孙子，还当上了海南省民族技工学校和五指山市部分小学的客座教师，即使平常工作再忙，她也会定期到学校教授黎锦技艺课程。

走进五指山黎锦传习所，目之所及不仅有传统的黎锦筒裙、服饰，还有个性化定制的床饰、壁挂、披肩等产品。“在刘老师的指导下，我们希望寻找黎锦技艺与现代生活的更多结合点，让更多人感受黎锦的魅力。”刘香兰的徒弟、五指山市冲山镇村民黄朝翠说。

“创新是最好的传承。未来，我会继续致力于将黎锦技艺推广开来、普及下去。”刘香兰说。

案例五　世界杂交水稻之父、首届国家最高科学技术奖得主袁隆平

袁隆平，我国杂交水稻育种专家，被誉为“世界杂交水稻之父”。

童年时，曾由母亲带去农场参观以及观看类似电影的经历让袁隆平对于田园的美感油然而生，由此他对农业萌生了兴趣。幼年的他又因战乱辗转多地（武汉、重庆、南京等地），目睹过饥荒和民生艰难，对农业的重要性有了深刻认识。1949 年，他报考了南京中央大学（今南京大学）的农学院，同年因全国高校院系调整，他转入西南农学院（今西南大学）农学系，主修遗传育种学。选择农业的原因是他认为“吃饭是第一件大事”，希望能用科学改变农业。1953 年毕业后，他被分配到湖南安江农校任教，开始农业科研与教学的生涯。这段经历为他日后在杂交水稻领域的突破奠定了重要基础。

在我国推广杂交水稻之前，传统的稻作生产主要依赖常规水稻品种，其特点是这些品种通过自然授粉繁殖，遗传性状稳定，但产量潜力较低（亩产约 200～300 kg）。一些地方品种如“矮脚南特”“珍珠矮”等矮秆品种，虽抗倒伏但增产有限；分蘖能力弱、穗小粒少，易受病虫害影响，单产难以突破；如果过量施肥易则倒伏，肥料利用率低；南方的双季稻区因生长期长，品种选择受限，且育种周期长、无杂交优势。

1960 年 7 月，袁隆平在农校试验田中意外发现一株特殊性状的水稻。他利用该株水稻试种，发现其子代有不同性质。因为水稻是自花授粉的，不会出现性状分离，所以他推论该株水稻为天然杂交水稻。随后他把雌雄同蕊的水稻雄花人工去除，授以另一个品种的花粉，尝试产生杂交品种。

1961 年春天，他把这株变异株的种子播到创业试验田里，结果证明了 1960 年发现的那个“鹤立鸡群”的植株是“天然杂交稻”。那时正值我国三年困难时期，袁隆平是安江民校的教师，面对严重的饥荒，他立志用农业科学技术击败饥饿威胁，从事水稻雄性不育试验该株水稻地切入，为国家培育优质高产水稻品种。

1964 年 7 月 5 日，袁隆平在试验稻田中找到一株“天然雄性不育株”，经人工授粉，结出了数百粒第一代雄性不育株种子。

1965 年 7 月，袁隆平又在 14 000 多个稻穗中逐穗检查找到 6 株不育株，在此后两年播种中，共有 4 株成功繁殖了 1～2 代。他发现通过培育雄性不育系、雄性不育保持系和雄性不育恢复系的三系法途径来培育杂交水稻，可以大幅度提高水稻产量。

1964 年发现天然雄性不育株，到 1973 年实现“三系配套”（不育系、保持系、恢复系）来培育杂交水稻，袁隆平团队使水稻产量从亩产 300 kg 提高到亩产 500 kg 以上，大幅度提高了水稻产量；1974 年，成功选育第一

个在生产上大面积应用的强优高产杂交水稻组合——南优2号。1975年袁隆平攻克了“制种关”，使该项研究成果进入到大面积推广阶段；1976年起杂交稻（如“南优2号”）大规模推广，单产提高20%～30%，彻底改变了传统水稻生产格局。这一创新使我国在水稻育种领域领先全球，也为后续“超级稻”计划奠定了基础。1987年，袁隆平组成两系法杂交水稻研究协作组开展全国性协作攻关。1995年，两系法杂交水稻取得成功，取得一般比同熟期的三系杂交稻增加5%～10%的产量。1997年，袁隆平提出提高光合作用效率的超高产杂交水稻形态模式和选育技术路线，开始“中国超级杂交水稻”研究。2000年实现第一期大面积示范亩产700 kg指标，2004年提前一年实现第二期超级稻目标。2011年、2012年超级杂交稻第三期目标攻关百亩示范分别达亩产 926. 6 kg、917. 7 kg，标志着我国超级杂交稻第三期目标实现。

在世界范围内，杂交水稻已推广种植和引进试种到数十个国家和地区，海外种植面积达700万 hm^2。亚洲、非洲和美洲等地已有40多个国家引种、研究和推广杂交水稻，其中印度约140万 hm^2、越南约65万 hm^2、菲律宾约35万 hm^2。袁隆平为解决中国乃至世界的粮食问题做出了不可磨灭的贡献，被誉为“杂交水稻之父”。

第十三讲　养成反思与持续改进的好习惯

在新时代背景下，工匠精神已成为提升国家竞争力、促进社会进步的重要途径。工匠精神强调劳动者在职业生涯中不断追求进步，通过反思和反馈不断提高技能，从而实现个人成长和职业发展。其中，持续改进被认为是取得进步的关键。

第一节　反思在现代工匠精神中的作用

反思是指劳动者对自己的工作过程、方法和结果进行深入思考，从而发现问题、改进不足，提高工作效率和质量。

在现代工匠精神中，反思能力成为不可或缺的一环。这种能力对于工匠在职业发展中的技能提升和创新能力培养具有深远影响。具体而言，反思有助于工匠更加系统地审视工作过程中的各个环节，包括工作流程、使用的方法以及最终呈现的结果。通过深入剖析，更准确地识别存在的问题，进而采取有针对性的改进措施。

在实践中，工匠通过反思积累经验，不断优化工作流程和方法。这有助于提升工作效率，降低出错率，从而保障工作质量的稳定提升。反思还有助于工匠激发创新思维，探索更为高效、新颖的解决方案。这种创新能力的提升对于工匠个人及其所在团队的长远发展具有重要意义。

从更深层次来看，反思能够帮助工匠更加深入地理解工作内涵，把握工作的核心要素。通过反思，工匠能够洞察潜在问题，预见可能出现的风险，从而提前采取措施进行防范。这种预见性、预防性思维有助于工匠在工作中保持警觉，不断提升应对复杂问题的能力。

反思还是推动工匠个人和团队持续进步的重要动力。通过反思，工匠能够发现自身在知识、技能和态度等方面的不足，进而制订有针对性的工作计划和发展目标。团队成员之间的反思与交流也能够促进知识共享和共同进步，从而提升整个团队的竞争力。

第二节　持续改进的内涵及作用

一、工匠精神中持续改进的内涵

持续改进是指劳动者在反思的基础上，对自己的工作过程和方法进行持续的优化和调整，以不断提高工作效率和质量。

在现代工匠精神中，持续改进无疑占据着核心地位，它对于工匠在日常工作中追求更高品质和效率具有深远的影响。持续改进是一种行动准则，是工匠对于精湛技艺和卓越品质的不懈追求。

为了实现持续改进，工匠要树立以问题为导向、以结果为目标、以过程为手段的改进思维模式。在日常工作中，时刻保持敏锐的洞察力，及时发现存在的问题和短板，并对其进行深入分析。工匠还要明确改进的目标和方向，确保每一项改进措施都能直接作用于提升工作质量和效率。

在改进过程中，应注重过程的优化与调整。工匠应不断探索更加高效、精准的工作方法，以提升工作效率；并通过关注细节，力求在每一个环节都能实现精益求精。这种对过程和结果的双重关注，有助于工匠在追求持续改进的道路上稳步前行。

持续改进意识的培育需要工匠具备反思与学习的能力。他们要定期对自己的工作进行总结和反思，找出存在的不足和需要改进的地方；积极学习新知识、新技能，不断提升自己的专业素养和技能水平。

工匠的持续改进，早已超越了技艺层面的修修补补，而成为一种生存哲学和文明态度——它意味着永远以“未完成”的心态面对既有成果，以“再突破”的勇气挑战认知边界。在数字时代，这种改进正从个体工匠的自觉，演变为技术系统、产业生态乃至文明形态的自我革新机制。正如日本“人间国宝”轮岛涂匠人三轮休和所言：“真正的匠艺没有终点，每一次完成都是下一次改进的起点。”这种对完美的永恒追逐，不仅塑造了器物的灵魂，更构筑了人类文明不断向上的精神阶梯。

二、持续改进的作用

（1）实现个人成长。持续改进有助于劳动者提高自己的技能，从而实现个人成长和职业发展。

（2）提高企业竞争力。持续改进有助于企业优化资源配置，提高劳动生产率，从而提升整体竞争力。

（3）实现可持续发展。持续改进有助于企业关注环境保护、员工福利等方面，实现经济、社会和环境的可持续发展。

持续改进是为了向高、向上、向好，它既是工匠精神的价值体现，也是现代企业发展的制度性需要、文化性需要。工匠精神以静心守护、追求卓越、精益求精为主要内容，从广义上已经成为工匠个人和群体以及一切积极向上因素的总和，对于企业的可持续发展有着巨大的推动作用。

第三节　持续改进的前提——及时复盘

如何培养持续改进的习惯，使精益改善效果最大化？其前提是及时复盘——坚持蓄能的自我成长。及时复盘是一个动态的过程，以动态和成长的眼光看待问题，研究过去，总结经验，着眼未来。

相较于专业、极致这种更为凸显的传统工匠精神内涵，及时复盘更加内敛。它是一种持续蓄能的自我学习方式，也是工匠提升自我的重要路径。那些获得“技能大师”“大国工匠”的匠人们，成长至此，是他们懂得及时复盘，能够耐住心性，直面错误，在一次次的失败中总结问题，自我提升。

例如第二届“齐鲁大工匠”获得者李仁壮，他于1997年从技校毕业后进入莱钢棒材厂成为一名轧钢工。参加工作后，他积极学习上进，通过自学取得了中专、大专学历以及专升本毕业证。他还利用业余时间学习，获得了钳工、电工、电气焊等多个资格证书。通过不断学习和实践，他从一名普通轧钢工人成长为“中国质量工匠”“齐鲁大工匠”，并荣获“全国五一劳动奖章”等多项荣誉。李仁壮练就了辊缝调整“一眼准”、线差调整“一支稳”的绝技绝活，能将辊缝误差精确到0.1mm范围内。李仁壮多年来主持参与的多项核心技术达到国内领先水平，获国家专利技术5项，为企业创造效益达3 000万余元。

山钢股份莱芜分公司棒材厂二轧车间遇到冷床反弧技术难题，严重影响了车间指标，增加了职工的劳动强度。李仁壮作为攻关团队带头人，带领团队对这一问题进行复盘。李仁壮在复盘时没有盲目尝试，以“问题—原因—解决方案”的闭环思考方式，将复杂的技术难题拆解为“开轧温度降低”“区间稳定控制”“设备稳定性保障”等具体维度，快速锁定“温度控制”这一关键因素，将卸钢温度降到960℃以下，使线差控制保持均匀。通过设备改进、参数调整等措施，成功解决了冷床反弧技术难题，卸钢弯曲问题也得到解决。

李仁壮通过复盘提出冷床反弧技术难题对策，说明复盘是工匠技艺成长、工匠精神培育的有效措施。人们在成长过程中必然会遇到各式不同的问题，复盘是将事物的经过、思维过程、处理方式进行重放，使人以超越自我的高度去看待出现问题时的自我，以工匠精神的严格缜密思维去对待问题，这对于工匠而言是成长过程中的扎实一步。

有些下围棋的棋手每完成一次比赛后，都要将棋局重新研究一遍甚至几遍，在这个过程中分析自己每一招的优劣势和得失，从而改进自己的招式，以应对之后的比赛。他们在不断总结和复盘的过程中发现问题，解决问题，在一次次复盘中精进自我，最终实现目标。

在失败与成功之间，真正有价值的是人们对过程的反思与总结。生活、工作中充满了变化与未知，在前进的道路上难免犯错，犯错并不可怕，重要的是要有直面错误的勇气，要在犯错后知道因何而错，以及如何改过。而要做到这些，需要及时复盘，反省总结自己的不足，持续地自我积累与蓄能，不断提升自我。

“复盘”前必须有一个“及时”，这反映出人们的主观能动性——更好地把握整个过程的细节。如果拖延一段时间才进行复盘，难免会忽略一些细节问题，从而导致复盘过程并不完整，及时进行复盘，才可能将复盘的价值发挥到最佳。

及时复盘其实是一个不断校正路线的过程。通过及时复盘，人们对自己的心理活动和整体思维进行全面的把握，对失误进行总结，研究出更好的方法，努力校正、调整行动路线。通过及时复盘，人们可以提高工作质量，为能力质变打下坚实基础。

回顾、反思、探究、提升，把事情想明白，谋定而后动。

“及时复盘”要做到以下几点：

（1）回顾预期目标。回顾初期所设定的目标，然后与实际完成的目标进行对照对比是否达到预期目标，如果没有达到，知道差距是多少。通过对比目标结果，更好地认识自己的能力水平。

（2）回顾过程。回顾自己做事的全过程，将整个过程分为几个阶段，分析每个阶段自己的行为，以及行为所产生的结果和影响。回顾过程中自己所遇到的问题，以及自己的解决方式、遗留问题。

（3）分析原因。分析整个过程中哪部分做得好，哪部分没有做好，并将做得好的原因与做得不好的原因罗列出来，明确其中的关键因素。

（4）总结规律。复盘最重要的目的是总结规律。通过复盘，提炼出自己在整个过程中产生的一些好的思想和方法，在未来可以进行复用。之后思考自己出现失误的地方，明确如果在后期再次遇见同样的问题应该如何去做、如何进行改进，避免再次踏入同一个陷阱。

（5）制定策略。对于所总结出来的规律，制定相应策略，以不断提高自己的思维能力和执行能力。

第四节　实现持续改进的方法

一、制定明确目标与计划

实现讨持续改进必须重视制定明确目标与计划。针对持续改进工作，企业应紧密结合发展战略和市场需求，明确具体的改进方向。这些方向包括但不限于提升产品质量、优化生产流程等，以确保改进工作能够与企业整体战略相契合，推动企业的持续发展和竞争力提升。

在确定改进方向的基础上，进一步将这些方向细化为具体、可衡量的目标。这些目标应具有可操作性和可评估性，以便为实施计划提供明确的指导。例如，可以设定降低产品不良率、提高生产效率等具体目标，并制定相应的量化指标，以便于监测和评估改进工作的成效。

制订详细的实施计划至关重要。计划应包括时间节点、责任人、资源需求等关键要素，以确保计划的可行性和有效性，从而能够顺利实施并取得预期成果。

在实施计划的过程中，还应注重持续改进理念和方法的应用。通过定期回顾和总结实施过程中的经验教训，及时调整和优化计划，以确保改进工作能够持续有效地推进。

制定明确目标与计划是推动工匠精神持续改进和落地实施的关键环节。通过紧密结合企业发展战略和市场需求，细化具体目标并制订可行的实施计划，不断提升工匠精神培育的效果，为企业的发展注入新的动力。

二、提升自我管理能力

首先，必须正视时间管理在持续改进工作中的重要性。通过精细化规划工作时间，优化工作流程，提高工作专注度和执行力，确保改进任务得以高效、有序地完成。这有助于提升工作效率，确保改进成果的质量和时效性。

其次，提升学习能力同样是推动持续改进不可或缺的一环。在日新月异的市场环境下，新知识、新技能的不断涌现要求人们时刻保持学习的热情和动力。通过系统地学习和掌握专业知识，增强个人专业素养，为持续改进工作提供坚实的理论基础和实践指导。同时，学习能力的提升也有助于人们更好地适应变化，把握机遇，实现个人成长。

最后，培养自律意识是提升自我管理能力的关键所在。自律意识能够促使人们自觉遵守企业规章制度，保持积极向上的工作态度。在持续改进工作中，自律意识的重要性尤为突出。当人们能够自觉遵守改进要求，严格执行改进计划，才能确保持续改进工作的深入推进和取得实效。

提升自我管理能力是推动持续改进工作深入开展的关键举措。通过正视时间管理、提升学习能力和培养自律意识，不断提升个人的综合素质和工作能力，为团队和企业的持续改进工作贡献自己的力量。

三、建立团队协作、互相促进机制

在实现持续改进的方法探索中，团队协作的作用尤为关键。要实现有效的团队协作，必须建立起一套相互促进的机制。

（1）加强团队成员间的沟通和交流必不可少。通过会议、工作坊和线上交流平台，团队成员分享他们在实践中的改进经验和心得，共同探讨遇到的问题，并寻求有效的解决方案。这种开放式的沟通有助于集思广益，激发新的创意，为实现持续改进提供源源不断的动力。

（2）倡导团队成员之间的互相学习和取长补短也是至关重要的，这也是发挥团队合力的重要方面和内容。团队的组建，在成员的知识结构方面既要有相通性，又要有专门性。相通性是指团队攻关过程中所需要的基本的公共性知识和技能，如数学知识、物理知识；专门性的知识和技能是团队成员间分工的基础和依据。在理想的状态下，不同成员的专门知识、技能经过互补、组合而成为团队攻关所需要的整体知识和技能。在这一客观要求下，将团队成员之间的知识、技能进行整合成为必然，成员之间的交叉学习也势在必行。每个团队成员都有自己的专长和独特视角，通过相互学习，可以共同提升技能水平和工作效率。为此，可以设立定期的技能分享会或培训活动，鼓励团队成员展示自己的专业知识和技能，同时学习他人的优点和经验。

（3）设立激励机制也是促进团队协作的重要手段。对于在持续改进过程中表现出色的团队成员，应该给予适当的奖励和认可，以激发他们的积极性和创造力。奖励可以是物质性的，如奖金、证书等，也可以是非物质性的，如晋升机会、表彰等。通过公正的激励机制，鼓励团队成员投入到持续改进工作中，推动整个团队的不断进步。

总之，通过建立互相促进的机制，加强沟通与交流，倡导互相学习，以及设立有效的激励机制，可以推动团队协作的深入发展，进而实现持续改进方法的不断优化和提升。这不仅有助于提升团队的整体效能和创新能力，还能够为行业的持续发展注入新的活力和动力。

案例　吴春桥——小筑炉工的“大工匠”精神

吴春桥在巧砌沙漏墙实训现场

一身蓝色工装，头戴安全帽，黝黑的脸上总是带着笑。对于工作中的事情，吴春桥不满足于跟着别人干，一定要打破砂锅问到底，把技术原理和科学道理弄个明白。技校毕业的吴春桥在中国一冶集团有限公司冶金建设分公司一线一干就是30多年，其间在集团第二届职业技能竞赛“中冶实久杯”砌筑工决赛中获得第三名，获“全国技术能手”荣誉称号，全国冶金建设高级技能专家，“中国大能手”冠军，等等。

外行人认为砌筑活都是仅凭肉眼估摸，砂浆糊上，砖头垒上就行，其实不然。去现场走一圈，看着一沓沓施工图纸、技术参数，各种各样的检测仪器，才知道：原来“活”还可以这样干！铺开砂浆、吊线找平、砌块就位、瓦刀校正、砂筑镶砖、竖缝灌砂浆、勒缝……吴春桥熟练的动作让人眼花缭乱，而焦炉底层砌筑竟然完成为。

2009年，武钢六号高炉热风管道抢修，其中热风直管连接热风围管处带斜度的三岔口给施工增加了难度，也是此次抢修的重点。公司专程将吴春桥从其他项目调回，参与这场与时间赛跑的抢修任务。吴春桥连续奋战36 h顺利完工，赢得了业主的交口称赞。由于只拆除工作层保留保温层，三岔口部位保温层已严重变形，新的组合砖与老墙相接处出现大的错台，砌筑无法继续，他和技术人员一起研究想办法，最终他提出把木质拱抬整体下降30 mm，每砌一块砖用木楔在木抬与砖之间进行调整。局部变形大的地方拆掉保温砖改用保温料，边砌组合砖边填料，该方法很好地解决了错台问题。此处的三岔口砌筑完成，后续砌筑工序才能跟进，他为整个抢修工程赢得了宝贵的时间。

参加工作以来，他先后解决砌筑难题30多个，创造了“焦炉干熄焦耐火材料砌筑工法”等多种先进工法，提出合理化建议50余条，开展技术革新4项。吴春桥还秉承了工业炉公司“传帮带”的优良传统，对每次新进厂的筑炉工，他都主动与他们交流、鼓励他们提问，针对疑点难点都耐心解答。2011年，吴春桥作为技能教练，带领新入职的筑炉工们参加了贵州焦炉烟道、宁夏焦炉烟道及冷态、河南宝丰焦炉热态等工程的砌筑施工。其间，他耐心教导、悉心讲解，在最短的时间里把自己的经验传授给大家。2015年，武汉市技能大师吴春桥工作室成立，他将通过这个平台为施工一线提供技术型人才。

第十四讲　做幸福工匠，创美好人生

第一节　人生，为幸福而来

一、幸福的 3 个层次

工匠的工作包括技术发明、产品研制、日常劳动等。想要完成这些任务，工匠不仅要有持之以恒的决心，还要注重自身的劳动幸福感。在工作中感到幸福，工匠才能有源源不断的动力继续工作下去。

工匠的幸福可以分为 3 个层次，即比较出来的幸福、自我实现的幸福和随心所欲、自然而然的幸福。这 3 个层次是递进关系。工匠需要一步一步实现这 3 个层次，在提升自身能力的同时，培养和提升幸福感。

（一）比较出来的幸福

工匠之所以具备高超的专业技能，可以打造出一流产品，是因为他们懂得时常和他人比较。他们深知不能陷入“闭门造车”的误区，要“抬头看路”。要想不断雕琢产品、完善工艺，就要学会和他人比较。

比较，不是攀比，不是炫耀，而是在比较中对自己的工作和产品查漏补缺，在与他人比较中不断进步，不断提升。

（1）和他人比较。他人是自我提升的参照物，有了参照物就有了标准，有了标准就能进行合理的改变和调整。因为有比较，才能知道差距；因为有比较，才能取长补短；因为有比较，才能鞭策自己。

（2）和过去比较。过去的产品体现着工匠当时的能力。随着时代的进步，工匠也要随之进步。如何判断自己是否有所进步，就要和过去比。比较自己的产品，现在与过去相比有何变化，有何优势；比较自己的技术，是否比过去更加熟练和精益；比较自己的心态，是否比过去更加强大，能承担起更多责任。

有比较，才能有动力；有比较，才能有提升；有比较，才能有长进。工匠在比较中成长，在成长中感受到幸福，这种幸福是源自内心的满足。在这种幸福的激励下，工匠会进一步挖掘自身的潜能，创造出不平凡的业绩。

（二）自我实现的幸福

“道也，进乎技矣。”工匠以工艺专长，始终在精艺与突破中，雕琢“能人所不能”的精巧技艺。《诗经》中的“如切如磋，如琢如磨”，反映的就是古代工匠在切割、打磨和雕刻时的精益求精、反复雕琢的工作态度。

在精益求精、反复雕琢的过程中，工匠可以感受到自我实现的幸福。在马斯洛需要层次理论中，自我实现是指个体的各种才能和潜能在适宜的社会环境中得以充分发挥，实现个人理想和抱负的过程，亦指个体身心潜能得到充分发挥的境界。

自我实现的幸福，一方面源自自我价值的实现，工匠凭借自己的特长和技能获取物质收入，作为在社会中安身立命的基础。另一方面源自社会价值的实现，工匠的技能具备极强的专业性，并非一般人所能掌握，通过技能创造产品，为社会创造价值，工匠可以从自豪感和满足感中获得幸福。

自我实现是一个永无止境的过程，需要工匠用很多年甚至一辈子的时间去完成。相比于追求物质的幸福，自我实现的幸福会给工匠带来更多的快乐和满足。

（三）随心所欲、自然而然的幸福

随心所欲、自然而然的幸福是工匠幸福的最高层次。在工作中，工匠要严格遵守规章制度，受到一定会约束，久而久之，容易产生厌烦、压抑和乏味等负面情绪。如果在工作中可以随心所欲、自然而然，工匠会感受到幸福。随心所欲并不意味着工匠可以肆无忌惮、肆意妄为，自然而然并不是要工匠无欲无求、听天由命。随心所欲、自然而然应立足于劳动实践，要随着发展和进步而开拓创新。如果工匠可以掌握规律、懂得分寸，那么就可以实现随心所欲、自然而然的幸福。

在工匠精神的指引下，随心所欲、自然而然的幸福体现为工匠拥有开放的思维、创新的想法、破旧立新的魄力。在合理的范围内，工匠可以凭借自身经验或工作直觉，打破陈旧的枷锁，革新传统技能。

这一层次的幸福属于工匠精神的超越性维度，它帮助工匠发自内心地热爱工作。在随心所欲、自然而然的幸福的引导下，工匠会对自己的工作全身心投入，凭借多年经验自由创新，最终使产品变得更好。

二、控制欲望的边界

工匠是职业，是态度，更是精神。如果工匠无法控制自己的欲望边界，将会在欲望中迷失自己，丧失掉工匠精神，更会丢掉对工作的热爱。

宋应星在《天工开物》中写道：“依天工而开物，观物象而抒臆，法自然以为师，毕纤毫而传神。”意思是依照物品天性，对其进行制作提升，观察事物的现象，抒发自己的看法和观点，将大自然的万事万物当作老师，从细微处出发进行创新。如今，工匠不再只是对匠人的一种尊称，更体现出他们本身的精神和气质。

工匠要想保持自己的初心坚定，就要控制欲望的边界。欲望主要分为物质欲望和精神欲望。物质欲望通常指的是金钱、物品等；精神欲望通常指的是权利、名望等。有的工匠会被物质欲望诱惑，有的工匠会被精神欲望诱惑，不管前者还是后者，都会严重影响工匠的态度和行为。

如何控制欲望的边界？一方面，工匠要始终明确自己的初心和目标，屏蔽外界不必要的干扰；另一方面，工匠要在工匠精神的指引下，勤学苦练、深入钻研。

对工匠而言，匠心需要纯粹，不需要功利；需要坚持，不需要放弃；需要不忘初心，不需要半途而废；需要不满现状，不需要故步自封；需要不断精进，不需要不思进取。

在工匠精神的指引下，工匠会将名利等欲望抛却，一心沉浸在工作里，甘愿付出，并在付出中感受到幸福。

“杂交水稻之父”袁隆平一生淳朴，始终穿着布衣布鞋，戴着草帽，骑着电动车在田间地头穿梭，经常全身沾满泥土。60余年，袁隆平始终坚守初心，淡泊名利，在杂交水稻成功之后没有迷失和止步，而是精益求精，让杂交稻走出国门，走向世界。

在面对浮躁的环境时，工匠应该少一些世俗，多一些纯粹；少一分投机钻营，多一分兢兢业业；少一些粗制滥造，多一点优质精品。如此，才能成为幸福的工匠。

三、越长本事越幸福

劳动者在工作岗位上需要经历各种各样的挫折和磨难才能成长为合格的工匠。工匠有着万折必东的决心、水滴石穿的毅力和敢为人先的冲劲，但这些的基础却是工匠的本事。

工匠之所以不同于普通劳动者，是因为他们有着自己独特的技艺和本事。他们的本事源自他们耐得住寂寞、经得起诱惑，将更多的精力投入到学习专业知识、不断提升本领中，从中感受到幸福和满足。

对于工匠来说，工作是积累本事、施展才华的舞台。那么，工匠应该如何长本事呢？

（1）工匠要主动进行系统性学习，既要从书本中学习知识，也要从实践中学习本领；既要从普通劳动者身上学习经验，也要向专家学习，在学习的过程中长本事。

（2）工匠要有敢于担当、勇争第一的精神，从工作中的细小处着眼，从日常的细微处入手，将每一件事情、每一项工作都做到尽善尽美，杜绝“差不多”思维，不断提升自己的本事。

（3）工匠要懂得只有下苦功夫，才能长真本事。在学习和成长的过程中，不要想着一蹴而就，而是要沉淀下来，不断吸收外界的知识。有了真本事，才能用心打磨好每一件产品，并在打磨产品的过程中感受到幸福和满足。

人的一生都在做两件事——应该做的事和喜欢做的事。工匠精神是“把品质做到极致的精神”，追求美好和幸福生活的人都需要工匠精神。工匠精神是一种活在当下的生活方式：风景不在别处，就在当下，是一刀一剪，是无愧于心，是把当下的事情做到极致，是把应该做的事做成喜欢做的事。

那么，如何判断自己的本事是否有所长进呢？工匠可以提前设定好自己的起点，并将终点目标和每个阶段的小目标标出来。这样，每完成一个阶段的学习，都能从中感受到幸福。

优秀的工匠不会满足于已经取得的成就，而是会根据环境和时代的变化，不断寻求成长，增长本事，力争每一次创作的产品都比上一次优秀。

齐白石一生都在不断增强自己的本事，提升自己的能力。他的先天条件并不出众，但是他凭借勤奋和努力，成为大器晚成的画家。齐白石年幼的时候，家里人送他去学木匠，他每天很勤奋地学习雕花的木工活。后来，他经常看到有人画画，自己也跟着学。渐渐地，他从一个木匠转为一个画匠。齐白石擅长动物画，后来，他又开始学习篆刻。为了练好篆刻，他弄回很多石料，刻完磨掉，磨完再刻，日复一日，年复一年，齐白石练就了高超的篆刻技术。

为了“不教一日闲过”，齐白石对自己提出了一个标准：每天都要挥笔作画，每天至少要画 5 幅画，这个标准他一直坚持到 90 多岁。

对齐白石而言，他的幸福源自自己不断增强的本事。他对画画和篆刻的坚持，不是为了追求功利，而是发自内心的喜爱。在这份喜爱的驱使下，齐白石不断提高自己的本事，从而感受到幸福和满足。

第二节　幸福工匠的“三要三不要”

心怀感恩让人更懂珍惜，心怀感恩让生活多些美好，心怀感恩让未来更加幸福。心怀感恩让人们看到世界的美丽，并用感恩来提升自己的思想境界和格局，让自己的人生熠熠生辉。

心中有爱，收获满满的幸福。爱与恨创造不同的世界，爱塑造光明，恨堆砌黑暗，与其在黑暗中迷失自我，不如在光明中成就幸福。

心怀善意，消除恶意，才能看见世界的美好，才能获得幸福和光明。工匠精神不仅是一种敬业，更是一种对社会的责任感和爱心，用心打造每一件作品，从中体会到快乐，才能找到真正的喜悦，成为幸福的匠人。

一、只要恩，不要仇

山感恩地，方成其高峻；海感恩溪，方成其博大；天感恩鸟，方成其壮阔。感恩是一种处世的哲学，是人生的大智所在。常思感恩，幸福常在。真正的幸福来源于内在，即心中的正念，它包括爱、喜悦、和平与感恩。常怀感恩之心，通过改变自己的内在，转变自己的思想，自然而然可以感受到幸福。因此，做一名幸福工匠，只要恩，不要仇。感恩可以让人们看见美好，仇怨则会让人们感到不公，幸福与困苦皆在一念之间。

如果说做好工作靠的是匠心，那么用工作创造价值、回馈社会靠的就是感恩之心。在工作中融入工匠精神和感恩的心，成为有情怀的人，敬畏工作，秉持严谨、认真的态度，努力提升专业能力，追求持续的进步。

心怀感恩是很多工匠所具备的品格，在工程测量师顾建祥的身上，可以看到他常怀感恩之心，脚踏实地，匠心如初。

顾建祥从毕业后便投身工程测量领域，凭借着在工程测量领域的不凡成就，成为首批获得全国“工程测量工匠”荣誉称号的人。在谈到获得这一荣誉的感受时，顾建祥表示：“我这辈子很幸运，赶上了国家发生翻天覆地变化的好时代。”顾建祥感恩这个快速发展的时代，让他有机会接触新事物，开阔视野，学习新知识、新技术，不断提升自己的能力。他感恩这个时代给予了他机遇，让他可以充分发挥自己的专长，施展自己的技能。同样，顾建祥也感恩这一路上遇到的恩师、战友、亲人……顾建祥表示，许多前辈在这一路上给了他无尽的力量，从他们身上，他领悟到了工匠精神的内涵所在。

顾建祥感恩上海市测绘院的老院长朱妙珍，是她在顾建祥感到自己遭受了不公平对待、内心颇有怨气时，专程找他谈话，讲述她在基层一线作业队从事外业近 20 年的工作经历，用切身体会告诉他作为一名测绘技术人员积累生产一线实践经验的重要性。顾建祥同样感恩高级工程师凌仁德，是他言传身教，教会了自己身为工程测绘人要严谨、一丝不苟、精益求精。

常怀感恩之心，更懂工匠之意。顾建祥将感恩之心融于工作，带着他对过往的感恩之情，传承工匠精神，追求卓越创新。他是幸运的，也是幸福的。

羔羊跪乳，乌鸦反哺，学会感恩，才能看到明亮的世界。感恩是人生幸福的支点，是迎向明媚生活的一种积极姿态。常怀感恩之心，可以让人更加友善、更加平和。

做一名幸福工匠，要心怀感恩，予人以尊重。感恩无须刻意，化为具体行动常常在举手投足之间，说声“谢谢”，道声“辛苦”，报以微笑，回以祝福，这些都是怀有感恩之心的细微表现。生活不是一座孤岛，每个人都相互联系，只有相互帮助，心怀感恩，才能创造和谐社会。

做一名幸福工匠，要心怀感恩，激发能量。常怀感恩之心，内心会有一份能量、一种信念，这份能量和信念会让人变得坚韧、执着，在人生道路上，无论遇到多大的困难和阻碍，都可以坚强面对。感恩的能量是持续的、稳定的、厚积而薄发的，怀着感恩之心，感谢所经历的挫折和苦难，内心会愈发强大，这份能量会推动人们向着自己的理想持续迈进，一路无所畏惧。

做一名幸福工匠，要心怀感恩，消除仇怨。人生在世，总会遇到不如意之事，如果对于遇到的种种不幸和挫折报以仇怨，只会陷入仇怨的循环之中，愈发不幸。仇怨会蒙蔽人们的双眼，使其看不到世界美好的一面。而心怀感恩，放下仇怨，不念人过，用心感受生活，心态会越来越好，快乐与幸福自然充满心间。

知恩，故淡然；惜恩，故幸福。生活需要用感恩的心来创造，以感恩之心提升自己思维的高度与格局，才能活出闪耀的自己，收获满满的幸福。

二、只要爱，不要恨

爱可以创造幸福，可以延伸出强大的力量，让人们拥有前行的勇气。心中有爱之人会有感恩心、责任心。真正的工匠其内心是幸福的，因为他心中有爱，从爱己开始，进而将爱扩充到职业生涯、生活领域、国家大义，以爱之名，肩负工匠传承之使命。

心中有爱，世界清明。做一名幸福工匠，要做到只要爱、不要恨，用充满爱的心灵，挖掘身边的幸福。

可以说，爱和艺术相辅相成。人们在谈论工匠精神时，常常会谈及热爱这一品性，认为热爱使工匠将工作做到极致。对于陶瓷艺术大师黄小玲来说，幸福工匠就是心中有爱、手中有活。

黄小玲的陶艺作品自成一派，渗透出特有的艺术美学：色调清新、柔和、明亮，亮晶晶、水灵灵，温润剔透，清雅明快。其作品释放着一股祥和与宁静的气质，如同繁重生活的一股清流，洗涤人们的心灵。

黄小玲的作品给人一种扑面而来的真诚，瓷器上的那些花，那种色调，宁静而热烈，映衬出创作者内心的热爱。黄小玲说："陶瓷这个手艺活，只有真正爱它才会做一辈子。"从黄小玲的作品上，我们可以感受到她内心深沉的爱意。

只有真正热爱，才能不断超越自我。对于每一个领域的手艺人来说，爱就是格局，也是工匠精神传承的媒介。

做一名幸福工匠，要心中有爱，而这份爱不仅包括对工作的热爱，还有对自己的爱、对集体的爱、对国家的爱。爱可以广博，心中有爱，幸福自来。

做一名幸福工匠，要学会爱自己。自爱不等于自私，俄国作家屠格涅夫曾说过："自尊自爱，作为一种力求完善的动力，却是一切伟大事业的渊源。"自爱是一个人得以生存的首要条件，是一个人得以发展的强大力量。自爱是人的本性，懂得自爱的工匠，能够以一种积极正向的心态对待生活，具备收获幸福的能力。因此，爱要先从自身出发，只有自尊自爱才能从心底涌现幸福之感。

做一名幸福工匠，要学会爱集体。庄子有言："独善其身者，难成大事。"做一名幸福工匠，就要让自己融入集体之中。热爱集体，无私、勤劳、真诚、奉献，团结一切可团结的力量，让他人感受到自己的关爱。当大家凝聚一心，集体成长起来，身处集体中的个体会感受到幸福和快乐，从而成长和与发展。

做一名幸福工匠，要学会爱国家。如果说爱自己是小爱，那么爱国家便是大爱。个人寄托于小家而生活，小家寄托于国家而发展。爱国主义是工匠精神的价值导引，那些真正的大国工匠，无一不是秉承工匠精神，将自己立身于国家之中，以匠艺强国，为着国家的发展和进步创新创造，努力打破技术壁垒，展现中国文化自信，提升中国品牌影响力。他们展现着以爱国主义为核心的民族精神，在国家发展中实现自己的人生价值，感到幸福和骄傲。

以爱而行，心向光明。心中有爱，人生才有光，才能看得到幸福的彼端。

三、只要善，不要恶

王阳明曾说："知善知恶是良知，为善去恶是格物。"人有意念，便有好恶，以良知判断善恶，去做善的事情，消除恶的意念，以致格物。

真正的工匠都是生活家，追寻内心的幸福。做一名幸福工匠，要知善知恶，为善去恶，心怀宽容，清澈明朗，听从内心的安排，专注做事，以致匠心。

古时候，某个村子里有一位姓张的木匠，12 岁时成为镇上寿材铺李老板的徒弟，学习木工手艺。后来，遇到战乱之年，镇子周围常有战事发生。村子附近有一座木桥，连通着南北两岸。一次，炮火突至，木桥被毁，正在桥上的几十名百姓掉进河中而亡。

张木匠得知此事后，背着出门办事的师傅，将店铺中的木板和铁钉拉到桥坏处，张罗村民一起，用铁钉连接好木板，重新铺好桥面，又从店铺中拉来寿材，将落水而亡的村民放进寿材中，分文不取。做完这些之后，他便双手托着一把厚厚的戒尺，跪在房门处，等待师傅归来。

李老板回来后，了解了事情的原委，得知了张木匠的善举，非但没有责骂他，反而奖励了张木匠一些钱财。

后来，李老板生病去世，张木匠接手寿材店，他依然保持着善良的本性，无偿给穷人提供寿材，并自己出钱为村子里的孩子修建私塾。张木匠一直活到 100 多岁，村里的人常常感叹："张木匠行善积德一辈子，得此福报是上天的眷顾。"

慈而善之，是福是幸。工匠精神并不止于专业和敬业，还有对社会的责任和善意，它代表了一种为人处世的哲学。在中国，从古至今，各行各业涌现出很多的工匠典范，他们创造了无与伦比的物质财富，同时他们也创造了精神财富。众多杰出的工匠心怀善意，追求至善至美，精心打造每一件物品，在这个过程中感受幸福。

做一名幸福工匠，心中不仅要有恩、有爱，还要有善。善是一种精神力量，是想要时刻帮助他人的想法、信念和行为。善良的人往往有一颗包容之心，不计得失，助人为乐。没有善良、单纯和真实，就不会收获恒久的幸福。善人善己，这就是善良的正能量。如果说才华是天赋，那么善良便是选择。选择善良，可以改变人生，善良能够帮助人们找到正确的方向。

善良是一种淳朴的人生观、一种深沉的智慧，但善良绝不是毫无差别的“烂好人”。可以不计较得失，但绝不软弱，有坚守的底线；可以心胸宽阔、谦让有礼，但绝不纵容，有绝不退让的原则。

世界发展日新月异，工匠精神的传承在新时代也面临着严峻的考验。有时为了追寻虚无缥缈的远大前程，人们迷失了自我，舍弃了值得珍惜的品质和精神，错失了人生路途上的美好时刻，以为只要有了远大前程，就能拥有幸福快乐的生活。其实不然，只有心存善意，放下心中的执念和偏见，才会找到真正的幸福和快乐。

第三节　做一名幸福工匠

热爱和快乐是密不可分的，如果人们能清楚地感受到自己的爱，在日常生活中享受它，那就是发自内心的幸福。工作不仅是一份职业，更是一生的事业。当一个人热爱工作并将自己的热情都奉献给工作时，他的精神会得到极大的抚慰，从而感受到真正的幸福。

一、工匠，因热爱而幸福

工作无高低贵贱之分，却有难易程度之别。对于工匠而言，没有热爱便没有乐趣，更谈不上幸福。

人的一生不过数十载光阴，所有人都面对着同一个名为“人生”的课题，然后用自己的一辈子书写答案。如何度过这几十年的日子？选择非常关键。

你热爱自己的工作吗？

谈到这个话题，一部分人可能会毫不犹豫点头：“那当然了，这是我从小到大的梦想。”美梦成真自然会倍加珍惜，这些人遵从内心，他们是幸福的。一部分人可能会摇头：“不热爱也没办法，都是生活所迫。”这些人即使表面上过得不错，心里也有不甘。还有一部分人可能会挠头：“干什么工作不是干，哪有什么热爱不热爱？”浑浑噩噩、得过且过，这些人根本没有找到自身价值所在。

汪曾祺在《人间草木》中说过：“一定要爱着点儿什么，恰似草木对光阴的钟情。”草与木都会在光阴的变换中表现出不一样的活力，何况多情的人类，也要爱着点儿什么，才不会虚度年华，活得更有意义。

“舍半生，给茫茫大漠。从未名湖到莫高窟，守住前辈的火，开辟明天的路。半个世纪的风沙，不是谁都经得起吹打。一腔爱，一洞画，一场文化苦旅，从青春到白发。心归处，是敦煌。”这是“感动中国 2019 年度人物”颁奖典礼上写给樊锦诗的颁奖词。

樊锦诗 1938 年在北京出生，因战乱到上海生活，后考上了北京大学。怀着对敦煌的向往，她选择了考古学系。大学毕业后，樊锦诗来到大西北，扎根大漠，投入敦煌石窟考古研究中，为此与丈夫两地分居长达 19 年，最终完成了敦煌莫高窟的分期断代，成功构建“数字敦煌”。她曾说：“敦煌叫人着迷，我的心一直在敦煌，要去守护好敦煌，这就是我的命。”正是因为热爱敦煌，樊锦诗不怕苦和累，把青春献给敦煌，坚定守护文化瑰宝，书写了一名文物工作者的高尚和纯粹。

作为一名普通劳动者，在日常生活中，对工作多一度热爱，也就多一分幸福。

首先，改变心态。任何负面情绪对于工作都是不利的，要纯粹地工作，不要夹杂别的想法。

其次，拥抱工作。热恋中的一对对有情人，总是难舍难分的。在工作中，不妨学习一下这些有情人，不同的是，热恋的对象是工作，即使没有从事自己喜欢的工作，接纳现在的工作、尝试喜欢上现在的工作也是一个不错的选择。

二、工匠，因迷恋而幸福

工作让人的生命有了意义。对于大多数工匠来说，一辈子的时间都在钻研一门技艺，若非迷恋工作，怎么能在如此漫长的光阴里坚守并且毫无怨言呢？因为迷恋工作，他们从中获得乐趣，在精神上得到满足。日日满足，便日日幸福。

日本陶艺家河井宽次郎在《工作的颂歌》这首诗中写道：“工作有惊人的力量，工作无所不知，你问它，它就传授，你求它，它便应允，工作最喜欢的就是苦活累活，再苦再累，只要交给它，我们就坐享其成好了。”在河井宽次郎的眼中，工作本身成为被称颂的对象，而不再关注工作的人。这是因为当一个人沉醉在工作状态的时候，会逐渐忘记自我的存在，那么“工作”自然变成为主角，在它的舞台上熠熠生辉。这位陶艺家能有这样的感悟，想来也是对工作深深迷恋之人。

迷恋是过分喜欢，是不受控制的着迷，更是长久的忘我。这是一种自发行为，往往不计后果、甘之如饴。诗仙李白斗酒诗百篇，在微醺之中，在月光之下，他的思绪如泉水汩汩涌出，下笔犹有神助，创作出不朽的动人诗句。后世之人读李白的诗，也有肆意洒脱、酣畅淋漓之感，更能体会此人之痴。再说草书狂人怀素，自小便痴迷书法，整日胡写胡画，用芭蕉叶练字，连寺院墙壁、衣服、器皿也不放过。怀素曾经长时间观察夏天的云的姿态，眼见云朵跟着风势变化，有的像奇异险怪的山峰，有的像翻腾的蛟龙，有的像展翅的大鹏，自觉奇妙，也由此开悟，将云朵随风的变化运用到狂草里，最终自成一派。他对艺术的痴迷，实在令人动容。像李白、怀素这样对诗书痴迷的人，无论古今，都是宝贵的存在。如若人们对待自己的工作也有这样的态度，又何愁做不好事情呢？

对工作迷恋更多体现的是一种对待人生的态度。痴迷于工作，多一点思考，讲究细节，追求质量，每个人都应该主动做一个自我燃烧的人。一个自我燃烧的人，对工作的迷恋让他成功，让他充满激情，也让他的人格得到陶冶。他在快乐地工作，也在幸福地生活。中国核潜艇研究设计专家、“中国核潜艇之父”黄旭华就是这样一个自我燃烧的人。

1958—1987 年，30 年岁月无声，黄旭华隐姓埋名，默默坚守在核潜艇研制领域。他从不回老家，也很少联系亲友，更不透露工作信息，只为保守国家最高机密。直到中国第一代核潜艇总设计师的身份解密后，黄旭华的家人才终于了解他这些年到底在做什么。对此，黄旭华虽感愧疚，却不曾后悔，因为他心中早已坚定报国之心。当中国核潜艇“404 艇”在南海“极限深潜”成功之时，黄旭华挥毫落笔，写下“花甲痴翁，志探龙宫，惊涛骇浪，乐在其中”，表达自己对核潜艇研制痴心不改、无怨无悔的激动心情。

伟大有伟大的意义，平凡有平凡的传奇。作为一名普通劳动者，迷恋工作，就是要克服困难、排除干扰、投入精力，须静得下、坐得住、钻得进，少一些玩乐、物欲和左右摇摆，才能更好地实现自我价值、成就事业，收获幸福人生。

三、工匠，因自律而幸福

唐代诗人张九龄在《贬韩朝宗洪州刺史制》中写道：“不能自律，何以正人？”自律是一种低调的人格魅力，真正自律的人，无人监督，仍认真不减。于工匠而言，自律是一种素质和觉悟，是本能，无须他人的催促和监督。工匠严以律己、克己奉公，努力做好每一件事，磨炼技术，提高能力，为国家、社会做出贡献，这于他们是一种幸福，是在自律中约束自我、克服惰性，实现人生价值的幸福。

著名评剧演员白玉霜，演技很高，被人称作“评剧皇后”。她自知、自律，不论三伏酷暑，还是三九严冬，一有时间就去练功、练嗓子。有人对她说：“你已成名了，干嘛还这么苦练？”她笑笑说：“戏是无止境的。”

晚清第一重臣曾国藩，以自律改变了自己平庸的后半生。曾国藩天资愚笨，还有着三大缺点，即心性浮躁，没定性；为人傲慢，没修养；言不由衷，不真诚。而这样的一介庸人，在下定决心改变自己、成就自己时，付出的艰辛可以想象。他为自己制定了 12 条自律条规，其中包括早起、静坐、主敬、读史、日记等，每天从早到晚他一一执行。正是这种对自我的高度约束，日复一日的自律，才成就了被世人敬仰的曾国藩。

日本作家村上春树在《大方》杂志的长篇访谈中说到自律，谈到他每天的“标准生活”：每天早上 4 点左右起床，从来不用闹钟，泡咖啡，吃点心，就立即开始工作。重点是，要马上进入工作，不能拖拖拉拉。然后，写五六个小时，到上午 10 点为止。每天写 10 页，相当于每页 400 字的稿纸。

自律的程度决定人生的高度，那些成功人士大多保持着高度的自律精神。自律早已成为他们的一种习惯。一个人如果不自律，是很难成就一番事业的。

自律行为的背后是一个人的修养境界，那些大国工匠、劳动模范，无不以自律节制欲望、规范行为，他们不会觉得自律束缚了自由，正是因为他们保持着高度的自律，将时间安排得高效、有序，他们才获得了更大的自由。

人生最大的敌人就是自己，懂得自律的人才能自主掌控人生。

工匠，因自律而幸福，是因为他们的眼光不止于眼下。山顶的风景才是最美的，他们如同苦行僧般自我磨砺，为了那一毫一厘，勤学苦练，严格要求自己，不允许有丝毫懈怠，最大化提升自己的能力。

工匠，因自律而幸福，是因为他们慎独。《礼记•中庸》中有一句话：“莫见乎隐，莫显乎微，故君子慎其独也。”一个人如果能够做到慎独，就可以内省不疚，泰然处之，欣慰、平静。慎独是一种真诚，在职业生涯中，人们应该保持自律，努力做到不欺人、不自欺，做到品行上的严格自律。无论内外环境如何变化，无论遇到什么大风大浪，都能始终如一地表现出应有的处事原则，妥善解决各种问题。

工匠，因自律而幸福，是因为他们懂得控制欲望。工匠，秉持工匠精神，以责任和使命严格约束自己，恪尽职守，以高度的自律控制自己的欲望，节制不放纵，执着坚守。正是这样的境界和格局，使工匠在守正中走上幸福的人生路。

四、工匠，因认可而幸福

滴水穿石震撼人心，那是无数个日夜坚持才有的结果；河蚌孕育珍珠，那是经历了巨大的苦痛和磨砺才有的收获。当有人踏过了一路的荆棘，站在成功的光环下，他们需要的是他人发自内心的认可，对他们努力的认可。每一个雕琢自己的人，都希望获得别人的一句肯定，工匠同样如此。他们可以平静地接受和忍受所经历的困苦，但当他们获得荣誉的那一刻，让他们动容的不是沉甸甸的奖牌，而是那份认可，那份对他们努力与坚守的认可。那一刻，工匠是幸福的，那一刻，他们真正获得了归属感。

心理学家威廉•詹姆斯曾说：“人类性情中最强烈的渴望就是受到他人认同。”无论在工作中还是生活中，人们在完成一件事情后，都渴望得到别人的认可和赞同，以此鼓励自己、坚定信心。

于工匠而言，认可是他们前进的动力和信念。没有与生俱来的成就，也没有从天而降的幸运，凡有大成者，无一不是大浪淘沙、百炼才成金。工匠，坚守在各行业的基层一线，奉献自己的青春，创造着社会价值，他们内心渴望着被认可、被尊重、被理解。

全国人大代表、北京汽车株洲分公司维修工、高级技师吴端华表示，作为一名工匠，他的幸福就是自己的技术有了新的提升，被认可，被肯定。吴端华在汽车维修与自主创新成果的开发和应用等方面取得了丰硕成果，他所在的创新工作室被命名为“吴端华创新工作室”，他自己先后被评选为株洲分公司一级工匠、北汽集团技能人才、株洲市技能大师等，并获得湖南省五一劳动奖章。

这一项项的荣誉，就是对吴端华的认可，对他技术的认可、努力的认可、创新的认可、创造价值的认可。吴端华说：“我们是赶上了好时代，通过我们自己的努力，换来幸福的生活。”

工匠，是职业，也是赞美。全国乃至世界对于工匠的重视程度不断提升，无论开展“智慧工匠”的评选，还是组织工匠技能大赛；无论赋予工匠荣誉称号，还是制作大国工匠的纪录片，都体现出对传承工匠精神，在各个领域追求“精”与“专”的工匠们的认可与肯定、赞扬与尊重。

认可，是工匠幸福的一个支点。要得到他人的认可，工匠要坚定匠心，树立正确的人生态度，从容独立，不贪多求快，脚踏实地，艰苦磨炼，专业专注，努力成为所在行业的专家，打磨让中国人骄傲的“中国品质”。当工匠回归初心，完成从“工”到“匠”的转变，用作品实现自身价值时，认可与赞扬自然而至。

工匠，因认可而幸福，这份幸福不仅取决于工匠本身，很大程度上也取决于社会，取决于我们每一个人。积极回应那些在各个领域“如切如磋，如琢如磨”的匠人，给用心做事的人以认可与尊重，他们才会在认可中感受到社会对他们的需要、对他们价值的肯定，他们才能有更大的底气与动力，让中国制造、中国创造更具竞争力。

有真本事的大国工匠，一定能得到全社会的认可与尊重。被认可的工匠是幸福的。认可，让他们更加坚定匠心，在今后的人生路上，将工匠精神倾注事业，以更加强烈的责任感和使命感，为提升“中国制造”在国际市场的竞争力，真扎实干，踏实前行。

五、工匠，因习惯而幸福

《现代汉语词典（第 7 版 ）》对“习惯”的解释是：在长时期里逐渐养成的、一时不容易改变的行为、倾向或社会风尚。而“匠行”是劳动者在特殊的职业活动中所形成的一种行为习惯。马斯洛曾经说过：“心若改变，你的态度跟着改变；态度改变，你的习惯跟着改变；习惯改变，你的性格跟着改变；性格改变，你的人生跟着改变。”要想在工作中找到快乐，就必须养成一种习惯，在特定的情况下不自觉地去做一些事情。这是一种将工作技巧融入身体的需求，也是一种实践经验的积累。

细节决定成败，态度决定习惯。态度深深扎根于人们的心灵，影响着人们的思考、判断、情绪和行为。在每天的工作中，所有的事情都是由无数小事构成的，如果有一个环节出了差错，都可能前功尽弃。因此，要想做好一件事需要做很多准备。如果不知道如何处理自己遇到的问题，可以试试下面的做法：①不要急着去找别人帮忙；②尽量让自己冷静下来，找到原因并分析其根源；③学会控制好情绪，不要轻易发脾气；④保持乐观的心态。

英国学者培根曾经说过："习惯是人生的主宰，人们应该努力地追求好习惯。"的确，行为习惯就像人们身上的指南针指引着其行动。每个人都渴望成功，但许多人一遇到挫折就垂头丧气、自怨自艾。其实，要获得成功还需坚持。成功者之所以取得成功，是因为他们拥有良好的行为习惯。人是一种习惯的动物，无论人们是否愿意习惯总是无孔不入，渗透在生活的方方面面，很少有人能够意识到习惯的影响力如此之大。在生活中，有些人会养成一些好的生活习惯，如按时作息；而有些人会形成一些坏习惯，如懒惰等，这些行为往往会给人们带来一定的困扰。

事实上，习惯不仅对人们的日常生活产生影响，还具有很大的威力。正如成功学大师拿破仑•希尔所说："习惯能够成就一个人，也能够摧毁一个人。"好的习惯是一种精神资本，而一些恶习就像一道无情的墙壁将人们和成功隔绝。习惯会影响人的一生，这一点是不争的事实。习惯不是一时兴起，也不是一朝一夕的，而是一种长期的、强大的、持续的影响，它会伴随人的一生。

昨日的习惯造就了今日的我们，今日的习惯决定明天的我们。让我们从点滴做起，养成良好的工作习惯，用健康的心态创造幸福的未来。

六、工匠，因勤劳而幸福

当工匠凭借着勤劳的双手，精雕细琢，精益求精，注重每一个细节，审视每一个角度，坚持不懈地完成一件作品时，他就是幸福的。勤劳是工匠身上最为动人之处，他们内敛而坚持自我，脚踏实地，用自己的双手和智慧创造财富。如若没有持之以恒的态度，没有勤劳奋进的决心，咫尺匠心难以铸成。勤，可以治惰；勤，可以治庸。工匠，因勤劳而幸福。

"勤"是中华民族千百年传承下来的朴实无华的优良传统；是兴家法宝，立世本源；是时代和社会发展所弘扬的精神。习近平总书记指出："人世间的一切幸福都需要靠辛勤的劳动来创造。"劳动是财富的源泉，也是幸福的源泉。

刻苦、勤劳、认真是工匠身上共有的精神品质，在每一个大国工匠身上，都会发现这样的特质。中国工艺美术大师张来喜的身上同样折射出"勤"这一品性，他以勤勤恳恳的匠人之姿，雕刻着一件件具有艺术价值的作品。

全国五一劳动奖章获得者——张来喜认为，想要在平凡的工作中做出不平凡的成就，更需要自身的勤奋、勤劳、勤勉。

在张来喜的办公桌上长年放着“酸麻肿痛消贴”，那是因为制作漆器需要进行雕琢，一坐就是四五个小时，有时候一天下来，腰都弯不下来，腰酸背痛是家常便饭。张来喜清楚地记得跟随师父的第一天，师父就告诉他，要想在这个行业里干出名堂来，除了勤奋就是勤奋，除去上厕所，上班时间屁股不要离开凳子。此外，还要利用业余时间补充自己的理论知识，多画画、多接触与雕刻有关的事物。张来喜将师父的话刻在骨子里，勤能补拙，他不曾有一丝懈怠和懒惰。

张来喜招徒弟，首先看的就是能吃苦、勤劳。他说：“行家一出手，就知有没有。你做出的东西好坏，是靠40%的勤劳和30%的阅历积淀铸就的。天赋当然也是很重要的，但并不能代表全部。”

一份平凡的工作更需要从容、安定、踏踏实实地去干。勤劳+积淀，是做好雕刻的条件，张来喜也正是凭借勤劳，经过艰辛的努力，在平凡中做出不平凡，获得充实的幸福。

工匠多是在劳动中精益求精、勤勉不懈的人，他们凭着一颗耐得住寂寞的匠心，打磨技艺，创新工艺，在一次次的劳动中创造价值。

工匠既平凡又不平凡。木匠千千万，却不是人人都成鲁班；厨工随处见，却未必都能成为解牛庖丁。真正的工匠大师，从技艺到态度，都做到了极致，可以将一个动作重复成千上万遍，有恒心、有毅力，在经历岁月的打磨和辛勤劳动中，提升自我，成就自我。工匠，因勤劳而幸福，让他们感到幸福的，正是辛勤劳作背后所创造的价值，所收获的成就感。

工匠，因勤劳而幸福，他们在勤劳与奋斗中创新、创造。他们虽做事一板一眼、一丝不苟，但却从不死板。在该守的标准、规律、制度前，他们不随意妄为，在日复一日勤劳工作的同时，不忘探索未知的世界，创新工艺，铸就新的历史伟业。

人民创造历史，劳动开创未来，社会主义是干出来的，新时代是奋斗出来，勤劳与实干，创造幸福之歌。工匠正是靠着勤劳的双手和一往无前的奋斗姿态，在一个个时间点上勇毅笃行，从而创造出时代的辉煌。

第四节　匠心筑梦，共享愿景

匠心筑梦，大国崛起。真正的大国工匠将目光放长远，将取得一生的成就作为自己的追求。

工匠既要重视产品的现实性，又要重视工艺的传承。在工作中要把献身精神和敬业精神结合起来，脚踏实地、着眼于将来。在任何时候都能保持平常心，不为眼前的困难所困扰，不去在意一时的成败，一心为自己的事业和未来而努力。

工匠不能随波逐流，要始终坚守自己的立场，坚持自己的目标，不轻易动摇。传承与发扬专业技术，还要有创新的精神。想要做一名幸福的工匠，还要让自己的实力更上一层楼，心甘情愿地奉献自我。

工匠感受到的幸福，源自他们在工作中找到了自己的归宿，从而实现自己的价值。分享的过程更有意义，也更有价值。分享成功，催人奋进，激发斗志；分享失败，汲取教训，收获经验。在分享中，工匠提升幸福感，成为幸福分享家。

一、不要在乎一时的成就，要去追逐一生的成就

随着时代的发展，曾经的一些手艺人的技艺已经不能满足当下人们的需求，逐渐消失在大众视野中，但他们身上的工匠精神却传承下来，历久弥新。手艺人的作品是他们一时的成就，而传承下来的工匠精神却称得上是他们这一生最大的成就。

在古代，木匠可以不使用铆钉，仅用木材就能建造出坚实稳固的房屋，凭借的正是工匠高超的技艺。在不断追求精湛技艺的鞭策下，古代匠人逐渐具备工匠精神。

《论语》中说：“无欲速，无见小利。欲速则不达，见小利则大事不成。”意思是不要一味求快，不要贪求小利。有时候，求快反而会达不到目的，贪图小利就做不成大事。工匠要沉淀下来，耐心对待每一个工作细节；学会把目光放长远，不局限于当下的成就和成功。

如今，我们走过了不平凡的征程，各行各业都在积极奋进，取得了亮眼的成就，迈向发展的新征程。在新征程上，工匠不仅要注重当下产品的生产，更要注重技艺的传承。取得并守住现在的成就不易，更不易的是如何在未来朝着高水平、高质量迈进。

中国的工匠之所以被称为“大国工匠”，是因为他们不计较得失，不抱怨辛劳；他们不在意当下的成功和利益。对他们而言，奉献，是坚守和责任；是日复一日的付出；是不计较当下，放眼未来发展。换言之，工匠要将奉献精神融入工作中，脚踏实地，放眼未来，不追求当下一时的成功，将追逐一生的成就作为奋斗目标。

大国工匠过人的技艺，源自数十年磨一剑的坚持，这份孜孜不倦和认真专注是值得所有人学习的。甘为人梯，守住初心，耐住寂寞，在困难和诱惑面前，始终保持平和的心态，不被当下所困所扰，不在乎当下的成功和失败，一心埋头工作和事业。

纪录片《我在故宫修文物》播出后引发了全网关注和热议。它以影像的方式，传递出可贵的工匠精神。而这部纪录片的主人公不是那些价值不菲的文物，而是隐藏在文物背后的文物修复师。

在纪录片中，修表的师父修好一个文物表，需要200多天；修瓷器的师父重新给瓷器某个地方着色，可能需要几万笔。正是这种坚持不懈、不厌其烦的态度，让人们重新认识了工匠精神。

文物修复师的人生与文化交织在一起，文物在潜移默化中影响了他们的精神，他们用时间和技艺给予了文物新生。他们耐得住寂寞、沉得下心，对他们而言，一

生最大的成就可能就是修复好一件文物，让它再次以美好的形态呈现出来。

在文物修复师身上，不仅体现出他们不厌其烦的坚持，还体现出他们不在意眼前的成功，而是关注未来、关注质量的长远追求。他们不会为了“快”和名利而忽略修复的质量，而是用心对待每个小物件，精益求精。

所以，工匠所承担和传承的不仅是技艺，更是精神，一种不在乎当下成功、放眼未来成就的精神。

二、幸福工匠不随波逐流，一心一事成为幸福人

在信息时代，人们接收到的信息是过去的上百倍，甚至上千倍。在这种环境下，如何鉴别信息，如何坚守自我；是选择坚持自己的想法，还是选择改变自己的想法，是当下所有工匠都应该思考的问题。

司马迁在《史记·屈原贾生列传》中写道：“夫圣人者，不凝滞于物，而能与世推移。举世混浊，何不随其流而扬其波？”这句话的意思是，所谓的圣人不局限于世俗的形式和干扰，能够与时俱进，根据时间的发展变化而做出相应改变。后来引申出“随波逐流”这一成语。

在各行各业中，随波逐流有时候代表的是没有主见、盲目跟从；有时候代表着跟随时代发展和行业变化。对工匠而言，随波逐流却不是最佳选择，他们有时候要经历渐进、渐成的过程，在这个过程中，他们会遭遇各种瓶颈和失败，如果没有直面困难的勇气，没有坚持不懈的毅力，就无法成为合格的工匠。

对于工匠而言，他们不仅要继承和弘扬专业技能，更要有创新、创优的钻研精神。如果工匠过于依赖外界信息，随波逐流，其生产的产品将是一成不变的。

不随波逐流绝不意味着拒绝接收外界的一切信息，工匠要坚持自己的事业，也要结合当下科技的发展，将其融入技艺中；对外界信息加以筛选和处理，提炼出有用的内容，形成自己的知识库，并运用到工作中，提升综合能力。

有人在随波逐流中迷失自我，有人在坚守自我中获得幸福。很多工匠都是在坚持自我、突破自我的过程中，实现自我价值、获得幸福。

建盏一直被誉为瓷坛明珠，被认为是一种为茶而生的瓷器，曾在宋朝盛极一时。但因其工艺造价过高、饮茶习惯改变，建盏被断烧。20 世纪 70 年代末，中国有关机构组织专家、匠人对断代失传的建窑建盏烧制工艺进行发掘、研究，钻研古法 13 道传统非遗制作工序。在不断试错中，中国工匠以国礼造办的工艺标准，成功复刻了一批建窑建盏，尽最大努力还原宋代的极简美学风尚。

蔡龙作为建窑建盏烧制技艺非遗传承人，致力于钻研建盏工艺。其中，他烧制的“百花盏”让人眼前一亮，银蓝色的花纹如百花齐放。“百花盏”的出现，源自蔡龙长时间的潜心研制，在古法的技艺上融合创新。

建盏匠人要面对的是日复一日地烧制建窑，还要不断试错，完善烧制工艺。在

试错过程中，遭遇失败也要从头再来。很多匠人都未想过要放弃，他们坚守自己的岗位和初心，甘愿长期为其付出。

即使在日复一日的工作中，工匠也能怀揣着最大的热情去对待；面对有所缺陷的成果，工匠也能秉持着精益求精的态度去完善。有价值感，才能有幸福感；有成就感，才能有幸福感；有责任感，才能有幸福感。工匠感受到幸福，是因为他们在工作中找到了自己的归宿，实现了自己的价值。

二、乐于共享经验，成为幸福分享家

“三人行，必有我师焉。”当老师的关键便是乐于分享、善于分享，有足够的经验和知识可以分享给其他人。在漫长的工作中，每个工匠都有其独特的长处，都在不断积累着属于自己的独特经验。

分享并非只是将自己的总结和经验传授给他人，而是在分享的过程中引起他人的高度共鸣。

很多工匠对分享有一个误区，认为只有获取了成果之后才能进行分享。其实不然，工作成果固然重要，相比之下，分享过程和其中的思考更有意义。在任何时候，工匠都可以分享实际经验。例如，在摸索期，工匠可以分享灵感或想法；在实践期，工匠可以分享探索的方法或经历；在完成期，工匠可以分享自己的总结或经验。

通过分享，不管经验还是教训，都能使自己和其他人少走弯路，提高工作效率和工作质量。通过分享，可以营造和谐的团队氛围，即使不同的团队也能相互了解各自的业务。通过分享，可以举一反三，从其他人的想法和问题中获取更多灵感。

工匠的分享要有计划、有记录，不是张口就来、毫无章法地分享。工匠要有记录工作过程的习惯，方便将来追溯，即使不分享，它也有价值。通过记录，工匠可以回过头重新审视自己的工作，看到自己的进步或不足。这样，在分享的时候，也会有足够的素材。

工匠将所掌握和学到的知识进行输出和分享，工作质量并不会因为分享而有所下降。相反，分享得越多，越能促使自己去充电学习，接受新事物。

分享，不只是分享成功，也应分享失败和挫折。分享成功固然可以带来成功的快乐，催人奋进、激发斗志；而分享失败和挫折，也能有所收获，从失败中吸取教训，从挫折中受益。

分享经验可以使自己和他人尽量少走弯路、做到事半功倍，在以后的工作中避免失误。在分享中，工匠使自己的能力更上一层楼，并在他人的尊重中感到满足和幸福。

榫卯结构是中国古代劳动人民在长期劳动中掌握木材的加工特性后独创出的连接方法。榫卯主要是将独立、松散的构件紧密结合在一起，使其成为一个符合使用要求、可以达到各种荷载能力的结构体。

榫卯在中国建筑业和装修业有着极为广泛的应用，且历史悠久。早在春秋战国时代，中国匠人在木结构榫卯的应用方面就已经有了足够的经验。而到北宋崇宁二年（1103 年），官方颁布了《营造法式》一书，是李诫奉敕编修。李诫在该书中不仅总结分享了相关技术和经验，还规定了较为合理的“绞割”比例和位置。

除此之外，李诫还在书中分享了严格的工料设定，同时明确规定了装饰与结构的统一、建筑生产管理的严密性和设计的灵活性。在该书的规范和指导下，当时的匠人都有了更为明确的使用标准和建筑方法，使建筑质量标准有章可循。该书保证了建筑设计和施工的顺利进行，还有利于随时质检和竣工验收。

不管以文字形式分享，还是以谈话形式分享，都是一种共享。分享，意味着幸福、收获和进步。工匠在分享的过程中，可以帮他人答疑解惑；在分享中，增长见识、砥砺品质，使分享者和被分享者在碰撞中提高各自本领，实现互促共赢。

案例一　李万君——焊接大师、首席操作师、工人院士

作为中国第一代高铁工人的杰出代表，工作 30 年，李万君凭借自己精湛的技艺成为公司转向架制造中心的焊接大师、首席操作师，还获得了中华技能大奖，被人们称为“工人院士”。但他更看重“师傅”这个名称：经他培训的 400 多名学员，全部考取了国际焊工资格证书，为打造一批大国工匠储备了坚实的新生力量……

谈感动——他见证高铁技术从追赶者变成为领跑者

“成为‘感动中国’年度人物，我感到很荣幸，这个荣誉不是我个人的，而是整个中车的、是我们吉林省的。作为第一代高铁员工，我见证了高铁技术从追赶者变成为领跑者，我骄傲，我自豪，同时也感到了自己身上的责任……”在得知自己成为“感动中国”年度人物时，李万君深情地说。

“高铁有 394 道工序，每一道都不容失误，我们要坚持工匠精神，做好自己的本职工作，使我们团队的技术更加成熟，保证高铁又稳又快地奔跑，同时创造具有我国自主知识产权的品牌。”他说，他就是一名技术工人，离开了生产一线啥也不是。他这辈子很幸运，能分配到长客，赶上了高铁发展的时代，才让他这样的技术工人有机会回报企业，报效国家。所以，他下决心服务好高铁，变中国制造为中国创造，让每一个技术工人都能当上创新主角，像动车组一样，节节给力，人人添彩！

学手艺——一年磨破了五套工作服

“我现在一听焊接的声音，就知道哪个徒弟或员工哪个地方焊得不好，

焊缝是宽还是窄，焊接质量好不好……”这样的境界，可是经过千锤百炼才能达到的。

1987 年 8 月，19 岁的李万君职高毕业后被分配到长春客车厂（中车长客股份公司前身），在配焊车间最苦最累的水箱工段当工人，和他一起入厂的还有 28 个同事，一进焊接车间，火星子乱蹦，烟雾弥漫，刺鼻呛人，焊工们穿着厚厚的帆布工作服，戴着焊帽，拿着焊枪喷射着 2 300 ℃的烈焰。夏天时，穿着几斤重的装备干完活出来，全身都得湿透。

这样艰苦的条件不是每个人都能承受下来的。一年下来，和他一起入厂的同事调走了 25 个。但他，选择留下来。厂里要求每人每月焊 100 个水箱，他就多焊 20 个，一年下来，两年一发的工作服被他磨破了 5 套，不够穿，他就到市场上自己掏腰包买。

除了跟着师傅学习，他一有时间就跑到其他师傅那儿看，有问题就问。一开始，一些老师傅嫌他黏人；慢慢地，师傅们发现，这个小伙子凡事问过一次，就会举一反三。不知不觉中，李万君的焊接手艺在同龄人中已出类拔萃。

李万君还多次在焊工技能大赛中夺冠。2005 年，李万君在中央企业职工技能大赛焊工决赛中获得铜奖；2008 年，他获得人力资源和社会保障部颁发的“全国技术能手”荣誉称号。

攻技术——把焊枪下的产品升华成艺术品

为了攻克各种各样的困难，李万君成立了一个攻关团队，遇到焊接难题，整个团队群策群力，攻坚克难，将技能和智慧紧密地结合在一起，突破一个又一个难关。他根据异种金属材料焊接特性发明了“新型焊钳”，获得国家专利并被推广使用。

在出口伊朗的单层轨道客车转向架横梁环口焊接难题中，李万君经过不断试验摸索，成功总结出了氩弧自动焊焊接方法和一整套焊接操作步骤，填补了中国氩弧焊自动焊接铁路客车转向架环口的空白，也为中国日后开发和生产新型高铁提供了宝贵依据。针对澳大利亚不锈钢双层铁路客车转向架焊接加工的特殊要求，李万君冲锋在前，总结出了“拽枪式右焊法”等 20 余项转向架焊接操作方法，解决了批量生产中的多项技术难题，累计为企业节约资金和创造价值 800 万元。转向架很多焊缝的接头形式是工人们从未接触过的，其中转向架侧梁扭杆座不规则焊缝和横侧梁连接口斜坡焊缝质量要求极高，射线检测必须 100%合格，不允许有任何瑕疵。由于不规则焊缝接头过多，极易造成焊接缺陷，这个部位的焊接成为制约生产顺利进行的“卡脖子”工序，影响了标准化动车组的研制进程。

李万君主动请缨，以攻关团队“李万君国家技能大师工作室”为主要阵地，经过反复论证、多次试验，最终总结出交叉运用平焊、立焊、下坡焊，有效克服质量缺陷的操作技法，成功攻克了这项焊缝接头过多导致焊缝射线检测难以100%合格的难题。

“其实，我的追求很简单，我希望每一位焊工都把焊接标准熔到骨子里，把焊枪下的产品升华到极致，从而形成一件件艺术品……”李万君说。

凭着一股子不服输的钻劲儿、韧劲儿，他参与填补了高速车、铁路客车、城铁车转向架焊接规范及操作方法的几十种国内空白，先后进行技术攻关100余项，其中21项获得国家专利。

带徒弟——“一枝独秀不是春，百花齐放春满园”

“我师傅带徒弟十分厉害。记得当年引进高速动车组技术时，只有我师傅一人能焊出来，人手严重不足。为了完成任务，他只用半年的时间，就将焊工全都培养了出来，400多名学员全部考取了国际焊工资格证书，这在整个培训史上也是一个奇迹……”李万君的徒弟谢元立回忆。

李万君认为，单单把自己的工作做好是不够的，“一枝独秀不是春，百花齐放春满园”。“在带徒弟方面，师傅毫无保留，甚至还根据学员的体态胖瘦、走路姿势、运枪习惯等不同特点，制定不同的训练方案，亲身示范。”谢元立说，师傅带出的20多个“嫡系徒弟”如今全是技术骨干，其中10多人已成为吉林省首席技师。

李万君主持的公司焊工首席操作师工作室，被国家劳动部授予“李万君大师工作室”称号，为公司培训焊工1万多人次，满足了高速动车组、城铁车、出口车等20多种车型的生产需要。

李万君不仅承担为本单位培养后备技术工人的重任，还利用国家技能大师工作室这一平台，为外单位的技术工人无私传承技艺，3次被长春市总工会聘为“高技能人才传艺项目技能指导师”。在中国高铁事业发展进程中，李万君实现了从一名普通焊工到我国高铁焊接专家的蜕变。

案例二 “中国工匠精神”人物事迹材料7则

于双立——从事电工工作15年，创新设计制作、研制了三角高空作业平台、电工巡检工具车等多项技术革新和技术发明，使卖场灯具更换和检修巡查便捷化。2010年研制的消防喷淋头专用“堵漏钳”，能迅速将消防喷淋意外喷发堵住，已获国家实用新型发明专利；提出的“配电室变压器合理经济运行方法”，实现了商装照明和普通照明分时分段控制，年节约电量万余度。荣获北京经济技术创新标兵、享受市政府技师特殊津贴人员、北京市有突出贡献高技能人才等荣誉称号。

王存斌——从事复合材料胶接成型工作24年，在缩短型号研制周期、提高碳纤维原材料利用率、实现太阳翼基板国产化工作中做出突出贡献。先后攻克高模量碳纤维缠绕成型操作中纤维起毛、断线和含胶量控制不稳定等技术难题，并形成操作规程；解决了大型薄壁碳纤维管件成型和Kelvar纤维绳绷弦操作难题；独创桁架结构装配胶接新技术，使大型绷弦式刚性太阳翼基板各项性能满足大平台太阳翼技术要求，填补了国内空白，达到了国际先进水平。荣获全国技术能手、航天技术能手、北京市有突出贡献高技能人才等荣誉称号。

乔文革——从事装配钳工工作26年，在防空反导武器系统的弹上产品“伺服机构”“天馈系统”和地面设备“门流环”“随动机构”为代表的高精密结构件加工与总装方面做出了突出贡献。在精密微波器件装配及调试的生产工艺中，创新了某型号天线一体化装配方法，获中国航天科工集团公司创新二等奖。制作发明的专用抛光定位工装，较好地解决了和差器盖板平面抛光质量难题。荣获国务院政府特殊津贴、全国五一劳动奖章、全国技术能手、北京市有突出贡献高技能人才等荣誉称号。

郭剑英——从事金相工工作41年，积极进行技术革新，开发晶间腐蚀温控装置，解决晶间腐蚀微沸问题；开发钢管内壁研磨轮，提高制样速度十几倍；开发低倍腐蚀温控装置，解决手动控温不便等问题。多次在国家物理测试刊物发表学术论文，在冶金工业产品脱碳层深度的检验、脱碳层式样制备、测定脱碳层深度划分等方面有较深的研究。编写金相分析相关培训教材，在全国培训120多名金相检验人员。作为技术专家，为17家冶金企业提供实验室咨询服务，被评为北京市有突出贡献高技能人才。

李建国——从事烹饪工作40年，在创新机关食堂烹饪技艺技法和节能降耗等方面做出突出贡献。“干一行，爱一行”，通过对大锅菜烹饪方法的探索和总结，组织编写了《热菜卷》《凉菜卷》《自助餐副食卷》等中国大锅菜系列图书，收录656道菜谱。在注意菜肴烹饪中色、香、味的同时，还特别强调菜的营养，把大锅菜做出“小炒”的滋味。注重节能减排，对大锅灶进行设计改造，节能效果达到37.6%，每年节约燃气近1 000 m^3。荣获中国烹饪大师、国家机关首届烹饪金牌、北京市有突出贡献高技能人才等荣誉称号。

刘海花——从事餐厅服务员工作29年，从一名普通的服务员成长为大堂经理。善于将理论知识与工作实践有机结合，总结编写了《餐饮员工上岗技能知识培训教案》，并利用业余时间组织员工加强业务培训，先后培养高级以上服务员50名、中级服务员500余名：完成各种大型宴会接待任务100余次，并多次参加企业委派的新店餐饮输出管理培训任务，为企业节省培训成本50余万元，多次被企业评为“先进个人”，享受市政府技师特殊津贴人员。

马宇——从事兵马俑修复工作20年。马宇用时光作为黏合剂，毫厘之间，重现旷世兵马俑。刚刚出土的时候，两千多年的历史积尘已经把它们压成碎片，如何让这个碎片化的历史文化奇迹完整挺立起来，成为一个巨大的难题。马宇是最早接触这项工作的成员之一，兵马俑的第一件戟、第一件石铠甲、第一件水禽都是马宇修复的。两千多年前的雕塑品在马宇手中获得了第二次艺术生命，形象讲述那个时代的文化风貌。在貌似重复中不断应对新问题，修复者们把这份工匠式劳作变成为艺术和学问，他们是国家文化使命的有力承担者。

参 考 文 献

[1] 林培煜，范晓艳，杨雯. 工匠精神融入高校应用型人才培养研究[M]. 北京：中国商务出版社，2023.

[2] 徐彦秋. 当代大学生工匠精神培育研究[M]. 南京：东南大学出版社，2023.

[3] 王颖娴. 应用型创新创业人才及工匠精神培养[M]. 北京：中国商务出版社，2021.

[4] 龙波宇，范鹏飞. 工匠精神的当代传承与发展研究[M]. 北京：中国原子能出版社，2022.

[5] 张雪. 工匠精神理论与实践教程[M]. 北京：经济日报出版社，2022.

[6] 付守永. 工匠精神行动笔记[M]. 北京：中华工商联合出版社，2023.

[7] 巩佳伟，于秀媛，张丽丽. 匠心：追寻逝去的工匠精神[M]. 北京：人民邮电出版社，2016.

[8] 付守永. 新工匠精神：人工智能挑战下如何成为稀缺人才[M]. 北京：机械工业出版社，2018.

[9] 郭纪斌. 职业教育工匠精神的传承与创新[M]. 湘潭：湘潭大学出版社，2022.

[10] 阿久津一志. 如何培养工匠精神：一流人才要这样引导、锻炼和培养[M]. 张雷，译. 北京：中国青年出版社，2017.

[11] 王天桥. 工匠精神的当代传承与发展研究[M]. 长春：吉林出版集团股份有限公司，2023.

[12] 付守永. 工匠精神：国家战略行动路线图[M]. 北京：北京大学出版社，2018.

[13] 兰海. 工匠战略：成就工匠精神的思路与手段[M]. 北京：中国海关出版社，2018.

[14] 朱则荣. 工匠精神原理与六大原则[M]. 北京：中国标准出版社，2017.

[15] 张志田. 新工科背景下高职院校“工匠精神”的培育与应用研究[M]. 长春：吉林出版集团股份有限公司，2022.

[16] 张冰. 工匠精神与教师专业素养[M]. 北京：现代出版社，2021.

[17] 谢婧华. 工匠精神对高校技能型人才培养的价值导向研究[J]. 陕西教育（高教版），2024（5）：64-66.

[18] 冯莉莉. “工匠精神”在应用型人才培养院校面临的困境及应对措施[J]. 山西能源学院学报，2022（4）：19-21.

[19] 李海洲. 工匠精神培育视域下的应用型人才培养[J]. 福建电脑，2017（6）：99-100.

[20] 刘霞，邓宏宝. 工匠精神的时代内涵、形成机理及培育方略[J]. 南通大学学报（社会科学版），2021（4）：126-132.

[21] 赵丽曼，乔江艳. 高校教师工匠精神培育的现实困境及路径选择[J]. 关东学刊，

2023（6）：48-53.
[22] 鄢汇琳. 高校教师“工匠精神”的自我提升路径[J]. 西部素质教育，2022（18）：112-115.
[23] 洪文秋，孟庆男. “工匠型”教师：新时代职业教育教师队伍建设的新趋向[J]. 教育理论与实践，2024（9）：45-50.
[24] 赵艳. 应用型本科院校在校企合作中培养大学生工匠精神的路径[J]. 中外企业文化，2022（1）：214-215.
[25] 严红霞，庄桂山，孙成行. 产教融合视域下应用型本科高校工匠精神培育路径研究[J]. 知识窗（教师版），2021（16）：48-49.
[26] 郭鸿彦，杨方方，胡天敏. 工匠精神融入应用型本科高校人才培养的价值与路径选择[J]. 就业与保障，2021（20）：113-114.
[27] 陈熙. 广西应用型本科高校大学生工匠精神培养的路径研究[J]. 市场论坛，2022（5）：85-90.
[28] 陈熙. 应用型本科高校大学生工匠精神培养的路径探究：基于校企合作的视角[J]. 广西社会主义学院学报，2022（3）：90-95.
[29] 张岩岩. 基于应用型本科院校学生工匠精神培养路径研究：以吉林农业科技学院为例[J]. 吉林农业科技学院学报，2022（3）：54-59.
[30] 徐永扬，屠强，朱俊海，等. 培养独立学院应用型大学生“工匠精神”的路径研究[J]. 工业设计，2018（10）：127-128.
[31] 胡蕾，马宇飞. 应用型高校大学生工匠精神的培养现状及其优化[J]. 青年学报，2019（2）：13-17.
[32] 杨亚峰，姚锡长. 新时代高校实现匠人精神与当代教育有机融合的机制研究[J]. 文化产业，2022（9）：163-165.
[33] 刘光展，赵亮，张新民，等. 地方应用型本科院校工匠精神培养路径探究[J]. 现代农村科技，2022（4）：85-86.
[34] 张婉英. 应用型本科大学生工匠精神培养路径研究[J]. 科技风，2021（29）：190-192.
[35] 周银. 应用型本科高校学生工匠精神培育路径探究[J]. 现代职业教育，2022（12）：142-144.
[36] 许绍锋. 应用型本科高校大学生工匠精神培养现状及其培养路径[J]. 秦智，2023（5）：104-106.
[37] 刘晓雯. 应用型本科院校工匠型技术技能人才培养的对策思考[J]. 产业与科技论坛，2023（3）：231-233.
[38] 李玲玲. 应用型本科高校工匠精神的培育与思考[J]. 产业与科技论坛，2022（14）：216-218.
[39] 赫惠新. 现代“工匠精神”的培育体系和氛围体制研究[J]. 丝网印刷，2022（3）：

74-76.
[40] 张雪. 现代工匠精神视野下对艺术设计专业人才培养模式的思考[J]. 国际公关，2023（9）：149-151.
[41] 李国娟. 超越异化劳动：新时代工匠精神的培育路径研究[J]. 西部学刊，2023（20）：115-118.
[42] 李永刚，吴立伟. 德国“工匠精神”对我国应用型本科院校教育管理模式的启鉴[J]. 南昌师范学院学报，2021（5）：106-108.
[43] 刘特. 新时代大学生工匠精神研究[D]. 大连：辽宁师范大学，2022.
[44] 姜红. 工匠精神现代内涵及在现代职业教育的融入[J]. 继续教育研究，2023（10）：98-102.
[45] 张趁香. 在线开放课程融入现代工匠精神的培养策略[J]. 创新创业理论研究与实践，2023（17）：57-59.
[46] 黄泽华，黄元盛. 现代工匠类型及教育技术对工匠精神培养的作用[J]. 教育教学论坛，2023（6）：1-4.
[47] 郭明净. 基于工匠精神的应用型本科高校毕业生就业竞争力提升路径研究[J]. 中国大学生就业，2022（13）：24-31.
[48] 孙伟，穆慧颖. 大学生积极人格培养路径研究[J]. 黑龙江科学，2022（13）：63-66.
[49] 史立辉. 崇尚质量 追求卓越[J]. 上海质量，2021（12）：73-74.
[50] 王永生，张渝. 应用型本科专业教学困惑与改革[J]. 郑州师范教育，2020（4）：89-93.
[51] 张弘，白玲. 制造强国战略下的应用型本科高校大国工匠培养：路向、路障与路标[J]. 豫章师范学院学报，2023（5）：49-54.
[52] 许夏利. 工匠精神与高校大学生思政教育的融合研究[J]. 办公室业务，2023（18）：178-180.
[53]张晓敏. 新时代工匠精神的内涵及其价值研究[J]. 沈阳干部学刊，2024（1）：53-57.
[54] 蔡颖，薄海. 工匠精神的哲学意蕴与时代价值[J]. 辽宁工业大学学报（社会科学版），2024（2）：7-9.